户外运动专业教学训练系列教程
中国地质大学(武汉)实验教学系列教材

野 外 生 存

YEWAI SHENGCUN

主　　编：牛小洪　　董　范　　李　伦
副 主 编：张　军　　赵佳明　　何鹏飞
编写人员：黄江华　　邓焰峰　　秦长胜　　刘华荣
　　　　　陈　刚　　李经纬　　张　坤　　马海源
　　　　　李　勇　　曹志凯　　吴　东　　马丽娟
　　　　　张荣君　　韦德才　　董杨健　　牛　笛

图书在版编目（CIP）数据

野外生存/牛小洪,董范,李伦主编. —武汉：中国地质大学出版社,2016.3（2022.3重印）

ISBN 978 - 7 - 5625 - 3770 - 0

Ⅰ.①野…

Ⅱ.①牛…②董…③李…

Ⅲ.①野外-生存-通俗读物

Ⅳ.①G895 - 49

中国版本图书馆 CIP 数据核字（2016）第 047232 号

野外生存		牛小洪　董范　李伦　主编	
责任编辑：段连秀	策划编辑：毕克成　段连秀	责任校对：张咏梅	
出版发行：中国地质大学出版社（武汉市洪山区鲁磨路388号）		邮政编码：430074	
电　　话：(027)67883511	传　真：67883580	E - mail:cbb@cug.edu.cn	
经　　销：全国新华书店		http://www.cugp.cug.edu.cn	
开本：787mm×960mm 1/16		字数：290千字　印张：14　图版：8	
版次：2016年3月第1版		印次：2022年3月第4次印刷	
印刷：武汉市籍缘印刷厂			
ISBN 978 - 7 - 5625 - 3770 - 0		定价：39.80元	

如有印装质量问题请与印刷厂联系调换

户外运动专业教学训练系列教程

编 委 会

主任委员： 王焰新　李致新

副主任委员： 赖旭龙　王勇峰　吕万刚
　　　　　　　张志坚　殷坤龙　刘　锐

委　　员： 次　落　毕克成　冯　岩　牛小洪
　　　　　　刘华荣　黄　静　李　伦　代新华
　　　　　　宋　凯　董卫东　李兆欣　刘良辉
　　　　　　王　兴　庞　兰　吕占锋　董　利
　　　　　　李　元　黄江华　陈　刚　刘亚非
　　　　　　杨　华　邓焰峰

策划编辑： 毕克成　段连秀

总序1

户外运动教学是以户外运动项目群所共有的基本知识、技术、技能为主要教学内容，以培养学生参与户外运动及相关竞赛所具有的身体素质、心理品质和适应能力为主要教学目的，帮助学生形成完美人格、全面提高综合素质的系列体育课程，对促进学生成长成才具有健全独特的、不可替代的重要作用。

户外运动专业教学训练系列教程付梓出版，我由衷地感到高兴。这是近半个世纪来，我校体育教师科研团队在董范教授的带领下，在特色体育教育教学领域中取得的最新科学研究成果。这一系列教材的出版，将有助于更多有志于从事户外运动的人士分享我校特色体育教学和科研成果，促进户外运动教学培训进一步规范，高效发展。

自建校以来，我校就以特色体育为方向，充分发挥学科专业优势，不断拓展体育教育的内容和途径。2012年5月19日8时16分，我校大学生登山队成功地从北坡登上海拔8 844.43m的珠穆朗玛峰顶峰，成为登上世界最高峰的首支中国大学生登山队，其中我校2011级户外运动专业硕士研究生陈晨成为全国第一位登顶珠峰的在校女大学生。当晚，校友、时任国务院总理温家宝向学校表示热烈祝贺，并指出："这给我们一个重要的启示，那就是只要不畏艰苦和挫折，就一定能够达到光辉的顶点，这应该是我们的传统。"2013年5月4日，在"实现中国梦、青春勇担当"主题团日座谈会上，陈晨同学作为全国大学生代表，畅谈了她登顶珠峰的体会，受到习近平总书记的勉励和肯定。2012年9月，我校承办了中国登山协会主办的"中日韩三国大学生登山交流活动",在亚洲户外运动界产生了巨大的反响,进一步提高了我校户外运动的国际影响力。

从20世纪80年代开始,我校就把登山训练引入到课堂教学,把登山的基本技术——攀岩,确定为学校体育必修课教学项目;20世纪90年代中期,又在国内首创了集体育学、地理学、管理学、气象学、医学等学科为一体的野外生存体验课,引入了智力与体力相结合的体育项目——定向越野。随后,我校又率先在国内开设了"户外运动"普修课。2005年开始招收全国第一届社会体育指导与管理(户外运动方向)本科生,由此而成为了全国高校户外运动课程和登山户外运动专门人才的"发源地"。经过我校体育教师多年的教学实践、研究与积累,户外运动的教学内容、方法、手段以及组织形式不断完善,逐渐形成了一整套较科学系统的"课内课外相结合"的教学模式和较全面的教学内容体系,得到了社会的广泛认同。2012年我校体育课部董范教授主持申报,杨汉、刘华荣、牛小洪、冯岩等骨干教师参与的"坚持特色教育,培养拔尖人才——创建登山户外运动教育教学体系的理论与实践"项目荣获湖北省教学成果二等奖。60多年来,我校先后有1万多名学生接受了各类登山户外运动训练,向国家登山队、攀岩队输送了多名高水平专业运动员,王富洲、李致新、王勇峰、次落就是其中的杰出代表。

户外运动的发展急需完善的人才培养体系提供理论支撑。面对社会的迫切需求,我校体育教师结合多年来开展户外运动教学的经验和科研积累,编写了一套面向户外运动相关专业的应用型教材。本系列教材内容丰富而系统,涉及户外运动教学的各个方面,具有如下鲜明的教学与实践特征:

(1)体系完整。本系列教材系统地总结了我校长期开展户外运动教学与实践积累的经验,吸收了近些年开展户外运动教学、实践与科研取得的最新成果,深入剖析了各户外运动项目之间的关系,并进行了有机组合,整个结构体系十分完整。

(2)内容丰富。本系列教材涵盖户外运动下辖的登山、攀岩、野外生存、定向越野、拓展训练等项目课程,内容涉及户外运动教学、训练、活动与赛事组织、营销等各个方面,教材中的很多内容都是我校优秀体育教师对多年教学、训练、实践成果的经验总结,具有较高的借鉴价值。

(3)注重实践。本系列教材在阐述基本理论的基础上,特别注重学生实践技术与技能的培养和锻炼,力求做到不断强化学生的思维能力、动手能力以及创造性解决问题的能力,促进学生理论知识水平和实践操作能力的全面提高,教学实践操作性强。

对从事户外运动的师生,本系列教程具有重要的学习指导价值。希望本系列教材的编写能够成为我国更多高水平、高质量的户外运动教材或专业书出版的起点,能吸引更多专业人士参与户外运动的科学研究,为促进我国户外运动事业科学、健康、快速发展做出更大的贡献!

中国地质大学(武汉)校长

总序2

欣闻中国地质大学(武汉)编写出版户外运动系列配套教材,谨致热烈祝贺。

户外运动是一项新兴的体育运动,是人们休闲娱乐的重要方式。随着我国经济社会的发展,特别是人民生活水平的提高,人们对高质量、有品味、有个性的生活和休闲娱乐方式越来越看重,并一直在努力追寻。户外运动作为一种愉悦身心、锻炼自我、亲近自然的生活方式受到广大群众的青睐。此项运动在全国发展十分迅猛,据了解,目前我国户外运动活动组织形式多达几十种,各类户外运动俱乐部有700余家,每年参与户外运动人数超过5 000万人,已逐渐形成了装备制造与销售、竞赛表演、培训服务等市场,有效刺激了户外运动装备、户外运动服务、户外运动赛事,甚至是旅游等相关产业的发展。户外运动已成为全民健身运动的重要组成部分和经济社会协调发展的重要促进力量,很好地推动了资源节约型和环境友好型社会的建设,传达了积极健康的生活方式和文明行为观念,为增进人与自然的协调发展和社会的和谐开拓了有效的空间。

促进户外运动健康有序地发展,是全社会非常关注的事情。中国地质大学(武汉)作为以地球科学为主要特色的重点大学,为我国的登山和户外运动发展做出了卓越的贡献,积累了丰富的成功经验。学校深知该项运动发展离不开高素质专业人才的培育,非常注重规范科学的教材建设,努力改变当前教材和教育教学与蓬勃开展的户外运动不相适应的状况。多年来,学校一直在酝酿编写户外运动规范教材,总结户外运动实践经验，不断提高户外运动教育教学的针对性和有效性。经过多方面的努力，终于达到编写此套教材的目的。作者在教材的编写过程中，做到体育理论和运动实践的统一、人体运动科学和社会哲学的统一、理念战略和技术方法的统一，全方位、多层次、有重点地展示了户外运动的全貌，有利于广大读者和户外运动爱好者全面系统地掌握户外运动的基本内涵、重大意义、发展趋势、技术要领等知识和技能，从而推动户外运动健康有序地发展。可以说本套教材既可以作为开展户外运动教育的好教材，也是广大运动爱好者的理想读物，既有较强的针对性和时效性，又有严谨的科学性和较强的趣味性。

与天浮游、幕天席地是古人笃定的最为旷达的生活方式。"天地与我并生，而万物与我为一"。处在现代化和都市化进程中的人们，在繁缛的生活中向往着奔赴自然。户外运动成为了人们锻炼身体、亲近自然、回归自我、愉悦身心的重要方式。而教材的编写和出版发行，必将更好地推动该项运动的科学开展及其理念的普及，推进其大众化、规范化、科学化、系统化。

最后，衷心希望本套教材对户外运动及其教学发挥重要的作用，也希望本套教材不断完善，臻于完美，为我国户外运动的科学发展做出积极的贡献。

国家体育总局登山运动管理中心主任
中国登山协会常务副主席

前言

随着我国国民经济的发展和人民生活水平的提高,人们的健康意识也得到了加强,人们更加注重通过体育锻炼来增强体质,增进健康。以登山、攀岩、徒步穿越、溯溪、露营等为主要活动内容的野外生存,以其集知识性、趣味性、挑战性为一体的特点,吸引了众多的户外运动爱好者的参与,特别是得到了全国在校大学生的普遍青睐。

近年来,野外生存体验课程和相关活动在我国高校开展得如火如荼。广大青年学生纷纷自发组织成立了相关社团,积极开展形式多样的野外生存活动;许多学校也积极创造条件开设野外生存体验课程,让同学们在大自然中学习野外生存生活的知识和技能,锻炼身体,陶冶情操;甚至部分高校为适应社会对登山户外运动专业人才的需求,已经开设了登山户外运动相关专业。然而作为登山户外运动相关专业重要内容的野外生存课程教材在国内却极度缺乏。

中国地质大学(武汉)是开展登山运动和野外生存体验最早的高校之一,在野外生存教学和登山实践中积累了丰富的经验,因此自 2013 年开始,我们在整理我校野外生存体验课教学资料的基础上,参阅国内外大量文献,结合 10 余年的课程教学经验,着手编写《野外生存》教材。经过多次修订,于 2015 年 12 月完成定稿。

本书力求兼顾专业性要求和普及性需求,在理论上力求全面概述,在实践上力求规范专业。因此,本书可作为高校户外运动专业、通识选修课程及相关专业培训教材,也可作为登山户外运动相关协会、俱乐部以及广大户外运动爱好者的参考书。

由于编者知识面所限,书中还存在诸多缺点和不足,诚望广大读者不吝指正。

编　者

2016 年 3 月

目 录

第一章 野外生存概论 (1)
第一节 什么是野外生存体验 (1)
第二节 国内外发展情况 (3)
第三节 野外生存的常识和内容 (6)

第二章 个人装备 (13)
第一节 野外着装 (13)
第二节 登山鞋和袜子的选择 (20)
第三节 野外露营装备 (24)
第四节 其他装备 (33)

第三章 技术装备 (48)
第一节 登山绳 (48)
第二节 安全带 (52)
第三节 上升器 (53)
第四节 保护器 (55)
第五节 铁 锁 (57)
第六节 快 挂 (59)
第七节 扁 带 (60)
第八节 头 盔 (61)

第四章 绳 结 (62)
第一节 单结及其变化 (62)
第二节 八字结及其变化 (66)

第三节　接绳结及其变化 …………………………………… (68)

　　第四节　平结及其变化 ……………………………………… (70)

　　第五节　半扣结及其变化 …………………………………… (72)

　　第六节　双套结及其变化 …………………………………… (75)

　　第七节　其他实用的绳结 …………………………………… (77)

第五章　徒步的知识和要领 ……………………………………… (84)

　　第一节　基本知识 …………………………………………… (84)

　　第二节　各种地形的徒步行走 ……………………………… (88)

第六章　野外识图与定向 ………………………………………… (93)

　　第一节　地形图的基本知识 ………………………………… (93)

　　第二节　利用指北针野外定向 ……………………………… (98)

　　第三节　其他野外定向方法 ………………………………… (104)

　　第四节　行进过程技巧 ……………………………………… (106)

第七章　野外宿营 ………………………………………………… (112)

　　第一节　营地选择及建设 …………………………………… (112)

　　第二节　营地分类 …………………………………………… (116)

　　第三节　野外用火 …………………………………………… (119)

第八章　野外觅食 ………………………………………………… (123)

　　第一节　水的补给 …………………………………………… (123)

　　第二节　植物类食物 ………………………………………… (128)

　　第三节　动物类食物 ………………………………………… (133)

第九章　野外常见危险因素分析及自救 ………………………… (140)

　　第一节　人为因素 …………………………………………… (140)

　　第二节　自然因素 …………………………………………… (143)

　　第三节　混合因素 …………………………………………… (149)

　　第四节　根据云层观测天气 ………………………………… (149)

　　第五节　野外伤病的自救 …………………………………… (156)

第十章　迷失方向后的处置及辨别方向 ………………………… (166)

　　第一节　迷失方向后的处置 ………………………………… (166)

| 第二节 | 利用自然物辨别方向……………………………………… | (168) |

第十一章 户外救援…………………………………………………… (173)
第一节	户外运动事故及分析……………………………………	(173)
第二节	户外救援机制……………………………………………	(176)
第三节	野外生存求救信号………………………………………	(180)

第十二章 野外生存教学的设计与组织…………………………… (186)
第一节	教学内容设计……………………………………………	(186)
第二节	教学内容组织……………………………………………	(187)
第三节	野外生存课程教学计划及内容示例……………………	(191)

第十三章 野外实践前的物资准备………………………………… (197)
第一节	个人装备的整理…………………………………………	(197)
第二节	公共装备的整理…………………………………………	(198)
第三节	食品准备…………………………………………………	(198)
第四节	药品准备…………………………………………………	(201)
第五节	野外实践物资准备内容示例……………………………	(203)

参考文献 …………………………………………………………………… (208)

第一章

野外生存概论

第一节 什么是野外生存体验

"野外生存"是指在远离居民点的山区、丛林、荒漠、高原、孤岛等复杂地形的区域,在没有外部提供生命所赖以维持的物质条件下,个人或小集体靠自己的努力,在不太长的一段时间内,保存和维持生命的基本手段与方法。

一、关于"野外生存训练"的起源

野外生存是指在野外复杂环境或人为营造的近似自然环境中,依靠集体和个人努力在较短的时间内维系生命正常的基本手段和技能。现代野外生存起源于第二次世界大战时期英国的 outward bound(户外训练)运动,1941 年库尔特·汉恩在英国威尔士创办了"阿伯德威海上学校",训练年轻海员在海上的生存能力和轮船触礁后的生存能力,这些训练不仅能够培养士兵在野战或困境中的生存能力,更能有效地在体力、毅力、沟通、协作等方面提升士兵的素质和能力,从而全面提高军队的战斗力。第二次世界大战结束后,这种户外训练慢慢发展开来,接受训练的人员由年轻海员扩大到社会各阶层人员,接受的训练也从最初海上的生存能力和轮船触礁后的生存能力等内容拓展到攀岩、野外宿营、急救求生、定向运动等。

原先训练的主要目的是增强体能、学习生存技巧,现在演变并丰富成为达到"磨炼意志、陶冶情操、完善自我、熔炼团队"的重要手段、途径和目的。随着现代社会文明的不断进步和经济的快速发展,人们的体育观念也发生了巨大变化,在西方发达国家的城市人群中,为缓解工作、生活、学习等方面的压力,走到远离居民点,主动到野外的环境中回归自然,以野外生存的方式,主动到野外环境中进行野外生存活动。由于这项活动对个人和团队都具有全面锻炼价值,受到了个人、白领阶层、旅游部门的欢迎,并很快发展起来,专门用于开展此类活动的图书、器材装备和专门的服务公司陆续出现,同时也盛行到了世界各地的大学并推广开来。

二、关于"野外生存体验"

"野外生存"是指人在野外人迹罕至的条件下,尽最大可能维系生命存在的行为。野外生存行为根据发生性质的不同可分为被动性野外生存活动和主动性野外生存活动两种。被动性野外生存活动,主要是由一些意外事故引起的,如地震、泥石流、海啸等自然灾难,车祸、翻船、坠机等交通事故以及冲突战争等情况,被动性野外生存活动虽然发生的频率并不高,但对于一个社会人来说却是无法完全避免的。所以,通过"野外生存"课程的学习来掌握一定的相关知识和生存技能对减少在上述野外事故中的伤害是有现实意义的。主动性的野外生存活动是指野外生存爱好者有准备、有计划地开展这项活动。

"体验"是指在近似的环境条件下(如人为创造的环境条件)的模拟和经历。

"野外生存体验"则是在对野外生存的方法、技能、技巧等具有一定的了解并掌握之后,准备好相应的体能、装备、食物等要素,主动到远离人们生活的野外进行短时间的、体验式的生存。这是一种主动的、积极的、相对比较安全的一种"野外生存"。它的目的往往是为了培养意志品质和道德情操;增强体质、掌握技能;释放压力、接近自然;挑战自我、突破极限等。

三、野外生存课程具有的特点

"野外生存"课程与传统的体育课程相比,在教学形式上有着很大的不同。当前的高校体育教学中普遍采用以"教"为主的学生被动学习形式,而野外生存课则强调"先行后知"的体验式学习方式,强调发挥学生在学习过程中的主观能动性,在学习体育知识的同时,掌握基本的野外生存技能,树立良好的体育锻炼意识,并通过体验式教学,培养学生的创新精神,提高社会实践能力,有利于学生优良品质的形成。野外生存课的特点主要表现在以下几个方面。

1. 集体与个人的统一性

"野外生存"课程的大部分学习任务都需要学生的团体协作来完成,不管是个人项目还是团队项目,都具有同一个特点,那就是尽每个个体的最大努力来为团队赢得荣誉,并在此过程中得到集体所带来的巨大的力量和信心,但同时也不会抹灭个体的个性。参与过此课程的学生均能够在学习过程中体会到集体对个人的重要性,如果没有团队协作精神,不依靠大家的努力和配合,集体和个人的任务都达不到要求。

2. 人与自然的和谐性

在野外生存中学生得到的永远是尊重、信任、理解、关心和鼓励,而没有消极的批评、责备和歧视；人文关怀不是一句空话，而是把对学生的赏识和互相帮助渗透于活动设计的每一个细节里。大自然也是野外生存用以滋润人的个性世界的养料，它与人文关怀融合在一起发挥作用。学生走进大自然的怀抱，让身体和心灵充分敞开，享受大自然。野外生存是一种"绿色行动"，大学生们承诺"除了脚印，什么都不留下；除了照片，什么都不带走"，在纯净自然的山野中遵守环保行为规范。

3. 挑战极限性

"野外生存"课程具有挑战性，因为此课程不仅对体能要求严格，对学生的心理素质考验也很严格。有些教学内容直观看完成起来并不困难，但真正实际完成和操作的时候则需要向自身所能承受的极限挑战。野外生存课是把学生的身心能力中最卓越、最出色的部分升华到可能达到的顶峰。

第二节 国内外发展情况

"野外生存"起源于国外特种部队的一种特殊训练科目，目的在于使部队在各种困难复杂的条件下，保存战斗力，把非战斗减员降低到最低限度。

综观"野外生存"的发展历史，可以大致将此活动划分为3个阶段。

(1) 为了生存而不得不进行的阶段。主要在人类发展的早期阶段，如狩猎、寻找合适的居住地等。在此阶段人们是在迫不得已的情况下，自发地进行着野外生存活动，其主要目的是生存。

(2) 在特殊的时期、特殊的地点，为了特殊的目的而有意识地进行训练的阶段。如战争时期、自然灾害区域、军队、科考队、探险队等。此阶段某些是人们迫不得已的，如灾害；某些是人们主动的、是自愿进行的，如具有特殊使命的集体，像军队、探险队等，其目的是多样化的。

(3) 为了提高生活的质量和人的素质而进行的阶段。此阶段进行"野外生存"的人们完全是自愿的，且其目的主要是精神方面的，这就使此活动具有了教育的功能。因此，我们可以把此活动作为一门素质教育课程。

一、野外生存训练在国外的发展现状

文献资料表明，近30年来随着现代文明的发展，在西方一些发达国家，野外生存已逐渐成为年轻人追求的一种时尚。开设热衷于以个人、家庭、团队的形式去一些原始的、人迹罕至的地方，通过野外生存活动来化解生活和工作中的压力，磨炼自己的意志，强健自己的体魄。目前，野外生存运动在一些西方国家中深受欢迎，群众的参与度很高，内容形式丰富多样。

除了社会上自发地和有组织地开展野外生存活动外，目前很多国家还把"野外

生存"纳入到各级学校教育的科目中,作为增强社会适应能力和竞争力的教育课程,通过此项运动的学习,增强学生身体素质,培养勇于挑战、团结协作、不怕困难的精神,掌握生存生活技能,增强面对意外事故的处理能力,并为学生各方面的发展夯实基础。

通过有关资料的搜集,国外学校开设此课程的情况如下。

1. 日本开展野外生存活动的现状

日本把野外生存能力作为青少年必备的一种生活技能,建立了专门的训练基地,并在《保健体育指导纲要》中明确指出:根据当地的地理条件和学校的具体情况,积极采用例如冰上游戏、滑雪、溜冰等与大自然紧密相联的活动作为教学内容,有关体育与健康的活动不仅在课堂教学中进行,而且还应该结合学校的一些专门活动(如野营活动)来开展。

2. 新西兰开展野外、户外活动现状

在新西兰,健康与体育课程标准则直接将野外生存内容列入课程。其认为,野外生存教育能够提高学生的社会适应能力,使学生在野外积极安全地开展体育活动,以及为其关注和爱护自然环境等创造了条件,可以让学生通过体验协作、信赖、解决困难、制订措施、责任意识等发展自己的各项能力;户外专业活动有利于学生掌握一定的生存生活技能,在野外环境中,学生通过安全的、挑战性的和愉快的学习体验,使学生整体的健康水平得到提高。

3. 美国开展野外、户外活动现状

在美国的德克萨斯州,户外冒险或野外生存教育课程被列入高中体育课程当中,给予0.5学分。德克萨斯州的体育课程标准指出,野外生存项目的选择要有助于提高学生的环保意识,激发学生的学习兴趣;课程标准还对学生在户外冒险或野外生存教育课程中的教学内容提出了明确的目标和要求。课程标准强调,要让学生在尽可能多的野外生存活动(如野外露营、徒步旅行、定向越野、水上运动等)中显示能力。

4. 澳大利亚开展野外、户外活动现状

在澳大利亚,维多利亚州的健康与体育课程标准对"野外生存"做出要求,应满足学生的成就和知识基础的需要以及体验新的挑战需要的问题,重视挑战、冒险意识对个人成长的作用,以及技能在处理好冒险和安全关系方面的作用。该课程标准在五至六年级,要求学生掌握处理安全的知识,同时能够给自己和他人制订野外生存活动的安全计划;在七至八年级,课程标准要求学生学会在不同的环境中,如江、河、海、森林、山地等预知、预防和降低危险的安全知识,明确在野外生存安全活动中的个人责任和集体作用;在九至十年级,要求学生积极参与具有挑战性的体育项目,如速降、攀岩、漂流、划船等;在水平七阶段,要求学生参加更富有挑战性的体育项目,提高参加野外活动的知识和技能,如野外宿营、采集食物、寻找水源等。

二、野外生存训练在国内的发展现状

我国野外生存训练活动才刚刚起步。我国开展野外生存活动的时间比较晚,早期只限登山运动员以及从事地质、勘探、林业等方向的机构和工作人员,民间很少有专门的群体进行这项活动。20 世纪 80 年代,爬山、攀岩、冲浪、穿越、定向、远足、越野等野外生存活动进入了人们的视野,这些活动在上海、北京、青岛、广州、厦门等地首先开展起来,并很快在全国范围内兴起,迅速发展演变成为一种流行、时尚、新潮的运动项目,成为一种新的生活方式和体育运动方式。

现在野外生存活动在我国已有庞大的参与人群,户外运动的产业链已经形成,许多专业的户外活动机构、中介和运营组织已经成立,活动方式既有个体自发组织、俱乐部的会员组织,也有旅行社组织。另外,由于我国拥有良好的适合野外生存训练活动开展的地理条件和良好的野外生存自然资源环境,为野外生存活动提供了必要的环境基础。

三、野外生存训练课程在我国高校的发展现状

在我国,随着改革开放的深入、生活水平的提高,同时受西方现代体育教育观念的影响,野外生存训练课程教学逐渐被我国体育工作者所接受。中国地质大学是我国开展野外生存训练课程教学与科研较早的高校,于 1998 年以"野外生存体验"公选课的形式首次开设。

近年来,我国部分高校在体育教学中尝试性地开展了野外生存训练的相关活动和教学。为论证野外生存训练课作为一门体育课程在全国高校开设的必要性和可行性,教育部在 2002 年申报的"大学生野外生存训练"课题被列为全国教育科学"十五"规划国家级研究课题,该课题组组长为教育部体卫艺司体育处季克异处长,华东师范大学体育与健康学院作为总课程的研究中心,中国地质大学、东北林业大学和浙江林学院是该课题的第一批实验基地。

2002 年,来自清华大学、华东师范大学等七所高校的 140 多名学生,首次进行了该课程的实践训练活动,其在黑龙江帽儿山、湖北神农架和浙江大明山 3 个实验基地,进行了为期一周的野外生存综合训练。作为拓展高校体育课程的一门新兴体育项目,这次训练受到了教育和体育部门以及全国其他高校的关注,并为此课程进入高校体育课程迈出了坚实的一步。2003 年 7 月,参加实验的学校达到 20 所,其中在黑龙江帽儿山组织的活动为"中国、日本和韩国三国大学生野外生存共同训练"。

第三节　野外生存的常识和内容

安全与风险是一对同时存在的状态，安全户外就是要通过风险管理的手段，保障户外的安全。以下是一些参与户外活动时需要遵守的基本安全原则。

一、户外基本安全原则

(1)结伴同行原则，即在户外始终两个人结伴而行。这样每个人自始至终都互相对同伴负责，尤其对于青少年和户外经验少的爱好者更需如此。

(2)未经领队同意，任何人都不应该擅自脱离队伍。必须清楚地知道什么地方可以去，什么地方不可以去。

(3)领队或副领队始终处在队列的第一个或最后一个，保证队员在领队之间的位置，这样在行进中就不会有人脱离队伍。指定责任心强的队员或让副领队处在最后的位置，并且明确其任务就是保证队伍所有成员都在自己的前面。

(4)队伍行进速度应该以最慢的人为准，以保持队伍始终在一起而不分散。

(5)不做计划外活动。例如，如果有人心血来潮去徒手攀岩，不管岩壁有多高、多容易，领队须设法劝阻。

(6)队伍需经常停下来喝水、休息。在炎热和潮湿的天气下尤其应该如此，再次出发时要确认每个人都在队伍中，没有人掉队。

(7)每个人都应该携带口哨，以便在需要帮助或者遇到麻烦时发出信号。切记口哨只有在紧急情况时才可以使用。

(8)每个人都应该仔细倾听，特别是在领队查看地形或遇到安全问题的时候。要保证队伍的每个人都知道可能会发生什么，什么能做，什么不能做。

(9)领队应该懂得识别活动区域的有毒植物或蛇虫。

(10)任何人遇到周围有可疑的动静或可疑的人时，都应该及时告诉领队。

二、LNT 法则(环境最小冲击法则)——Leave No Trace

随着全球气候变暖，冰川不断消融，环保问题不容乐观，这是我们每个户外旅行人士需要去面对的一个现实。大家在享受户外活动带给我们巨大快乐的同时，有没有去考虑我们回馈了大自然什么？

大自然是个精巧而复杂的生命系统。它的魅力正在于动物、草木、溪流、泥土等这些形体各异、纷繁复杂的万物在相依相存中生生不息。当我们走进大自然时，请记住这里的每一棵树、每一块石头、每一个生物，都已在此和睦地生活了很久。当我们离开后，它们仍将在这里继续生活下去，它们才是这里真正的主人，我们只不过是这里的匆匆过客。然而,我们无意的一个举动,采摘、砍伐、践踏、丢弃却可能会影响它们的生活,甚至结束它们的生命!所以,请尽可能在享受户外的同时对环境产生最小的冲击,"不留痕迹"并不是一个传说,是需要你我用心和行动去共同构造的舞台。

环保不仅仅是一种理念,更应该体现在我们的行为上,环保更是一种文化,是一个户外旅行人士的基本道德准则。

1. 提前计划与准备

凡事预则立,不预则废,要想最大限度地降低对环境的破坏,首先要做的就是提前计划准备,做到目的明确、行动直接,提前计划包括以下内容:

(1)了解将要去的地方的相关规定和特殊须知。

(2)为极端恶劣的天气做好充分准备。

(3)计划好行程,避免时间仓促紧张。

(4)提前计划好食品的数量并进行简单的处理,尽可能地拆掉不必要的包装。

(5)计划好行进路线和宿营地。

2. 在可耐受地面行进和露营

一般来说,可耐受地面是指建立好的登山步道和经规划的固定营地,岩石路面、砾石路面、干草地或雪地等。

行进中:

(1)无论何时何地都应尽可能行走在现有的步道上,不要贪图一时的方便而走捷径。

(2)尽可能选择能耐受的地面行走,例如岩石裸露地或碎石坡等(表1-1)。

表1-1 地面的耐受性选择表

耐受性的地面	比较耐受的地面	不可耐受的地面
岩石	枯草地	高山苔原
砾石滩	树叶堆	湿润的草地
沙滩	莎草	隐花植物区
雪地		生长植物的贫乏地区
冰层		有木本植物的树林

(3)如遇到刚被破坏的道路,尽量避开。

(4)无大路,走小路;无小路,走对地面破坏最小的路;切勿盲目砍伐树木开辟新路。

露营时:

(1)选择耐受地面作为露营地,而且至少离水源、溪流等50m以外。

(2)尽量选择固定的营地或别人用过的营地。

(3)尽量把营地建得小些,集中活动区域选择无植被的地区。

(4)分区域露营,避免大队伍全部集中驻扎在一起。

3.妥善处理垃圾

在户外活动中,产生的垃圾包括食物残渣、排泄物以及其他生活废物。

(1)带来什么,就带走什么!

(2)为了减少对环境的破坏,一些可降解的食物,如食物残渣、果核、果皮可以遗留或者掩埋,不可降解的垃圾一定要全部带走(表1-2)。

表1-2 垃圾降解时间表

垃　圾	降解时间	垃　圾	降解时间
纸　张	3个月	易拉罐	10~100年
果　皮	3~6个月	塑料制品	100~1000年
过滤嘴(烟头)	1~2年		

注:垃圾的降解受土壤、空气、温度等多种因素影响,以上所列时间只是大致的参考时间。

(3)使用的卫生纸或卫生巾应包装起来带走或者在火堆中烧毁。

(4)临时厕所在撤营时应掩埋,并恢复原貌。

(5)在野外生活,要尽量少使用肥皂,可使用挥发性、可降解的清洁剂。

(6)切勿直接在水源中洗脸、刷牙、清洗衣物或洗菜等。

(7)污水要倒在离营地和水源60m开外的区域,并分散倒。

4.保持自然原貌

在户外活动中,往往会经过人烟稀少、历史遗迹等值得留念的地方。我们在享受自然、遗迹的同时一定要遵守原则,尽量保持自然原貌,这样才能使更多的人欣赏到同样的美景。

(1)遇到诸如文化、历史遗迹、人造雕塑、建筑等不要触碰,更不可踩踏。

(2)发现奇花异草、怪石等自然物体不要触碰、挪动,更不可据为己有。

(3)不要在营地挖地沟、庇护所等。

(4)撤营时,将使用过的石头等归至原位。

5. 野外用火

在野外尽量不要砍伐树木来生火,因为生火对环境和地面的破坏力是非常长久的,有些甚至几十年都挥之不去,所以建议使用炉头套锅代替生火,使用头灯照明或蜡烛。晚上穿足够御寒的衣物,使用帐篷,用好的睡袋,以保持干燥与温暖。

(1)如果确实要生火,首先要确定你所在的地方是否允许,是否防火季节。

(2)绝对不要去砍树,要找些枯树或树叶引火。

(3)引火范围尽量小,使用小的树枝做燃料,这样熄火时也很容易。

(4)要将木头或煤炭燃尽成灰,全面熄火后将冷却的灰烬分散撒开。

6. 保护野生动物

动物是大自然的生灵,我们在野外要给予它们足够的保护,了解它们的习性,并且不去打扰它们,这样才能与它们和谐相处。

(1)观察野生动物要保持一段距离,不跟随或靠近它们。

(2)无论野生动物多么可爱,绝对不要喂食,一旦它们失去生存的本能,真正受害的是这些野生动物自己。

(3)把所有的食物残渣和有气味的东西都妥善存放,避免让当地的野生动物养成造访营地的习惯。

(4)避免干扰野生动物。无论你是否与野生动物相遇,你的短暂造访对当地野生动物的影响都是不争的事实,因此我们要对自己的行为格外小心,比如当扎营在离水源不远的地方时,尽量减少往返水源的次数,以减少对野生动物的干扰。

(5)在动物的敏感期更不可打扰它们。如在交配期、发情期、分娩期或冬季。

(6)随时管理好自己携带的宠物,或干脆把它们留在家里。

7. 为他人着想

假如在同一个露营区还有其他露营者,那么请尽量不要去打扰别人,比如搞篝火晚会等娱乐活动要事先征得别人的同意。如果在村庄附近露营,还要考虑到不要扰民,不得喧哗,等等。在少数民族聚集地的区域,更考虑到当地的民族风俗,尊重他人的生活习惯和习俗。

(1)尊重其他活动者,使别人的户外体验不受任何影响。

(2)谦虚礼貌,在途中遇到其他队伍,应礼让别人。

(3)在下山途中,应首先礼让背包上山的人。

(4)在休息或露营时,应避开步道或其他人。

(5)不大声喧哗,不制造噪音,使大自然的声音能传入每个人的耳朵。

三、STOP 原则

在野外生存中,当遇到危险的时候,不可慌乱,可遵循"STOP 原则"进行下一步行动。

STOP 原则

在做到"STOP 原则"后,选择温暖、干燥、容易被发现的地方,仔细聆听人声、口哨或呼叫,求救或自救。如果是夜晚,有条件的话可以点一小堆篝火取暖,保持体力,寻找庇护所休息。

四、食品与营养

1. 基本营养素

碳水化合物、蛋白质、脂肪、维生素、矿物质、水是维系我们身体机能正常运转的 6 种基本营养素。

(1)碳水化合物:包括糖和淀粉等,大量存在于米饭、面条、谷物、面包、烤馕等食物中;通过转化成糖原的形式向肌肉提供能量。碳水化合物中包含的纤维素还可以帮助消化,有利于控制人体内的脂肪和胆固醇含量。

(2)蛋白质:对人体内的新组织的生成和原有组织的维护起着很重要的作用,这些组织包括肌肉、毛发、红血球等。蛋白质大量存在于猪肉、牛肉、家禽类、鱼类、豆类、坚果仁;人体基本的酶、抗体、激素需要通过蛋白质来产生,对组织内的细胞内外水平衡蛋白质也起着保持作用。

(3)脂肪:是人体处于休息或者长时间的有氧运动状态时,所消耗的能量来源储存地。它分为动物性脂肪和植物性脂肪两类;动物性脂肪来自动物肉类、黄油等;植物性脂肪来自花生油、大豆油、菜籽油等。动物性脂肪大多含有大量饱和脂肪酸,过量食用会导致心血管疾病及癌症;相对来说,植物性脂肪大多含有大量不饱和脂肪酸,比动物性脂肪更有利于身体健康。

(4)维生素:是人体内进行新陈代谢的催化剂,维生素 A、维生素 C 是人体免疫系统正常运转必不可少的,维生素 A 还可以有助于保护视力;维生素 B 帮助细胞燃烧变成能量,维生素 B1 有助于神经系统的正常运转;维生素 D 促进钙和磷在肠道吸收。

(5)矿物质:是构成人体组织和维持正常生理活动的重要物质。微量元素钙、磷、镁有助于强健骨骼;铁负责运输血液中的氧;钠和钾对血压有调节作用;锌有助于能量的转化;碘有助于控制能量的消耗;氧化物有助于强健牙齿。

(6)水:是存在于人体的主要物质,比例占到人体体重的60%～70%,水通过汗液的形式调控人体温度,并且负责在细胞间运送营养物质和输出废物。水也是肌肉和细胞的主要组成部分,影响着细胞内化学反应的发生。

2.能量消耗

根据年龄段、男女性别等的不同,热量消耗数据会有增减变化(表1-3)。

表1-3 不同的季节、运动类型及强度下消耗的能量

季 节	运动类型及强度	消耗能量(cal)	食品消耗(kg)
春、夏、秋季	户外徒步	2500～3000	0.8～0.9
冬 季	户外徒步(低轻度)	3500～4000	0.9～1.0
冬 季	登山(低强度)	4500～6000	1.0～1.1
冬季或恶劣天气	负重20kg,上升海拔超过500m	≥4950～6600	≥1.1

注:1cal≈4.186J。

男性在15～18周岁,消耗热量约为2755cal;19～45周岁,消耗热量约为2555cal。

女性在15～18周岁,消耗热量约为2110cal;19～45周岁,消耗热量约为1940cal。

3.食品选择

人体每天消耗的能量与热量来源:60%～65%来自碳水化合物,20%～25%来自蛋白质,10%～15%来自脂肪。维生素和矿物质虽然不能直接提供能量,但它们在能量的转化过程中发挥的作用不可或缺。根据需要,食品选择可分为早餐、行动餐、午餐、晚餐、紧急备用餐五大类。

选择原则如下:

(1)营养价值高,而且营养均衡。

(2)对运动状态有帮助,易于消化,便于吸收。

(3)压缩比高,相对轻便,容易携带。

(4)方便食用,不易腐坏,易于洗涤和烹饪。

(5)尽量减少残留废物,少产生垃圾,经济实惠。

(6)适合个人口味,给旅程增添乐趣。

早餐:最合适的是清淡的高碳水化合物营养早餐,比如扁豆稀饭、蒸馒头、酸奶、米线之类,最好富含水分。对于户外长时间的运动需要,这样的早餐能使血糖慢慢升高,状态慢慢提升,水分丰富是为了运动时身体得到足够的水分,并可以避免肠胃疾病的发生。

行动餐:由朱古力豆+果仁(腰果和蚝油黄豆)+葡萄干+干香蕉片(含镁,可避免肌肉因缺乏镁而导致肌肉痉挛)+牦牛肉干(蛋白质)组成。所有食物拆开包装后(少产生垃圾)全部混装一起,放置在行进中很方便用手随时取出直接食用最合适。

午餐:在登山徒步过程中,中午休息时间较长的午餐食物,通常称为午餐。午餐以能方便食用与保存的烤馕、面包、点心式牛油饼、火腿肠、榨菜等较为合适。通常户外午餐的补充,都会选择在山顶等风景优美的地点来进行,并可以根据行程时间,决定是否用 GAS 炉进行适当加热食用。

晚餐:晚餐的主食种类繁多,可以按照自己的饮食习惯和熟悉的食品来充分烹饪。

紧急备用餐:非紧急、非意外情况下不取出来食用的食物。活动顺利正常,紧急备用餐通常都会完整地带上山里又被带回山下。

4.能量补充常见错误与后果

能量补充不当会产生如表1-4所示的后果。

表1-4 能量补充常见错误与后果

能量补充错误	产生后果
进食不足、不及时	体力衰竭
补水不足、不及时	脱水、体力衰竭
蛋白质、脂肪含量过多	体力供应不足
补水过多	多尿,水分难以有效利用
电解质缺乏	抽筋、运动能力下降

第二章

个人装备

野外生存作为一门教学课程开设,不仅要参照遵循一般体育课程的教学规律和要求,同时它是一门全新的课程建设体系,它的课堂时间和空间大,学习内容和训练内容丰富,对学生身心条件水平应该也是有要求的。因此,必须要对野外生存活动的各种知识进行系统的学习和了解,掌握一定的野外生存技能,并事先做好周密细致的准备,这是保证课程顺利进行的前提条件。

第一节 野外着装

一、基本概念

野外着装是指野外活动者为了便于野外活动而有选择性地进行的特殊着装,它包括对衣服、裤子、帽、鞋、袜等穿戴品的选择和穿戴两部分内容。

分类:可分为野外旅行着装、山地丛林分布区野外旅行着装等。从季节角度进行分类,可分为夏季野外活动着装、冬季野外活动着装和春秋季野外活动着装。从地域环境适宜性的角度进行分类,可分为荒漠分布区野外旅行着装、寒冷地区野外旅行着装等。

功能:野外着装是野外活动者为了达到野外活动的安全、健康和高效的目的而在穿戴方面所做的努力。因此,实用功能是野外着装选择考虑的首要因素,其次才是个性化的追求。

二、野外着装的选择及保养

(一)选用的基本原则

野外行进前,选择恰当的着装十分重要。实践表明,科学合理的着装选择会使你的野外行进轻松不少。一般来说,选用野外着装应遵循耐磨、防水(雨)、防热和隔热、透气、精简轻便和有利于特定的野外活动。

1. 耐磨

在野外生存活动中,其自然环境是相当复杂和艰苦的,有时甚至可以说生存环境恶劣,在这种环境中开展活动,对服装、鞋帽等磨损是比较严重的。因此,着装的耐磨、抗撕拉、抗钩挂的性能是必须要考虑的因素。

2.防水(雨)

在野外生存活动过程中,遇到下雨、下雪、走水边和泥泞地是常有的事。因此,选择着装必须考虑到具有较好的防水防潮功能。

3.防寒和隔热

人体的正常体表温度为36.5℃,当人体长时间暴露在过低或过高的温度环境中对身体健康是有伤害的。而环境温度的忽冷忽热和温差大,极易造成感冒,这在野外是极其麻烦的事情。因此,需要选择防寒隔热效果较好的着装。

4.透气

在野外生存活动过程中,人体会大量出汗,如果服装的透气性较差,必然造成外干内湿。汗湿的衣裤紧贴身体,不仅极不舒适,而且非常容易带走人体的热量,造成感冒。因此,选择透气性好的服装至关重要。

5.精简轻便

谁也不想背着沉重的行囊进行徒步,所有服装在不失其功能的前提下,尽量精简轻便。

6.有利于特定的野外活动

不同的野外活动,对于服装的要求是不一样的。如进行登山攀岩活动,就尽可能提高其耐磨、延展性;如进行滑雪,则需要其非常好的防风、保暖性。

(二)服装的穿法及选择

一般来讲,户外服装分三层穿,分别是排汗层(内衣)、保温层和外套。并不是什么时候都需要这三层的。冷了就加一层,热了就减一层。每次出发前,可以根据目的地的天气情况自由搭配。

1.排汗层

内衣内裤经常是容易被忽视的。很多人参加户外运动时穿的还是平日的内衣。但是在户外运动中,尤其在温差大的地方,棉制品属于禁忌。棉吸水性强,但干得慢。当你剧烈活动出了一身汗以后,一冷下来就有可能被冻病。在高寒地区,棉内衣可以成为杀手。

户外的内衣不像我们穿的秋衣秋裤,只注重保暖效果,一般都采用排汗性比较强的材料。据资料显示,有些专业户外内衣使用的材料,在洗后10～15分钟即可变干。

内衣既不能太大,那样会影响保暖性。当然太紧了也不成,裹在身上影响活动自由。

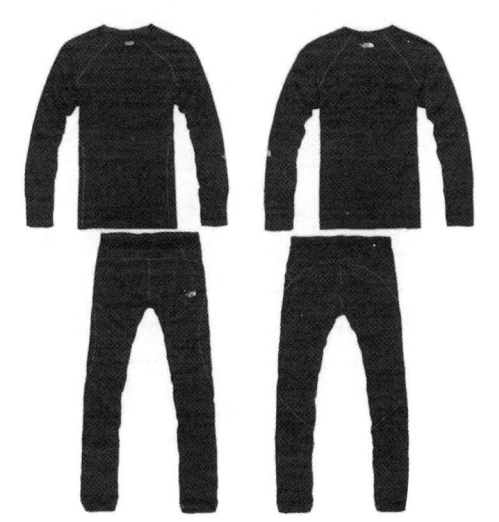

排汗内衣

材料：采用了 POLATEC 保暖材料，衣服里面为超细绒，排汗保暖性能极佳。

功能：排汗保暖塑身。

用途：款式漂亮，做工精细，适合平时和户外穿着，也可以当作跑步衣。

2. 保温层

这一层的材料多种多样，有羽绒、羊毛，以及各种人造材料做的抓绒衣。羽绒轻，保暖性强，是户外产品中最受欢迎的天然材料。尽管人造材料越做越好，羽绒暂时还是不可取代的。薄的羽绒服和羽绒背心都是保温层很好的选择。不过羽绒也有缺点，当羽绒受潮时，它的保温性能大降，而且干得很慢。羊毛保暖性也不错，但毛衣防风性差，湿了以后干得慢；另外，羊毛衫容易变形，而且怕虫咬。

近年来抓绒衫越来越流行。它的保暖性能很好，干得比较快。好的抓绒衫比较轻，能防一点儿水，而且透气。传统的抓毛绒防风性不太好，风大时就不能当作外套穿。最新型的材料像 WindStopper 基本解决了这个问题。WindStopper 采用了一种类似 GORE-TEX 的薄膜，虽然不能防水，但防风性能很好，比一般的抓绒衫要强好多。抓毛绒的缺点是体积太大，带两件以上装包时很占地方。

各大户外产品厂家都生产各式各样的保暖层服装，而且大部分都可以和他们自己厂的外套连起来穿。买的时候注意，袖口、肩膀和肘部等地最好有 Cordura 一类的材料加固。另外，质量不好的抓绒衣物容易掉绒，试穿时留心一下。抓绒衫不贵，100元以下即可买到质量不错的东西。大多数抓绒衣的标签上注明的都是 100％polyester 或 100％polyester microfiber。

抓绒衣

Polyester（俗称涤纶）是目前使用最广泛的化纤服装面料，质轻保暖，不易起球，具有良好的透气性和排湿性，还有较强的抗酸碱性和抗紫外线能力。但易产生静电，容易沾染灰尘的问题还没有得到彻底解决。

3. 外套

这一层的材料要求可以防水防风，这样不管刮风下雨你都会受到保护。目前市面上常见的防水衣料有以下几类：Waterproof/Breathable（防水透气型，诸如采用 GORE-TEX 的压合尼龙材料）；Waterproof/Non-Breathable（防水不透气型，做雨衣帐篷一类有 PVC 涂层的厚重尼龙材料）；Water Resistant/Repellent（挡水型，只能挡少量水的密织尼龙面料）；注意防水（Waterproof）和挡水（Water Resistant/Repellent）的区别。有 Waterproof 功能的面料可以在有一定水压时防止水的进入；而有 Water Resistant/Repellent 功能的面料只是可以挡少量的水，雨下大了或者稍微有些水压时，它们就不管用了。

采用 GORE-TEX 等防水透气材料做的外套，可以保证你坐在或跪在潮湿的表面而衣服里面不会湿。不过，不管什么防水材料，用过一段时间以后也需要进行 DWR 处理。DWR 是 Durable Water Repellent 的缩写，是一种防水的胶。像 GORE-TEX 的冲锋衣，穿一段时间后最好用 GORE 出的 Revivex 处理。随着 GORE-TEX 等材料的出现，防水透气不再是什么矛盾的概念了。

总的来说，这些防水透气材料防水效果更好些，但透气性一般。不过，这些材料还是比只能防水的材料要好。如果只防水不透气，衣服里面还是会很湿。天气很冷的时候，衣服里面甚至会结霜。买外套的时候最好买宽松一些，这样你可以在里面套上保暖层和排汗层的衣服。裤子呢，宽松的牛仔裤可以满足一般的远足。但如果目的地的天气情况复杂，你最好买一条防水裤。最好买那种侧面全拉链的，这样你可以随时根据天气变化穿上脱下。一般好的外套在易磨损处都采用耐磨材料加固。

冲锋衣

采用全新的 GORE-TEX N80p-X 面料,更精确的剪裁。

适合:高海拔运动(如阿尔卑斯登山)。

设计:采用最耐用的 N80p-X GORE-TEX Pro 面料,可以提供最顶级的防水和耐用性。E3D 人体仿生学剪裁可以最大限度地满足使用者的运动需求。可以满足极端寒冷气候条件下的各种户外运动。

面料:N80p-X GORE-TEX® Pro 3L。

版型:e3D 人体仿生学设计,衣长及臀。

重量:492g(M)。

品牌:加拿大。

(三)服装的保养

1. 冲锋衣裤

(1)冲锋衣是拥有防风、防水、透气等各种性能的功能性服装,不正确的洗涤方式会严重破坏衣服的防水性能。

(2)穿着时要注意尽量不要沾到油渍和不易清洗的物质,减少清洗次数,防止过度损伤薄膜。

(3)如果衣服的某一个部位沾染污渍,可以对污处进行局部清洗,以免沾染到其他部分而影响整体美观。

(4)局部清洗时,推荐使用万能泡沫清洗剂(也可选专业服装清洗剂),使用前充分摇匀,然后在距离污渍部位大约 20cm 的位置将泡沫均匀喷洒在衣服表面,等待 30~50 秒后,用棉布或海绵轻轻擦拭污渍表面即可。

(5)冲锋衣不可干洗、机洗,一般只能用 40℃ 左右的清水手洗(切勿使用热水),强的外力和腐蚀性强的物质会损伤薄膜,从而破坏衣服的防水、透气、防风性能。

(6)采用中性洗涤剂(洗发水和洗洁精),切勿使用漂白剂和柔顺剂。另外,碱性的洗涤剂会对涂层和压胶有一定的伤害。只需简单揉搓,然后漂洗至水清即可。

(7)洗完后,放阴凉处自然晾干,不可暴晒,以免造成压胶条脱开。

(8)存放时尽量避免压叠,用衣架撑开存放。

2.速干衣裤

(1)不具备防水功能的速干衣用机洗就行了。

(2)带有防水功能面料的速干衣,不要大力揉搓,机洗的话也要开到"轻柔"档。

(3)防水速干衣洗涤之后其防泼水程度都会有不同程度地下降,可以使用喷剂恢复。

(4)晾晒时,最好避免阳光的直射,合成纤维在阳光直射下很容易老化。

(5)存放时尽量避免压叠,用衣架撑开存放。

3.抓绒衣

(1)可以机洗:抓绒衣当然可以机洗,但是最好在外边套个洗衣袋,这样可以避免衣物在洗涤过程中相互摩擦,减少掉毛、起球的可能。

(2)晾干:注意晾的时候尽可能阴干,不宜暴晒。

4.羽绒服

(1)局部清洗:如果羽绒服不太脏,可采用干洗法。用毛巾蘸汽油在领口、袖口、前襟等处轻轻揩拭;油污去除后,再用干毛巾揩拭沾有汽油处,待汽油挥发干净后即可穿用。

(2)整体手洗:90%的羽绒服标明要手洗,切忌干洗,因为干洗用的药水会影响保暖性,也会使布料老化。而机洗和甩干,被拧搅后的羽绒服,极易导致填充物薄厚不均,使得衣物走形,影响美观和保暖性。

(3)温水漂洗:先将羽绒服放入冷水中浸泡20分钟,让羽绒服内外充分湿润。将洗涤剂溶入30℃的温水中,再将羽绒服放入其中浸泡15分钟,然后用软毛刷轻轻刷洗。漂洗也要用温水,能够利于洗涤剂充分溶解于水中,可使羽绒服漂洗得更干净。

(4)中性洗涤剂:中性洗涤剂对衣料和羽绒的伤害最小。若使用碱性洗涤剂,如果漂洗不净,残留的洗涤剂会对羽绒服造成损害,并且容易在衣服表面留下白色痕迹,影响美观。去除残留碱性洗涤剂,可在漂洗两次之后,在温水中加入两小勺食醋,将羽绒服浸泡一会儿再漂洗,食醋能中和碱性洗涤剂。

(5)不能拧干和暴晒:羽绒服洗好后,不能拧干,应将水分挤出,再平铺或挂起晾干,禁止暴晒在紫外线下,也不要熨烫,以免烫伤衣物。

(6)晾干后,请持续摇晃并轻轻拍打羽绒纠集处,使羽绒服恢复蓬松柔软。

(7)在保持清洁的前提下尽量减少洗涤次数。

三、其他穿戴物的选择

1. 帽子

头部是人体最重要的部位之一。统计资料表明,人的头部对热度非常敏感,人体40%~50%的热量是从头部和颈部散失的;头部任何一个器官出了问题都将影响到野外活动的顺利完成。帽子分为两类:一类是以保暖为主要功能的帽子;另一类是以遮阳作用为主的帽子。前者厚实,保温性好,有些还有防冻耳、防风沙和防雨雷的作用,并且有一定的透气性;后者轻便、宽边,防晒性好,有一定的防雨作用。

2. 头套、头巾和脖套

头套是为了头部保暖而改装后的帽子,保温防冻是其主要功能,其次还有防风沙的作用。头套的形式多种多样,一般来说分为有沿的和无沿的。头巾和脖套的作用主要是防风、保暖和防晒。

3. 护目镜

护目镜的主要功能是防风沙、防紫外线和过强的阳光等。根据作用不同,一般分为太阳镜、防风沙镜、防紫外线镜等。有的护目镜把几种功能集合起来,最常见的是把防紫外线和防风沙两种功能结合起来的综合性护目镜。

4. 手套

手套在野外活动中的主要作用是保护手。厚手套主要起保暖作用。薄手套有些用于厚手套的内套,可以吸汗,增加保暖效果,有些用于手部防晒和防蚊虫叮咬。优质手套不仅具有良好的保暖、吸汗、透气和防水性能,而且具有耐磨、手指能灵活运动、手感好等特点。根据手套手指类型,分为连指式和分指式。

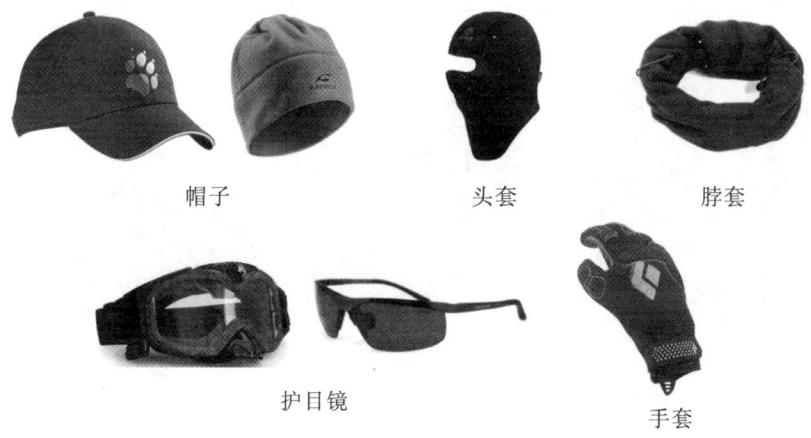

帽子　　头套　　脖套

护目镜　　手套

第二节 登山鞋和袜子的选择

在野外生存过程中,一双舒适、实用的鞋无疑是非常重要的。舒适,就是不太小(紧)也不太大(松),透气性好,脚感柔软,并且不磨脚。实用,就是鞋子能够适应各种路面、各种天气的情况。购买鞋子最好是穿上厚袜子且在傍晚去实体店进行试穿,因为此时人体的脚相对来说是最大的。鞋子的磨合期不低于 1km,最好是 3km。野外用的鞋子应比平时穿的大半码或一码。

一、鞋的分类及选择

Mountaineering:重型攀登鞋,或者按习惯叫高山靴,适用于高海拔地区的冰雪岩混合的地形,必须有非常硬的 Vibram 鞋底且兼容于快扣式冰爪,鞋面基本都是完全防水的硬塑树脂,内衬采用 GORE-TEX 材料,一般是高帮甚至长靴,自重较重,柔软性较差。有些品牌还有细分的 High Mountaineering 系列,一般是为了适应极高海拔加强保暖和应付积雪地形的款式。

Trekking:重型徒步鞋,这种鞋的鞋底中层较有弹性,能缓解背包的重量,大底坚硬,能在地形环境比较原始的山区长途行走,并且能使用全绑式冰爪。鞋面防水并且要有一定透气性,适合长时间穿着,鞋帮一般较高,可以很好地保护脚踝。有些品牌会细分出 Backpacking 的系列,一般是适应更为险峻的地形以及背负更重的器材的款式。

Hiking:轻型徒步鞋,一般用于轻装健行,适应不是非常复杂的山地。所以强调舒适性而舍弃硬鞋底,鞋面一般采用软羊皮或 GORE-TEX 等轻量化材料,一般是低帮。

重型攀登鞋

重型徒步鞋

轻型徒步鞋

不同厂商之间对这些类别的定位也是各有不同,但总体来说,按专业程度排序为:High Mountaineering＞Mountaineering＞Backpacking＞Trekking＞Hiking。

一般走山石、森林、溪谷等复杂地形,不负重,Hiking 这个级别就可以了。如果负重超过 10kg,就需要 Trekking 级别的鞋子。如果还有上升数百米的攀爬任务,就需要 Backpacking。活动到雪线以上,Mountaineering 就是必需的了。

除了以上三类,还经常能看到以下几类。

Trail Running:越野跑鞋,轻便,透气性极佳,鞋底一般设计都不止一层,但都是由外底、垫板、中底三部分构成。外底通常设计多重密度纹来应对脚面不同位置对地面冲击需要不同类型的抓地力。

Multisport:多功能运动鞋,适合各种球类及体育运动穿着。

Approach:这类比较难找到准确的翻译,简单定义就是能凑合爬简单岩壁的攀登用鞋,具有一定的徒步能力,又有足够的攀爬保护。

Forester:森林工作鞋,一般是整张牛皮,具良好的耐磨和防水性能。

Hunting:狩猎靴,类似 Forester。

Alpine:Alpine 是阿尔卑斯的意思,顾名思义,就是指滑雪鞋,搭配滑雪板穿着的厚重鞋子。

Climbing:攀岩鞋,专门为攀岩运动设计制作的鞋子,一般用轻便、柔软、粘贴性强的橡胶为底,以方便攀岩运动员在岩壁上更好地使用蹬踏等技术动作。

二、鞋的技术指标

(一)鞋面

鞋面材料是皮革面料与纺织面料混合、纯皮面料和硬塑树脂面料。

1. 皮革和纺织面料混合型

优点:重量轻,透气性能好,穿起来比较柔软方便,纺织面料的成本比皮革面料低很多。

缺点:纺织面料的防水性能差,使用寿命不如皮革,质地软,对脚面的保护也不如皮革。

常见的纺织面料有以下几种。

Cordura - Pro:杜邦公司的品牌产品,在服装、背包和鞋上广泛应用。耐磨性能和抗撕裂性能比尼龙更强,重量更轻,更柔软。经典款式 SCAR - PA ZG65 轻型徒步鞋,是同类鞋中最轻的,仅重 1.2kg。

Nylon:尼龙是最常见的纺织面料。

K - tech:一种超耐磨并且重量较轻的纺织面料,抗撕裂能力强,常用于高山靴。

Mesh:网布,较轻,透气性好。

2. 纯皮面料

优点:防水性能好,耐磨程度高,对脚面的保护程度好于纺织面料。

缺点:其自身重量较纺织面料重,透气性能也不如纺织面料,穿鞋时比较费时。

皮革基本上是登山鞋使用最多的材料,主要是牛皮,具有抗撕裂强度高、柔软、轻便、容易加工、透气性好等特点,常见分类如下。

Full-grain Calf Leather:即头层皮,性能最好的皮革,通常 2.4~2.6mm 厚,是牛皮最上面的一层。轻便、不容易变形、防水透气性和保暖性比任何人造材料都好,为了更好地防水防尘,通常把鞋舌和鞋面整块切割,成本较高。

HS12 Sherpa Leather:2.7~2.9mm 厚,比头层皮厚,抗撕裂强度和耐用性都是最高的。通常使用于高山靴和重型徒步靴,能提供更好的保护。最主要的特性是防刮蹭,不像 Nubuck 的磨砂皮革,被石头划过之后不会留下痕迹。做过 HS12 防水处理,表面光滑,结实耐用,防水透气性能好,是成本最高的皮革。

Nubuck Leather:纽巴克皮,最常用的皮革之一,常用于徒步鞋,头层皮表面经过很细的打磨,形成有细小颗粒的皮革,通过 HS12 防水处理,在皮革面料内注入硅胶粒子,防水透气和耐用性与 Sherpa 接近,并且有很好的外观。缺点是容易刮蹭,鞋表面容易脏,不容易护理。

Crosta/Suede:翻绒皮,通常 3mm 厚,制鞋时把有皮毛纤维的一面放到外面,是成本较低的皮革。其特点是轻便、柔软舒适、透气耐磨好,但没有经过 HS12 处理,防水程度不如 Nubuck 和 Sherpa。常用于轻型徒步鞋、健行、慢跑等类型。

Reversed Anfibio Leather:同为翻绒皮的一种,抗撕裂强度比 Crosta 高,对皮革粗糙面做磨砂处理,皮革较厚,常用于使用强度高和防磨损的高山靴,做过 HS12 防水处理。

Nepal:同样也是翻绒皮,但未经过磨沙处理,做过 HS12 防水处理,厚度为 2.8~3.0mm。

3. 硬塑树脂

优点:比较坚硬,具有较好的硬性,可有效地保护脚部安全,高山登山靴均是采用这种树脂材料做鞋面。

缺点:体积大、自重重、穿脱比较笨重、费时费力。

例如,Asolo、Scarpa 等公司生产的雪山登山靴,Crispi、Garmont 等公司生产的滑雪板用靴都是采用此种材料。

(二)内衬

内衬的主要作用就是防水、透气,这两样直接关系到穿着登山鞋时脚部的幸福指数,如果说鞋面是拼工艺水平,内衬就是拼科技材料了。如果你不想过个小水洼就弄湿袜子或在下雨天鞋子被灌满水,建议你选择拥有这两种科技面料的鞋子:GORE-TEX 和 eVENT 都是世界顶级的防水透气面料。

GORE-TEX:大名鼎鼎的 GORE-TEX 是世界上首创,也是迄今为止品质最高的防水、防风、透气面料。GORE-TEX 面料的神奇之处,就在于 GORE-TEX 薄膜。此薄膜每平方厘米由 90 亿个小孔组成,这些小孔比水分子小 2 万倍,比蒸汽分子大 700 倍,同时呈不规则排列。GORE-TEX 的鞋用衬里是一种双层的薄膜材质,内层散热,外层尼龙背衬具有湿热传导功能。

eVENT:是一种微毛孔聚四氟乙烯防水薄膜。它拥有比当今所用其他任何薄膜更高的透气性,而这一特性与 Trans Active(主动导湿膜)的技术结合时得到了完美的实现,主动导湿膜技术甚至能将身体表面的汗珠吸住排出。其卓越的高透气性是通过一种聚合体结构的不断变化而实现的,而不是在 eVENT/TransActive 上另加一层 PU 渗透薄。迄今为止,所有的薄膜都需加一层 PU 层以免受人体脂肪/油脂或洗涤剂对其的损伤。但 PU 的缺陷是它吸潮后保持了潮湿而不排湿。而正是由于 eVENT/TransActive 没有这一层 PU,其薄膜毛孔始终保持敞开,确保水分散发无阻。

(三)大底

鞋底是否耐用、是否具有防滑性主要是看它的用料选择和纹路设计。那么最好的选择就是 V 底。什么是 V 底,就是采用了 Vibram 橡胶的鞋底。Vibram 橡胶是意大利生产的,他们 1947 年就开始给飞机生产橡胶轮胎,后来发现做鞋底更省事、更好、更实惠,于是就用橡胶生产鞋底,就成了世界第一鞋底供应商。

识别你的鞋子是否拥有 Vibram 底,只要看看鞋底是否有一款黄色的印有 Vibram 的 LOGO 橡胶就知道了。当然不排除你买回来的鞋子在相应的部分印的是"OK"或"SHIT",或者一双 200 元的鞋子也赫然地印着 Vibram,那么基本上是假鞋了。

三、鞋套和鞋箍

在野外活动的实践中,防雨靴能有效防雨,但是容易引起脚部过热、出汗,造成脚上起皱和真菌感染。使用鞋套能够较好地解决这一问题,同时还可以避免泥泞、沙、水、雪等进入鞋子。

黄色的LOGO

鞋套和鞋箍

袜子

在行进时,如果弄湿了裤脚会让人不舒服,但为避免此情况,将裤脚放入靴(鞋)内也会很难受,这时可以使用鞋箍来防止裤腿下落。

四、袜子的选择

袜子的大小应当合适,袜子太长,在行走时容易堆积在脚掌前端,也易于使脚受到伤害,产生水泡;袜子太小则会影响脚的血液循环,带来疲劳。

功能:Coolmax 面料加上脚底加厚毛圈设计,具有极强的吸湿排汗功能,使双脚始终保持干爽,免受水泡之苦;袜口特别收紧防止脱落,脚腕、脚跟特别处理穿起来更加舒适,全方位的衬垫使行走舒适;手工对目缝头,免除缝头线同脚面的摩擦。

第三节 野外露营装备

一、帐篷

帐篷对从事户外活动的人来说,是一项非常重要的装备。特别是在遇到恶劣气候,前不着村后不着店的情况下,一顶良好遮风避雨的帐篷可以让人安心地等待好天气的来临。

帐篷的主要功能是防风、防雨、防尘、防露、防潮,为野营者提供一个相对舒适的休息环境。

1. 帐篷的分类

在设计上考虑到不同的用途而区分为不同的款式。就帐篷的外形而言,常见的帐篷大体可分为以下几种款式。

(1)三角形帐篷:前后采用人字形铁管作为支架,中间架一横杆连接,撑起内帐,装上外帐即可,这是早期最为常见的帐篷款式。

(2)圆顶形帐篷:亦称蒙古包式,采用双杆交叉支撑,拆装都比较简便,是目前市面最流行的款式。

(3)六角形帐篷：采用三杆或四杆交叉支撑，也有的采用六杆设计，注重了帐篷的稳固性，是"高山型"帐篷的常见款式。

(4)船底形帐篷：撑起后像一条反扣过来的小船，又可分为二杆、三杆不同的支撑方式，一般中间为卧室，两头为厅棚，在设计上注重了防风流线，也是常见的帐篷款式之一。

(5)屋脊形帐篷：其形状似一间独立的小瓦房，支撑通常是四角四根立柱，上架一个结构式脊形的屋顶，这种帐篷一般比较高大，相对笨重，适合于驾车族或相对固定的野外作业露营使用，故有车载帐篷之称。

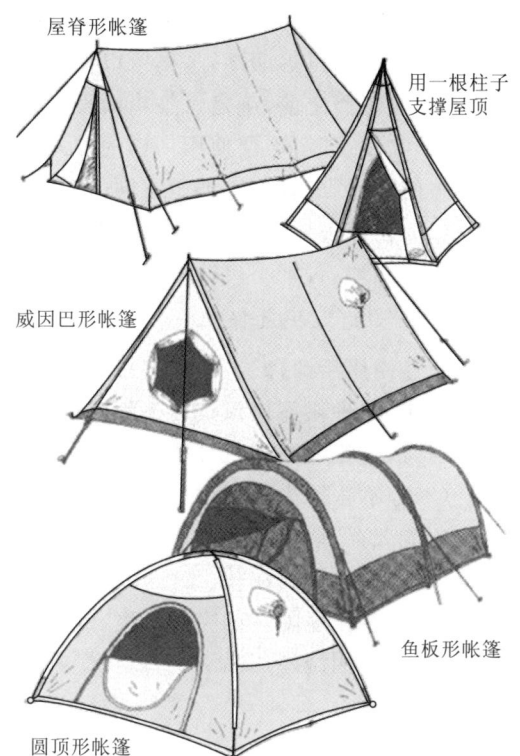

2. 扎营的注意事项

(1)尽量选择平坦的营地。将预定营地上的突起物尽可能地清除，这样可以避免睡觉时背部的不舒服，也可以避免帐篷被刺破。

(2)准备额外的地布。将地布铺在帐篷的底下，放在帐篷里面或外面都可以，不过放在外面可以让帐篷保持干净，也可以避免地上的石头或树枝破坏帐篷本身的地布。

(3)阳光的紫外线会破坏帐篷的布料强度，如果扎营地没有多余的树荫可以遮住帐篷，可以将雨布搭起来遮住太阳，避免阳光直接晒到帐篷。

(4)搭建帐篷时，最好将帐篷用营钉固定在地上。虽然现在的帐篷大都不需要营钉就能独立搭建完成，但是大自然的力量是不可限量的，不要以为帐篷里面有人在或是用背包压着就没事了。当大自然展现力量的时候，会将帐篷连同里面的人一起吹跑。

(5)进入帐篷时，不要把鞋子穿进帐篷内。

(6)确保帐篷的通风性是良好的。人们晚上在睡觉时，身体的汗气和呼气都会增加帐篷内空气的湿度，假设4个人睡在一顶帐篷内，一个晚上的时间可以累积多达1L的水。如果帐篷没有良好的通风性，那早上起来时睡袋和睡垫都是湿的。

(7)组合营柱时,尽可能一节一节组合,不要用甩开的方式组合。拆卸营柱时,从中间开始拆,再拆两端,这样可以保持绳芯的弹性。

(8)收帐篷之前,确定帐篷里面没有遗留任何东西或杂物。

(9)收帐篷时,不要使用一样的方式折叠内帐和雨布,这样会加速折痕部分布料损害的程度,最好每次都用不同的方式折叠。

(10)在过去帐篷搭好后,可在四周挖掘水沟。现在则要站在保护自然的立场,除非在水洼地,否则不再挖设沟渠。

3.帐篷的维护及保养

帐篷使用后清理、维护亦很重要,它关系到帐篷的使用寿命,也直接影响着以后的使用,清理帐篷应该按以下程序进行。

(1)清理帐篷底面,擦净泥沙,如有污染,可用清水轻微地擦洗。

(2)晾晒帐篷内外帐,待其恢复干燥后再收起来。如来不及将帐篷晾干,切记一定不能久存,以免着色和霉变,一有条件,立即晾晒。

(3)清理撑杆的泥沙。

(4)检查帐篷附件的完好程度。

(5)不宜用洗涤用品清洗,以免影响防水效果。

二、睡袋

睡眠不佳或不足常会严重影响第二天的体力,而体力不好时又会降低判断能力及反应速度,进而造成登山安全问题,故如何获得较佳的睡眠也是登山活动中的重要事情。睡袋是旅行者的标志,无论是从卫生的角度,还是从保暖的角度来看,睡袋是户外出行不可或缺的东西。

睡袋和存储袋

(一)温标

一般的温标由3个数据组成。

低温度:指该睡袋使用的极限温度,只表示人在这样低的温度不会被冻死而已,是否能睡得着就很难说了。低于这一温度对于使用者来说是很危险的。

舒适低温:指该睡袋使用舒适的理想温度。在这个温度下,人可以非常舒适地入睡,而不会因为寒冷而无法睡眠。

高温度:是指温度使用范围的上限,高于这一温度,使用者将热得无法忍受。

舒适低温在睡袋上有两种标识方法:一种是标识一个绝对温度,比如-10℃,

表明该睡袋的舒适低温是－10℃;另一种是标明温度范围,从红色过渡到绿色或蓝色,比如红色从5℃开始,到0℃时过渡为淡绿色,在－5℃时过渡为深绿色。这种温度表示的意义是:5℃偏暖,0℃适宜,－5℃时感觉很寒冷,这个睡袋的舒适低温是0℃。需要说明的是,舒适低温仅仅是一个相对概念,睡袋产品没有行业协会,没有行业标准,国内没有,国外也没有,一些大的品牌商和研究机构根据实验室试验和野外经验,对自己的产品标定舒适低温。这个温度只具有参考意义,它会因人而异,因环境而异。

一般来说,欧美原产的睡袋在温标上对于亚洲人来说不太适宜,因为欧洲人在耐寒能力上要高于亚洲人,因而我们在选择时要格外加以注意。

(二)填充物

睡袋填充物主要有两种:羽绒和化纤棉,此外还有单层的抓绒睡袋。

1. 羽绒睡袋

羽绒的材质又可分为白鹅绒、白鸭绒、灰鸭绒、水鸟绒等。羽绒睡袋比较温暖,易挤压,易保持原状,使用期较长;不利的因素是价格费用较高,会吸水,湿的睡袋的保暖度相当差,除非晒干,需要一天以上才能完全晒干,这些特性对于潮湿环境选择羽毛睡袋深表怀疑。高品质的羽绒睡袋保养得当,它的使用寿命是合成纤维睡袋的3倍。

羽绒主要有3个性能指标:第一个指标是填充重量,比如400g鹅绒睡袋,1100g鸭绒睡袋,这个重量不是说睡袋重量,而是指填充羽绒的净重量;第二个指标是含绒量,羽绒是由羽片和绒组成的,羽片有支撑作用,保暖主要来自细绒。含绒量用百分比表示,如80绒表示100重量单位中绒的含量是80单位。鸭绒一般高含绒量为85～90,鹅绒的含绒量可达90～95;第三个指标是绒的膨胀度,膨胀度(Fill Power)是指一盎司羽绒在68.4g压力下有多少立方英寸,羽绒的膨胀度越高,绒的保暖性能越好。一般国产鸭绒的膨胀度为450左右,国产鹅绒的膨胀度为450～600。美国进口的安第斯山地鹅绒含绒量可达95左右,膨胀度高达700～800。

市场上有时会发现特别便宜的羽绒制品,比如100元一件的羽绒服,150元一条的鸭绒睡袋,这样的产品一般不可选。因为羽绒还有一般人无法现场检验的两个指标:耗氧指数和清洁度。羽绒需要经过多道专业清洗去脂程序,有些小商贩把初级的羽绒稍加清洗后就做成成品,这些制品根本无法使用,简单的鉴别方法是用木棍敲击成品,会有粉尘漏出,闻一闻会有异味,如果清洗,水中有臭味。羽绒本身是高品质的产品,希望大家选购真正的好产品。

2. 化纤棉睡袋

合成纤维的抗湿性较佳且湿睡袋依然可维持保暖度,快干,低价位,但稍重于同级的羽绒睡袋,不好挤压与装填,较占背包空间,使用寿命较短。合成纤维采用两种不同的纤维:①长纤维,此种纤维的制品较多,缝制方式如石棉瓦屋顶的波浪重叠型,遮盖受冷处;②短纤维,缝制方式是以双层或三层无数只薄绵布的方式,拉链旁需缝制垫片的设计避免散热,如果两个睡袋需合并使用,要注意垫片分置两侧。

合成纤维的种类有以下几种。

Hollofil:低价位的聚脂类产品,它分为两种系统:①Hollofil Ⅱ 纤维,纤维平滑,弹力与折叠均有改进;②Hollfil808 改进平滑程度。

Lamilite:Wiggy 公司的产品,由多层薄层组合,睡袋较薄,即使潮湿环境亦可维持保暖程度,重量较轻且价位低。此纤维改进填塞的平滑度和折状,同时能抵抗洗衣机洗涤的破坏。

LiteLoft:3M 公司的产品,是由 microfinepolyester/olefinfibers 热溶形成如格状的绒毛。温暖度、柔软度、挤压性都不错,但使用一年后似乎比其他材质差。

MicroloftPolarguard:Hoechst - Celanese 的产品,初期开发的合成纤维产品之一。目前改良的 PolarguardHV 新产品较原有的 Polarguard 轻 25%,早期对 HV 的反应是较轻、较蓬松,体积缩小许多,但长期的耐用度依然是问题。

Primaloft:此纤维是模仿鸟的羽毛的外观制品,稍硬且厚,比较难制成睡袋,因而价位偏高,但对防水性与快干均显著,耐用度似乎达到一般的标准。

Quallofil:是一种短纤维,可能是未来的主流。

3. 抓绒睡袋

使用抓绒(fleece)缝制而成,可以单独作为夏季睡袋或卫生睡袋,也可以配合其他睡袋在冬季使用,以增强保暖效果。根据实践经验,一个−3℃的睡袋,加抓绒睡袋后保暖效果可达−10℃左右。

对比羽绒和化纤棉两种填充物:①羽绒保暖程度更高,在同等保暖程度下重量最轻;化纤棉保暖程度相对低,包装体积大,可压缩性差。②羽绒贵;化纤棉便宜。③羽绒潮湿会丧失几乎全部的保暖能力,而且不易干,所以严酷登山环境下往往使用有防水透气性能的材料做羽绒睡袋的外料;化纤棉有一定的拒水性能,湿后保持一定的保暖性能,而且晾干速度快。④羽绒制品的使用寿命很长,良好保养可使用 10 多年;而化纤棉睡袋的寿命不过 3~4 年。

(三)外型分类

睡袋的形状直接关系到睡袋的保暖效果、睡眠的舒适性及行李的体积。睡袋的常见形状主要有以下几种。

1. 木乃伊形(mummies)

这是一种为了节约睡袋重量,得到更好的保温效果而设计的窄紧的睡袋。顾名思义,这种睡袋的形状是:在脚部比较窄,然后向上至肩部渐宽,最后在肩部以上带有一个隔温束紧的头兜。一个合适的头兜应当可以收紧,以防止冷风吹入。而且考虑到人在睡眠时脚部最易感到寒冷,一些木乃伊形的睡袋在下部特别加厚,有些款式还设计有加厚的脚垫。

优点:其修长紧凑的外形不仅提高了睡袋的保暖效率,而且省了行李空间,尤其是头兜可以阻止大量的热量散失。

缺点:其比较紧凑的形状必然使某些人在睡眠时感觉不够舒适。

2. 半长方形(semi-rectangular)

这种睡袋在节约体积和重量的同时,兼顾了睡眠舒适性的要求。大多数此种睡袋带有头兜。为了获得较好的隔温效果,其外形一般也相对比较紧凑。

优点:在隔温效果依然较好的基础上,能够提供更大的活动空间,从而在一定程度上改进了睡眠的舒适性。

缺点:由于有更多的空气需要被加热,所以相对于木乃伊形的睡袋来说,这种睡袋的保暖效果要略逊一些。而且,由于其并不是完全为了保证睡眠的舒适性而设计的,所以可能有一些人仍然会觉得这种睡袋不够宽敞舒适。

3. 长方形(rectangular)或信封形

这种睡袋大多用于温暖条件下的野外宿营,这是由于此种睡袋设计的初衷是为了最大限度地满足人们对于野外宿营舒适性的要求,其结果就是不可避免地导致更多的热量散失。这种睡袋一般能够拉开拉链作为垫子使用,也没有专门的头兜。

优点:其正长方形的形状使睡眠时的活动空间更大,因此较为舒适。

缺点:不仅保暖性能一般,而且对于大多数人来说,它的体积和重量可能会显得过于大了一些。

现在流行的睡袋是小方帽、人体流线型(最宽的部位不在领口,而在肩肘部)。以前的大圆帽既增加重量,又不利于保暖。

(四)睡袋的细节设计

1. 胸墙边墙

早期的睡袋一般很少设计边墙和胸墙,使用中人们发现上口部分及拉链处会漏风,不利于保暖。于是在设计上增加了胸墙(胸领或隔断领、收紧领,收紧后可防止冷空气从脖颈进入)和边墙(拉链防风夹层-拉链内侧的棉质防风夹层,防止冷风从拉链进入),从而使睡袋的保暖性更趋于完美。

2. 防夹衬条

无论全开或半开的睡袋,都需要装拉链,而睡袋在开关时,拉链常常会咬住布料,使用中很不方便,弄不好还会咬坏面料或弄坏拉链。为了解决拉链咬布的矛盾,于是增加了防夹衬条(拉链内侧一层薄而硬的PP带,防止拉链"吃布")。

3. 双头拉链

早期的睡袋通常为单头拉链,自上而下地开启,自下而上地关闭,使睡袋下部的温度无法调节,而改进后的双头拉链,使睡袋上下都可以开关,人们在使用中随意调节上部和下部的通气量,从而调节睡袋内的温度。

4. 单双切片

睡袋在结构上还可分为单层切片或双层切片。由于双层切片柔软性、保暖性更佳,故中高档的睡袋普遍采用双切片的结构。实际上人体各部位对保暖的要求是不一样的,例如,脚部属于循环的末梢,有时更需加强保暖,因此有些高档睡袋设计脚套,使脚部受到更好的保护。

5. 口袋

一些睡袋会设计有小型的口袋,方便存放一些眼镜之类的小东西。

6. 隔间形式

较为复杂的隔间,增加了做工、填充物以及布料等制造成本,体现了睡袋等级,可以使填充物较不易移位,能平均分布于睡袋内,不易有零厚度部分,因此身体不会有直接接触外界的感觉,保暖的效果较好。

7. 双人睡袋

有些睡袋被设计成左右拉链的形式,同款型的睡袋分左右拉链,可以拼合成双人睡袋。

8. 睡袋包装

一些厂商的睡袋包装赠送压缩袋,睡袋压缩袋也可以自己购买。

睡袋最好选择轻便、温暖、舒适与易挤压且能完全盖住头部。睡袋的温度是靠绝缘材料提供密闭的空气维持一定的温度。睡袋的温度是依据绝缘材质、材质的厚密度、尺寸、型式与制造方式而定,一般分为夏季、非雪期、雪期3种,每家制造商的睡袋推荐温度的范围均为参考值,通常是在-30～5℃。

睡袋是否保暖与以下条件有关:①是否睡帐篷;②穿着衣服;③与地表的绝缘程度;④躯体的尺寸;⑤本身的生理代谢状况;⑥饮食热量的摄取。睡袋最暖与轻便的设计形态是木乃伊形(愈到脚愈窄,头盖须高过头)且须有一条能仅留小部分脸部的拉带,不论睡袋为何种设计都要有一个合适的具半圆形拉带的头套,以增加头部的温度与防止热能消散,有些睡袋有领口拉带增加肩膀的温度,当然有些会考虑其他部位的散热状况,如胸部与足部,偶尔可外加一个薄的睡袋套用于冷的季节。

睡袋的热源可以蒸干一些小衣物,如无指手套、袜子等,太大件衣物会增加睡袋内部的湿度不适合,雪期可将水瓶置于睡袋旁防止结冻。

(五)睡袋的使用与保养

1. 使用

无论是羽绒或化纤棉睡袋,在长时间不使用的情况下,尽量不要压缩起来保存,应保持睡袋的蓬松,适当地晒一晒也是不错的方法。这样做的目的是保持羽绒和棉的本性,延长使用寿命,尤其是羽绒睡袋,尽量保存在专用的羽绒睡袋存储袋里(宽松透气的棉质袋子)。睡袋作为贴身的卫生用品,尽量避免相互借用。

使用睡袋时,有几种方法可以提高保暖程度:①配备一条质量较好的防潮垫,这一点非常重要,经常野营的人都有体验,如果寒气从地下直达背部,那种寒冷是难以承受的;②有条件的话睡前喝杯热饮料,牛奶果珍都可以,使身体发热;③睡前吃一餐舒适的饭菜,尤其要补充碳水化合物(淀粉、糖类);④穿一套长的保暖内衣和干净袜子会非常有效;⑤当睡袋保暖程度不够时可以穿更多的衣服,或把衣服和其他物品覆盖在睡袋上;⑥和更多的人挤用一个帐篷;⑦在保障安全的情况下,在帐篷中点汽灯或炉子;⑧生堆火。

2. 洗涤

化纤棉睡袋和抓绒睡袋都可以直接洗涤,如果洗衣机足够大也可以机洗。晾晒时尽量平铺或多处挂搭,以免过度下垂。羽绒睡袋的洗涤方法,根据羽绒专家的建议,羽绒睡袋4年左右清洗一次即可。使用寿命约10~12年,可清洗3次。如果不太脏,可简单清洁,如用毛巾蘸汽油清洁表面材料即可。户外运动中睡袋经常会比较脏,有更多的清洗次数。

清洗方法如下:手洗或专业机洗。手洗使用专用的羽绒洗涤剂浸泡,漂洗干净即可,不要过分揉搓,不要拧绞。如果想机洗,请交给专业的洗涤公司。清洗后风干或晾干,确认干燥后轻轻拍打,待其自然膨胀后放入睡袋存储袋。

羽绒睡袋洗涤忌用碱性洗涤剂,忌拧绞,忌火烤烘干。羽绒睡袋可和棉质的睡袋内衬共用(睡袋套),以减少洗涤机会,同时棉质睡袋内衬有帮助吸汗的作用。

3. 保养

(1)睡袋适宜在通风、干燥的环境下平放晾干,避免强烈日光直晒,紫外线会损害尼龙表层。

(2)可以使用容量较大的商用烘干机,要保持低温烘干,并且睡袋有足够的翻动空间。

(3)晾干后请持续摇晃睡袋,并轻轻拍打羽绒纠结处,令羽绒完全舒展,睡袋恢复原状后再装入存储袋。

(4)日常存放请尽量选择干燥、阴凉的环境,并且确定睡袋是清洁的。

(5)不可置于压缩袋内存放,长期压缩会使羽绒或保暖层失去弹性,从而降低保暖性能。推荐使用赠送的存储袋存放,也可使用底部织带倒挂于衣柜内。

(6)如果长期不使用,建议过一段时间整理一次睡袋,使它完全舒展并风干,重新装入存储袋或倒挂。

三、防潮垫

防潮垫在野外露营时是相当重要的,其主要有如下3个功能。

第一,防硌。由于在野外露营时很难找到一块平整的地方,所以睡觉时会觉得很不舒服,使用了防潮垫,情况就会好得多。

第二,保暖。由于在野外露营时身体一般直接与地面接触(仅靠帐篷底的隔热效果是微乎其微的),所以在身体与地面之间如有一层防潮垫相隔,保暖效果会好很多。

第三,防潮。在野外露营时,一般夜间地面很潮,由于防潮垫是防水的,即可起到隔潮的作用。

防潮垫

目前市场上的防潮垫可分为以下几大类。

1. 闭孔泡沫垫

这种防潮垫是早期最常见的品种,采用高压聚乙烯材料,经过发泡成型后,再按不同的规格切割成一定厚度的片状,就成为我们常见的防潮垫。这种防潮垫的特点是闭孔、不吸水,通常采用45倍发泡切成0.8~1.0cm的厚度,价格比较低廉,由于耐用度较差,在国外通常是一次性使用。我国是低消费国家,人们的消费习惯是希望能多次使用,以减少投入。为适应这种要求,一些商家把低倍发泡切片与高倍发泡切片复合起来,这就制成了双层双色防潮垫。由于外层使用了低倍发泡切片,所以其底部的耐磨性大大增强。

2. EVA防潮垫

EVA又称回力胶。其与闭孔泡沫防潮垫相比具有弹性好、韧度强等特性,因而价格也有较大差异,与第一类防潮垫相比其成本提高了将近1倍,不过在舒适性和耐用性上都大大提高了。

3. XPE防潮垫

XPE防潮垫又称半孔泡膜垫,使用超高压聚乙烯材料。这种材料虽不及纯EVA材料高档,然而强度、韧性和抗拉力都比闭孔泡沫材料好了许多,但拒水性不如闭孔材料,因此生产厂家制作这种防潮垫时,在工艺上通过高温僵化做结皮处理,以增强防水性。这种通过结皮处理(压花)的防潮垫,不仅增强了美观性、拒水性,而且也提高了韧性,并且由于花纹的沟槽,透气的感觉也比较好。XPE是近两年推出的新品种,价格比闭孔泡沫材料略高,使用的舒适感具有明显的优越性,可以说是低档防潮垫中理想的品种。

4. 充气防潮垫(气床)

这种被称作气床的防潮垫,在国内最早是被用作水上漂浮垫使用的,后来被一些人用作露营的防潮垫,这种用棉布刮胶面料制作的气床,防潮性能是不错的,但由于体积较大、质量较重,并且充气、排气比较麻烦,因而在户外防潮垫家族中是一个不常用的品种。

5. EPE防潮垫

EPE材料常被用作包装物品的保护层,由于它具有不透水的功能,所以也被开发成户外露营的防潮垫,这种防潮垫通常比较薄,一般2.5～3mm,为了提高韧度并增强保暖,又经常和铝膜复合在一起,一般规格做得比较大,质轻但防硌性较差,如果夏季或温暖季节在草坪上露营使用,是一个不错的品种,一般二三人合用一张就可以了,如果在硬地上或冷天可以将其三折加厚来使用。

6. 自动充气防潮垫

自动充气防潮垫是防潮垫家族的贵族,使用起来非常舒适,其感受类似家庭中的席梦思。在制作工艺上防潮垫的内芯用压缩和膨胀性很好的海绵填充,挤压海绵中的气体,关闭气嘴使垫内成为半真空状态,体积会变小。打开气嘴,在外界空气压力的作用下,海绵膨胀,可以自动把空气吸到垫内,因此称其为自动充气垫,充满空气的防潮垫有非常好的弹性。

第四节　其他装备

一、背包

在登山过程中所有必须携带的东西,若都能用背包装起来,不但可以方便携带,而且可以解放双手,增进平衡,使行进更为安全。

(一)背包的结构

通常可分为3个部分:背负系统、装载系统和外挂系统。

1. 背负系统

登山包的背负系统包括双背肩带、腰带、胸带、受力调整带、背负支撑机构和调整装置,更应保证舒适及承重。

2. 装载系统

装载系统是指背包装载物品的部分。设计上一般由主袋、顶包和侧包(亦可称耳包)构成。主袋设计多采用上下分层式,即上端和下端各设一个开口,中间装一个活动隔层可连通、可断开,其优越性在于使用者可根据需要分装物品,上下都可以取出。

3. 外挂系统

对于一个专业的登山包,外挂系统必不可少。背包的外挂可分顶挂、侧挂、背挂、底挂等,通常采用点固定或条固定形式。点挂式一般设两个或四个对应挂点,使用时采用两点或四点捆绑固定;条挂式通常是在背包正面装两排外挂条带,每条设若干固定点,其固定物品更具有随意性,较少受形态的影响。

背包

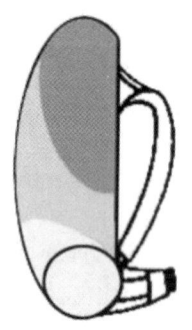 

A.用于普通山路　　　B.用于崎岖地形

□ 轻的物品　■ 中等重量的物品　■ 重的物品

重量分布示意图(适用于内架式背包)

(二)合理选择、装填背包

依登山活动的内容、性质,选择使用适当容量的背包。如果说2～3天的活动加宿营的话,背包容量约45～65L;如果是4～7天的活动就必须要65～80L的背包。当然还得视各人所携带的物品不同而有所调整,其目的是为了避免使用不合适的背包容量造成负载过大。

合理地分布重量。一般最好将背包的重量集中在臀部，以避免重量落在肩部或背部。而且无论走在何种地形上，尽量保持较重的物品靠近背部，重心保持在两肩之间。

走在普通的山路上，可以让较重的物品放在背包的上层，这样有助于集中力量在臀部上面，这是身体能承受较重背负的部分。

如走在崎岖难行的探险式路上，就要用相反的策略，要把较重的物品放在背包主舱中部，这样使重量分摊到肩部和背部，使重心降低，较易保持平衡。

拉紧所有的压缩带，以限制装备在背包内的滑动，滑动会令背包重心移动，易使人失去平衡。扎在背包外的物品要尽量地少，否则会影响行进时的平衡。保护好挂在外部的装备，不要让它们摇晃和互相碰撞发出"咔嗒咔嗒"的声音。如果你参加的是团队活动，要合理地将重量分配给其他队员，不要让自己无意间成为驮马，尽可能节省体力。

背包填装的原则如下：

（1）质量较重的物品放在中上部且尽量靠近背部，可使重心紧靠背部以免有被后拉的感觉；体积大、质量轻的物品可以放在最底下，这样不影响重心。另外由于重物压在上面，所以使用一段时间后背包会较为密实。

（2）坚硬物品不要放在贴背的部位。如为内架背包时则会直接顶到背部而很不舒服，甚至跌倒时会伤到背部；如为外架背包时则因坚硬的物品与背架仅隔一层背包布，很容易把背包布磨破。

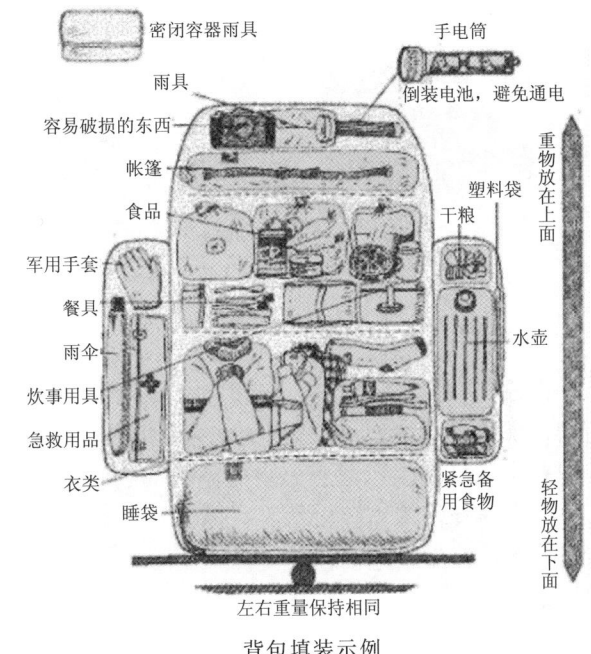

背包填装示例

（3）背包左右放置的物品重量应该相仿，以免重心偏向一边。雨衣、饮水及当日使用的东西应该放在最上面或最容易取得的地方。

（4）要有使用物品分类袋的观念。将同类物品或同时使用的物品放在同一袋中以方便取用，零散的小东西更应该如此。

(5)养成定点放置的习惯。这样一来不但整理背包较快,而且即使摸黑也能在背包中摸出想要的东西。

(6)尝试改变装填方式。尽量减少不必要的背包外吊挂,因为这些不但会影响行动安全,而且也不美观。

二、腰包

腰包由于其携带方便、功能多样,非常受大家的欢迎。一般腰包的正面有一个2L左右的大包,两侧面各有一个小袋。有些是网状结构的,可以放小瓶水壶或者杂物,有的设计成拉链,非常适合放钱包、证件。有些腰包还设计有一个背带,可以作为单肩背的小包,同时它的腰带是可以收起来的。一般大包里会放常用物品,如护肤品、眼镜、笔记本、证件等。

腰包

登山杖

三、登山杖

登山杖,就是指从事登山运动时使用的辅助器械。登山杖可以给户外登山穿越活动带来很多的好处,如提高步行的稳定性,减轻腿部的负担。根据研究,行走时使用登山杖可以减轻至少22%施予腿部和膝盖等肌肉关节的力量,让腿部感觉更舒服。同时使用两支登山杖能够提供较好的平衡性。更别忘了找不到树干,它还可以用作防水布搭建雨棚的支杆。

(一)分类

按材质分类:碳纤维登山杖(轻盈)、钛合金登山杖(昂贵)、铝合金登山杖(便宜)、木质登山杖(情怀)。

按节数分类:三节登山杖(标准)、四节登山杖(超短)、二节登山杖(较长)、一节登山杖(不易携带)。

按手柄分类:直柄登山杖(专业户外运动)、T柄登山杖(休闲运动及日常)、斜柄登山杖(场地徒步专用)。

(二)构造

1.手柄

手柄通常采用 EVA、橡胶、软木、塑料等材料做成,各材质分别具有以下特点。

EVA:握感舒适,饱满有弹性,不受季节影响,材质具有吸汗功能。

橡胶:握感饱满,冬季较硬容易开裂,不具备吸汗功能,夏天易手滑。

软木:握感饱满,不受季节影响,材质具有吸汗功能,易磨损脱屑。

塑料:握感欠佳,冬季容易开裂,夏天易手滑,但成本较低,便宜方便。

2.腕带

这是购买登山杖时最需要考虑的部分,因登山杖与使用者身体力量的互相传递主要是通过腕带,因此在选择优质的腕带时应考虑其是否具备以下特点:腕带中部较宽、两侧较窄,能够防止勒手;腕带调节扣设置在与登山杖的连接处,不与手部接触,防止硌手;腕带内侧为绒面防摩擦材质,有效保护腕带接触的皮肤。

3.支杆

支杆的材料通常采用铝合金、碳纤维、钛合金、木头、钢等材质,其中铝合金及碳纤维最为广泛,几种材质分别具有以下特点。

铝合金:结实耐用、价格低廉、重量比碳纤维和钛合金重、易腐蚀。

碳纤维:轻盈、材质弹性及韧性好、强度比高、耐腐蚀、价格较高。

钛合金:轻盈、材质弹性及强度好、耐腐蚀、价格高。

4.锁紧系统

锁紧系统是一条登山杖的核心安全部件,90%的登山杖问题都是由于锁紧系统故障引起的。价格低廉的登山杖一般采用容易变形的普通塑料部件,而高端登山杖则采用高硬质工程塑料(晶塑),并经过精密切割。如行业公认的先进锁紧系统,Black Diamond/黑钻自主开发的 Flicklock 关节锁紧系统、鲁滨逊专利 SLS 二代锁紧系统、Wildview/迪为的 3LS 安全锁紧系统等。

同时,铝合金登山杖还会和锁紧系统一起配备避震系统。避震系统作为一个弹簧部件,可以有效缓冲冲击力,下坡时可降低对膝部的压力,但由于上坡时弹簧会吸收推力,在长时间徒步行走时会额外消耗体力。此外,材质不佳的弹簧部件容易出现生锈、断裂、滑脱等情况,引发锁紧系统卡扣或者失效。碳纤维及钛合金材质的登山杖,因为材质本身具有较好的弹性和韧性,无需设置避震系统即可达到均衡减震的效果。

5.泥托

泥托可以防止登山杖陷入泥地中,不过登山穿越的环境多有荆棘灌木,泥托反而会妨碍行动的便利性,所以要注意泥托应该可以快速拆装,才不会造成困扰。

6. 杖尖

杖尖材质有橡胶头、铁制、碳钨钢等。碳钨钢最硬,价钱也最贵;橡胶头最便宜,但是却不足以能应付崎岖的户外地形,耐磨性也不如碳钨钢头。杖尖的花纹常见的有网形纹、钻石纹、格状纹等,其中钻石纹的防滑性及穿透性最佳。

(三)适应场景

1. 户外登山、徒步穿越

可以选择三节或四节的登山杖,手柄最好选择直柄的,材质可以考虑铝合金支杆、碳纤维支杆。

2. 平地/场地健行

可以选择斜柄的专业健走杖,材质可以考虑碳纤维支杆、铝合金支杆。健走杖的腕带与普通登山杖不同,是采用全掌式腕带,可以充分配合摆臂角度发力。比较专业的健走杖有:Rebornsun 鲁滨逊、Wildview/迪为两种,目前三节式的碳纤维手杖方便携带,比较受大家的喜爱。

3. 休闲登山/日常使用

两节、三节、四节的登山杖均可以,主要看携带的需要。材质可以选用铝合金支杆、碳纤维支杆、木质支杆。

(四)登山杖选购要点

(1)检查锁紧:将登山杖各节锁紧,并全力下压以确定它不会崩断、锁紧系统能够承重。

(2)系上腕带:在健行时系上腕带,能让健行处于舒适的状态,且来回摆荡手杖,如果腕带会磨伤你的手腕,再继续找。腕带最好选择偏软的,还有一些弹性,可以简单地调整到需要的牢固程度,不容易脱落。

(3)选择手柄:采用软木和泡棉手柄的登山杖,通常是手心容易出汗或经常在雨天中徒步人士的首选,因为这些材料即便是湿了,也有比较好的摩擦力。橡胶、塑料等材料的手柄,湿的时候会比较滑,手感也不是特别好,但耐用、强度好。如果你的手掌容易出汗,避免用塑料的握把,因为它们容易像湿鱼一样滑出手掌。软木或泡棉的手杖最好抓。在寒冷的天气中泡棉的手柄摸起来比软木、塑料、木头或橡胶制的温暖。

(4)选择材质:铝合金登山杖,坚固、轻便、便宜,大部分厂商都采用铝合金材料。如果你是对品质要求较高的人,可选择碳纤维或钛合金的较轻的新型手杖。碳纤维像铝合金一样坚固,但是重量要更轻一些,且价格比较昂贵。钛合金更轻,但价格更昂贵。用碳纤维和钛合金制造的登山杖直径都比较小,让人感觉到很轻,在使用的时候你可以把它们甩得很快,很容易把杖尖放到一个合适的位置。

(5)选择节数:首先根据活动的强度来选择,手杖节数越多相对应的承重能力越低。当休闲活动时,最突出的就是方便携带,所以以四节杖为首选,当活动有一定强度时,选择三节杖保证安全。

(五)使用操作

1. 调节长度

一般三节式的登山杖有两节是可以调整的,开始先将登山杖各关节全部旋松,将靠近底端的支杆伸长到最大限制的长度,登山杖上面都有刻度可以参考。手持登山杖站在平面上调整登山杖的长度,手臂自然垂下,以手肘为支点,将前臂上举到与上臂成90°,再将登山杖的尖端向下调整到接触地面;或者将登山杖头置于腋下5~8cm,然后将杖尖向下调整到接触地面为止。最后将登山杖的支杆全部锁紧,另一只尚未调整的登山杖比对锁定长度的登山杖调整到相同长度即可。调整登山杖时不应该超过登山杖上所显示的最大调整长度,在购买登山杖时,可先做长度调整,以确定是否买到合适长度的登山杖。三节调整式的登山杖最强韧的状态是在三节支杆长度相当的情况下,因此使用时不要只延伸其中一节支杆而不用另外一节支杆,或者超过支杆的警戒刻度,这样会造成登山杖容易弯曲变形而无法使用。最好的使用方法是将另外两节可延伸的支杆调整成相同的长度,这样可以确保登山杖的支撑强度,也能增加登山杖的使用寿命。

2. 腕带使用

一般人使用登山杖时,都是紧紧地抓着把手施力,以为腕带的作用只是让登山杖不会离开自己的手腕而已,如果你也是这样认为的话,那就错了。下坡时登山杖所承受的冲击力应该藉由腕带传导到我们的手臂上;而在上坡时手臂的推力藉由腕带传到登山杖产生上坡的助力,所以手腕穿过腕带时不应该直接从腕带上方伸进去抓住把手,而是应该把腕带拿起来,从腕带的下方穿入,将带子压在我们的手掌之中,然后再轻轻地抓住把手即可,透过腕带来支撑登山杖,而不是紧紧地抓着把手施力。如果有带扣,做稍微的调整,记得不要影响到登山杖的操作。

3. 不同地形的操作方式

以下介绍的是一般使用登山杖的正常操作方式,但并不是唯一的方式,可在实际操作中稍做调整,找出适合自己的方式,这样才能充分运用登山杖的好处。

平地及平缓的上坡就跟平常走路一样采取相同的节奏,右手臂在左脚向前同时顺势将登山杖往前带,但是杖尖不要超过身体前面,然后顶住地面向后推,左手跟右手交互做一样的动作。较倾斜的陡坡,动作和平常走路一样,但是手臂要往前将登山杖的位置放在身体的前面,利用登山杖支撑身体往上,来减轻腿部的压力,必要时可同时使用两支登山杖来做爬升的动作,推身体往上的时候,手掌可放在杖的顶部加强推的力量。

下坡由于冲击力比较大,这就要利用登山杖来减轻腿部的负荷;登山杖的位置一定要放在身体前面,而且要比前脚先着地才能达到分担力量的效果,此时身体一定会向前倾斜,这个动作并不是我们下坡的自然动作,因此要经常练习,同时要自己感觉登山杖要放多远的位置,才能达到减缓腿部压力的效果,而且不会拖慢原来行进的速度和节奏。必要的时候,可以根据个人的感觉来加长登山杖的长度。

(六)常见故障

1. 生锈

在保养登山杖时,可以使用非常少量的除锈剂(如 WD40)处理表面的磨锈情况,但是在使用之前,一定要把表面的所有油脂清除干净,才不会影响到登山杖的调整锁定功能。另外也可以用很细的磨砂纸来清除表面的磨锈,保持登山杖的锁定功能不受影响(虽然这样可能会磨掉登山杖上面的指示刻度)。利用旋转锁定的登山杖可能会因为支杆磨锈的粉末掉落,阻塞住锁定用的索环而影响到锁定的作用,因此在保养时必须清除索环内的锈屑,特别是将它们组合起来使用之前,一定要确定里面是非常干净,不含有任何锈屑和油脂。

2. 卡扣

铝合金登山杖的锁紧系统会发生无法拔出的问题,可以轻轻地拍打锁定的部位,或者将登山杖弄湿,就可以减少一些摩擦力,然后就可以顺利将登山杖旋开。旋开后务必要将开口向下直立,让里面的水分慢慢地流出来,并将登山杖分别晾干存放。

3. 无法锁紧

当旋转锁定登山杖时,支杆内的索环会跟着支杆旋转而不能锁定,可以把支杆拆开,将索环彻底清洁之后再装回去。如果还不能锁定,把支杆拆开之后,将较细的支杆转一些进入索环之内把索环撑开一些,然后在直接塞进较粗的支杆内,调整到想要的长度之后再锁紧。

(七)注意事项

(1)长时间徒步中,要经常检查手杖是否锁紧,以免"驴"友失前"蹄"。

(2)尽量不要将登山杖插入海水、含钙量高的水中,比如黄龙、九寨沟那种水里。否则会腐蚀手杖或很难清理。

(3)在山路上行走,当一侧有悬崖时,一定要将登山杖放在向山一侧使用,否则容易发生危险。平时要养成左右手都能使用手杖的习惯。

(4)上山较陡的路上,尽量离你前面使用登山杖的人远些,不然会被扎伤。

(5)登山杖不是降魔杵,也不是金刚杖,对它温柔些。暴力使用,再好的手杖也会折断,还有可能发生危险。

(6)三节登山杖的下面二节在调节长度时要注意:下面二节的长度应该是尽可能等长的,这样才能均匀分散力量,避免其中一节过长、力量集中导致的损坏。有些款式的手杖会有刻度。

四、对讲机

(一)对讲机的基本操作

(1)装上电池并确认同机身锁定。

(2)检查天线,确认接触良好。

(3)开机。

(4)设置或检查频率(频道),使本机和同队(组)其他对讲机在一个频率(频道)。

对讲机

(5)按下发射键 PTT,和同队(组)对讲机试通,同时调好音量,确认收发正常后即可投入使用。

(二)对讲机使用注意事项

(1)当对讲机处于通话状态时,要保持对讲机处于垂直位置,并保持 MIC(麦克风)与嘴部 3~4cm 的距离。对讲机发射时,距离头部或身体至少 2.5cm。

(2)使用过程中不得随意进行多次开机、关机,不得随意搬动频道选择器,不得随意压按 PTT 开关(发射键),随时要注意将音量调整到可以准确收听到信号的范围,将频率置于规定的频率范围,发现电量不足时要及时充电。

(3)爱护对讲机,要轻拿轻放,不得手提天线移动对讲机,不得随意拆卸天线、电池,通话时要远离微机、充电器。

(4)如果发现对讲机发生异常气味和冒烟,应立即关闭电源,并取出电池,应及时报告主管进行修理或者更换,以免影响正常工作。

(5)使用对讲机时应讲普通话和规范的礼貌用语,严禁用对讲机开玩笑或谈与工作无关的事情。

(6)使用对讲机时,语言要简练不繁琐,干脆不拖拉,条理要清晰,说话语气要柔和、平和,不得出现急躁、厌烦语气。

(7)一般户外活动,十几个人配 2~3 个对讲机就够了,队长 1 个,探路 1 个,后卫1个,多了反倒乱。

(8)对讲机一般有10~20个通话频道,只要在同一频道的就可以互相通话,不管多少台。如果一个频道不清楚或者有干扰,可以商量好切换到其他的频道。别忘了得商量好,如果一个换了,另一个没换,那就麻烦了。

(三)一些可能有用的频率和建议

145.000MHz和433.000MHz是国际通用的紧急频率,在紧急情况下任何人都可使用这两个频率呼救。但在平时属专有业务频率,没有无线电台执照的使用者不可占用。

建议大家在出去活动的时候设置好比较常用的频率,这样在出现紧急情况的时候会给你也会给别人带来很大的帮助。试想一下:有一个小队发生了意外,而他们的呼叫信号正好和你用的对讲机同频率,这样你就救了那个小队的人。还有一种情况:你发生了意外,你用对讲机呼叫别人(你根本就不会知道其他队伍的通讯频率),在无助的情况下开始用对讲机搜索主要的通讯频率,奇迹发生了,你加入了另一个小组的通讯频率,他们知道了你的位置。

(四)关于延长对讲机使用时间

现在的对讲机所用电池容量一般都可待机10余小时到1天多,但通话频繁或高功率发射则可能在半小时到两小时内耗尽电池电能。应尽量选用大容量电池;在能维持正常通话的前提下,尽量选择最小的发射功率;长时间在低危险度区域活动时可启用定时联络,例如约定每半小时或1小时的前后5分钟进行联络,其他时间关机省电,但在高危区域活动应尽量保持全程开机。

(五)对讲机通话规范用语

1.一般情况下

呼叫方:××岗位或××呼叫××岗位或××人,收到请讲话(重复一次或数次)。结束时用"完毕"。

要注意的是:呼叫以后应等待30秒钟以后,才进行第二次呼叫,因为对方可能要停到一个安全的位置,保持身体平衡,并取下对讲机,都需要花一定的准备时间。

被叫方:××岗位或××人听到,请讲/信号有干扰请重复。结束用"完毕"。

特别要注意的是,如果没有听清是否在叫你,就不要回答或询问,耐心等待对方的下一次呼叫。"某某,你是不是在叫我?"就不是一种良好的做法。

呼叫方:语气平稳把呼叫内容讲清(尽量简明扼要),结束用"完毕"。

被叫方:××岗位××人明白,结束用"完毕"。

2.紧急情况或紧急集合

呼叫方:各岗位听到请回答(如东商贸城片区要求全部到位支援),××地方出现紧急情况,请马上支援(除固定岗外所有巡逻岗立即支援)。重复呼叫结束用"完毕"。

被叫方:××岗××人收到,马上到达,完毕(听到后立即跑步赶往现场,以最快方法并相互用对讲机联络,以免有其他人员未听清,距离远通信不便时,要用接力方式传达到位)。

3. 插入呼叫

格式:"请求插入请求插入"。

如果频道已被占用,而自己又急于使用,可以在对方通话间隔请求插入。如果没有被许可,就不要继续打扰,因为公共频道对先使用者具有优先权。

举例:"……"

"请求插入请求插入"

"插入者请说"

"谢谢我呼叫一个朋友:Tom Tom,这里是 Jerry 呼叫,这里是 Jerry 呼叫"

"……"

"我们转到三频道去"

"……"

"插入完毕,频道还给你们,非常感谢"

4. 代为中转

由于免执照频段的法定功率限制,很多时候会超出通话范围,这时候如果有第三方在中间的有利地形,可以在经得呼叫人同意的情况下代为中转。

举例:

"Tom Tom,这里是 Jerry 呼叫,这里是 Jerry 呼叫"

(30 秒以内无人应答)

"Jerry Jerry,这里是 Snopy,这里是 Snopy,你的信号清晰,我的位置比较高/比较靠近 Tom,是否需要帮你转达给 Tom?"

"Snopy Snopy,这里是 Jerry,这里是 Jerry,请告知 Tom:过了桥以后往右走,我在路边等他"

"Jerry Jerry,这里是 Snopy,这里是 Snopy,完全抄收,请稍等"

"Tom Tom,这里是 Snopy 呼叫,这里是 Snopy 呼叫"

"Snopy Snopy,这里是 Tom,这里是 Tom,你的信号很清晰"

"Tom Tom,这里是 Snopy,这里是 Snopy,Jerry 叫我转告你:过了桥以后往右走,Jerry 在路边等你"

"Snopy Snopy,这里是 Tom,这里是 Tom,完全抄收,谢谢转达并代我告知

Jerry：因队伍中有人受伤，我会比预计时间晚到达 20 分钟"

"Tom Tom，这里是 Snopy，这里是 Snopy，完全抄收，请稍等"

"Jerry Jerry，这里是 Snopy 呼叫，这里是 Snopy 呼叫"

"Snopy Snopy，这里是 Jerry，这里是 Jerry，你的信号很清晰"

"Jerry Jerry，这里是 Snopy，这里是 Snopy，Tom 已抄收并叫我转告你：因队伍中有人受伤，Tom 会比预计时间晚到达 20 分钟"

"Snopy Snopy，这里是 Jerry，这里是 Jerry，完全抄收，谢谢转达，再见"

"Tom Tom，这里是 Snopy 呼叫，这里是 Snopy 呼叫"

"Snopy Snopy，这里是 Tom，这里是 Tom，你的信号很清晰"

"Tom Tom，这里是 Snopy，这里是 Snopy，Jerry 已抄收，还有其他事情吗？"

"Snopy Snopy，这里是 Tom，这里是 Tom，谢谢你的转达，没有其他事情了，再见"

5. 遭遇干扰

如果通话过程被无意或者恶意干扰，不要去质问干扰源（因为干扰源可能功率比你大，你能听到他，而他听不到你），而是转换频道，或者保持沉默。对恶意干扰者绝对不要去搭理、规劝或对骂，静默就是最好的处理办法。

五、头灯

头灯（Headlamp），是戴在头上的灯，是解放双手的照明工具。我们在走夜路时，如果拿着手电，就会有一只手不能空出来，这样遇见意外情况就没办法及时处理。所以，一个好的头灯是我们走夜路时需要拥有的。同样的道理，我们在晚上扎营时，戴上头灯可以让我们的手空闲下来干更多的事情。

头灯

（一）适用范围

划独木舟、手握登山杖、照看营火、在阁楼间翻找物品、盯着你摩托车引擎的深处看、在你的帐篷里看书、探索洞穴、夜间行走、夜间跑步、灾害应急光源。

（二）常见光源

白炽灯、高压气体放电灯、LED（发光二极管）、混合型灯泡。

（三）常见电池

（1）碱性电池（Alkaline batteries）：是最常用的电池，它的电能高于铅电池。它无法充电，处于低温 OF 时只有 10%～20% 的功率，使用时 Voltage 电压会显著地降低。

(2) Nickel-cadmium batteries：可充电数千次，它可维持一定的使用功率。它无法和碱性电池储存的电能相比，处于低温的 OF 依然有 70% 的功率，攀岩过程最好携带高能量的电池，它较标准的电池高 2~3 倍。

(3) 锂电池：它比一般的电池电能 voltage 高 2 倍，一个 lithium 电池的安培值是 2 倍以上的两个碱性电池，处于 OF 如同于室温使用，但很贵，它的电压可以持续恒定，在高海拔尤其实用。

(四)选择技巧

灯具的选择是个比较麻烦的问题，功能、价格、重量、体积、通用性，甚至外观都会影响你的最终决定，那么就从最基本的需要说起，具体如何在特定的时间、特定的环境下选择特定的灯具。

1. 考虑用途

(1) 如果你不会走夜路，也不需要用它在夜间搜索水源，只是在营地悠闲地晚餐之类，就不必使用太过复杂的灯具，这种情况下用最简单的 LED 灯具就足够了，照明时间长、使用经济、方便小巧就够了，时下最流行的 25 元的 5LED 小头灯算是廉价的选择，各种普通小手电也不错(不过有时候最好带个小头带)。当然，如果资金充足，也可带上一支体积极小巧、装设电压调整电路的 ARCAAA 袖珍手电或者防水性好，装有电压调整电路，亮度分档调节的 princeton TEC AURURA 3LED 头灯。

(2) 如果是经常在野外，那么可能少不了半夜冒雨赶山路的经历，这种情况下就少不了一只有足够亮度的白炽光源灯具，防水性和可靠性较好，比较省电，射程较远是你优先需要考虑的，总之你需要的是一支均衡性较好的灯具。如果你想节约点钱，GP 超霸的挑战者系列、劲量的碳纤维、国产仿 L 手电和某些国产头灯都还凑合，不过其重量体积相对于其亮度实在是太大了点，其实再多花些钱，你会发现特别小巧轻量可靠亮度高的 princeton TEC 40 潜水手电和手电头灯两用照明时间长的 Petzl SAXO 是这个级别中很不错的选择。

(3) 如果打算做一次长途"驴"行，你既需要足够的照明时间，也需要必须的照明亮度，同时带两个不同类型不同电池的灯具可能会让你比较郁闷，那么双光源灯具是你最好的选择。很遗憾，曾经见过的几款国产双光源灯具质量都不太让人满意，那就只好选择较为昂贵的进口产品了，较为简单实用的有 princeton YUKON，其小巧轻量、防水性好，往复杂里说就有使用电压调整电路分档调节 LED 亮度的 PETZL MYO 5。

2. 考虑使用的环境

普通户外环境下对灯具的特殊性要求并不很高,但在某些特殊环境下,我们必须对症下药。

(1)冬季。低温下电池性能大打折扣,除非你有力气背足够多的备用电池,北方冬季或雪山环境下不二之选最好是有外接电池盒的双光源头灯,你必须注意头灯的操作在戴着厚手套的情况下也能方便完成。如果要买,BD spaceshot2 算是目前科技含量最高的顶级头灯,极高的亮度,拥有后备电源,相对轻巧的重量和体积,电压调整电路对 Halogen 灯泡进行三档亮度控制,我们还能要什么呢?

(2)潜水。潜水灯具强调绝对的防水性和可靠性,足够的照明时间和高亮度要求,最好有可以即时使用的备用灯泡。对体积和重量的要求不很苛刻,手持灯具的使用灵活性较好,princeton shockwave2 提供双功率、双灯泡选择,保证了水中使用的最佳可靠性和实用性。

(3)探洞。探洞所应对的环境更加险恶一些,流水、落石等要求头灯必须具备坚固防水的特征,当然它也要方便地与头盔相结合,长时间探洞用的电石灯在此暂时不做涉猎。高亮度是必须的,为了对付行进过程中灯泡的突然熄灭所造成的难以想象的困境,及时方便打开第二光源,双光源的灯具是最合适的,而 LED 的射程显然不够,那么,双灯碗双 Halogen 灯泡的 PETZL D UO 就有了它的用武之地。

(4)搜索。如果是用于户外救援、搜索使用,无疑亮度、射程是摆在第一位的,那么通常会做出两种牺牲的选择,牺牲重量和体积,Maglite 6D 或 6C 可能是过去 20 年里世界上最经典的警用灯具了,6 节 C 电或 D 电串联,保证了极高的亮度、射程和充足的使用时间,结实的铝合金材料和传统可靠的防水设计都无可挑剔,唯一的大麻烦是它的体积和重量大了一点。Surefire M2 走的是另一方面的妥协,牺牲灯泡的寿命换取亮度,牺牲持续使用时间换取小巧的体积,尽管它原本设计用来战术使用,但无疑用作户外搜索或高射程要求照明也是很合适的,其丰富的产品线提供了 N 种组合搭配方案,灵活性极佳。缺点是,你必须准备充足的备用电池和灯胆,而且对锂电的使用成本要有心理准备。

(五)注意事项

(1)头灯或手电筒是相当重要的装备,但不用时必须取出电池避免被腐蚀。

(2)少数的头灯具防水性甚至抗水性,若你认为防水相当重要就买此类的防水灯泡,但最好是防雨的,因为在野外天气不是自己可以操纵的。

(3)头灯座需有一片舒适的软垫,有些是如笔状挂于耳旁。

(4)灯座的开关须耐用,不要出现置于背包会自行开启浪费电能或会出一些状况,灯座的开关设计最好是一个凹槽,若你觉得行进过程会出现问题最好用贴布紧贴,取出灯泡或取出电池。

(5)灯泡不是可以耐用很久,最好携带备用的灯泡使用,如卤素氪氩等灯泡会产生热且比真空管灯泡(vacuumbulb)亮,虽然使用会是高安培数和缩短电池的使用时间,大多数的灯泡会标识安培数于底部,而一般的电池使用寿命为4安培/时,它等于8小时0.5安培的灯泡。

(6)购买时最好在黑暗的地方试灯,灯光要白,聚光要好,或能调整聚光的那种。

(7)检验LED的一种方法:一般都是装三节电池的,先装上两节电池,把第三节用钥匙短接均匀持久(相比无升压电路的头灯来说),而且照明时间比较长[名牌(AA)电池约30小时],作为营灯(就是指在帐篷里用)比较理想;带升压电路的头灯缺点就是:此类头灯防水性能差(大部分都不防水)。

(8)如果是夜晚登山的话,最好是用灯泡的那种头灯做主光源比较理想,因为它的光照有效距离至少也有10m(2节5号电池),且也有6~7小时的正常亮度,并且大部分都能防雨,再带上两节备用电池一个晚上都不用担心了(别忘记带一个备用手电筒,在换电池时使用)。

六、野营灯

1. 基本介绍

野营灯选购应具备:质轻,方便携带;超节能、超长寿命,有效的光源解决方案;不发烫,光源柔和,无频闪,有效保护眼睛;防雨淋设计,全天候使用;夜间工作照明,夜间钓鱼照明,露营、野外照明;汽车检修,车库备用等。款式尽量选购漂亮新颖的产品。

野营灯种类很多,现在基本用冷光型节能灯管、LED灯泡,最早使用的是干电池式,缺点是要多携带电池,重量比较大。现在一般使用的都是充电型野营灯,可车充、电源充、太阳能板充电等,随时随地都能充,方便节能环保,且不用担心电源问题,广受喜爱。

野营灯

2. 主要性能特点

(1)使用优质电池连续工作时间:4LED超过120小时;10LED超过60小时;14LED超过30小时;14FLASH超过150小时。

(2)LED灯寿命超过10万小时。

(3)高强度ABS工程塑料外壳及防碎灯泡,可承受大冲击力。

(4)精心设计的反光遮罩确保在中、近距离上有充足的聚光和泛光。

(5)使用温度范围:-40~+50℃。

第三章

技术装备

第一节 登山绳

登山绳无论在历史上还是今天,都是登山运动中最重要的装备。上升、下降和保护等各项登山技术都是以登山绳为中心展开的。铁锁、安全带等众多的登山用品也只有和登山绳联系在一起时,才能发挥作用。

早期的登山绳是用棉制成的,而后发展到用麻,20世纪50年代后改为在拉力、耐用性、耐磨蚀性等许多方面性能优良的尼龙纤维制造。

登山绳

一、登山绳的分类

1. 动力绳

动力绳绳皮颜色是多色的,并且相互交织为花色,是整个攀岩保护系统的核心。UIAA标准的动力绳设计标准是:一个80kg的攀爬者在冲坠系数为2时脱落,对自身所产生的冲击力不超过12kN(人体的受力极限,实验表明人体可以在短时间内承受12kN的冲击力),而实现这个目的是靠主绳的弹性来完成的,像蹦极绳一样的动力绳能够吸收突然的冲力。绳子的延展性一般在6%~8%之间。长的绳子能够延展更长,吸收更多的能量,这就是为什么冲坠系数相同的4m脱落和20m脱落所产生的冲击力是一样大的(冲坠系数为2时,此力约为9kN)。

动力绳可分为单绳、半绳和双绳(表3-1)。

2. 静力绳

静力绳绳皮不允许超过两种相对的颜色,其中一种主色必须占所有面积的80%以上。传统上使用于探洞、救援中,但现在在高空速降中经常被使用,甚至在攀岩馆中可以作为顶绳保护之用;静力绳设计为有尽可能小的弹性,所以它几乎不能吸收冲击力;静力绳并不像动力绳那样有完善的工业体系标准,所以不同的厂商、不同的国家和地区所生产的静力绳其弹性可能有很大的差别。静力绳就像钢缆一样,把所有的冲击力直接传给保护系统和脱落者,这种情况下即使一个很短的冲坠都会对系统产生非常大的冲击力。实验结果显示：80kg 的物体，下落 0.6m 被静力绳拉住后，绳子给物体的冲击力远远大于 12kN，这对攀登者来说是灾难性的。

表 3-1　单绳、半绳和双绳的比较

	单绳（Singlerope）	半绳（Doublerope）	双绳（Twinrope）
直径	通常为 9.4～11mm	通常为 8.1～9.1mm	通常为 7.4～8mm
每米重量	通常 65g	—	通常 41～43g
优点	易操作、耐用、性能好，易学而且简单	可以提供一个额外保护，在蜿蜒路段很好用，可以同时保护两个领攀者或两个跟攀者	可提供额外一个保护，一起使用比其他任何一种绳子保护性能更好
缺点	重量大，没有备份	下方实施保护时比较困难，绳子很容易搅乱	操作比较麻烦，单独使用比较危险

二、登山绳的技术特性

一般的攀登者总认为，登山绳的拉力是一个至关重要的技术参数。其实对登山绳来说一般都不标最大拉力，而是标有冲击力（Impact Force）、延展性（Stretch）和国际登联下落次数（UIAA FALL）这几个参数。这里先要说明一下攀登对登山绳的要求，我们知道使下降物体停止下落时的拉力远远大于其本身的重量，而攀登者在下落时最终要靠登山绳的拉力止住下落，因而登山绳给人体一个极大的拉力，这个拉力是关系到攀登者是否安全的重要参数。UIAA（国际登山联合会，简称国际登联）要求这一冲击力决不能大于 12kN（约 1.2t），超过这一拉力会对攀登者造成伤害。冲击力的大小很大程度上取决于登山绳的延展性，登山绳在国外被广泛称为动力绳（Dynamic Rope），只有这类绳子才能应付有下坠可能性的攀登，这类绳子的延展性一般在 6%～8% 之间。

补充说明一点，直径在 10mm 以上的绳子被称为主绳，在绳头标有 UIAA① 的字样，这类绳子在登山中不太陡峭的地区可以单独使用，在陡峭情况下使用双绳时，每根绳子可以单独挂入保护点，承担冲击力。还有一类直径在 8mm 左右的绳子被称为 Twinrope，绳头标为 UIAA 的字样，这类绳子只能双绳同时使用，单独使用是危险的。

三、绳索使用注意事项

在野外所使用的绳结,正因为常是登山,或者是救助作业时的救命工具,所以更需注意安全第一。以下就举出几个使用绳子时需注意的方面。

1. 固定绳子末端

市面上销售的登山绳虽然都已处理过了,但是若要将以米为单位的绳索剪成适当的长度使用时,就必须将绳子的两端加以固定。如果疏忽了这件事,绳末端可能会在使用中散开而导致危险。

2. 使用前检查绳索

有伤痕,或者是发生扭结情形的绳子都可能会在使用时断裂,所以使用前必须检查,若有扭结情形则必须将之复原。

3. 不弄脏绳索

脏污是导致绳索劣化的主要原因,也会使其强度变差。在野外不要将绳子直接置于地面,注意不要让油渍等附着到绳子上。此外,使用后一定要将沾在绳子上的脏污处理掉。

4. 不踩踏绳索

绳索常因被踩踏而产生伤痕或劣化。此外,若是有小石子等钻进绳子内部,那

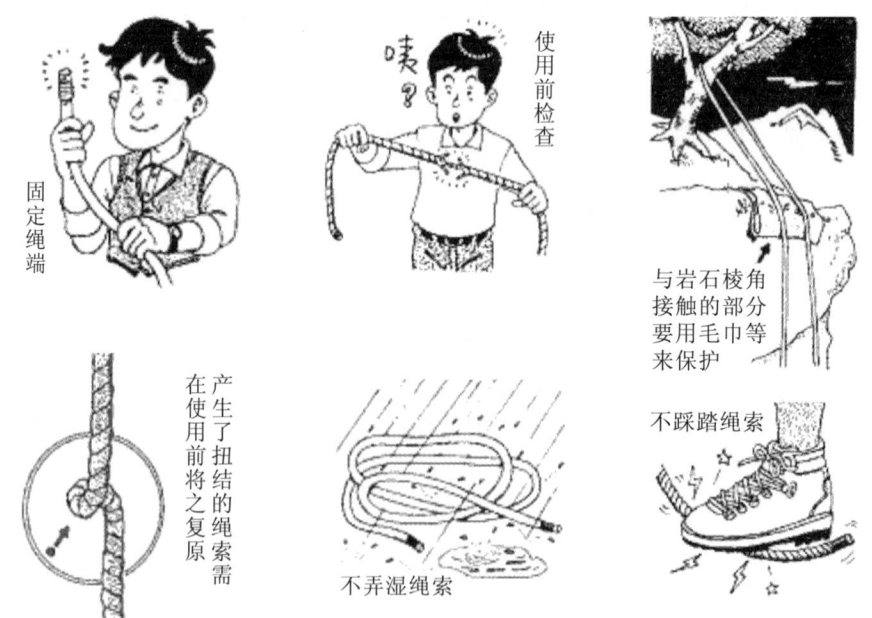

么在负重时也可能会有断裂的危险。特别是在冬季的山中,若鞋上的防滑铁钉踩到绳子那就不能再使用了。在攀岩时,也常会不知不觉地踩到登山绳,这点也请多加留意。

5. 不弄湿绳索

即使是防水加工的绳索,也要尽量避免在容易将绳子弄湿的状况下使用,因为吸了水的绳子不但重,而且易滑,非常难以使用。

6. 了解绳索的安全使用负重

绳索所能承受的重量由粗细、材质、使用条件等情况决定。在购买绳索时,一定要向店员说明使用目的,再选择足以承受该用途重量的安全绳索。像市面上10~11mm粗的登山绳,即使是用于须承受人体重量的状况下,也可安心地使用。

7. 不让绳子接触锐利物品

当绳子碰触岩石棱角等锐利物品同时又承受较重负担时,便提高了绳索断裂的危险性。现在,针对登山绳已制定有安全准则,在这种状况下,绝对禁止使用登山绳或者绳索。实在非用不可,需用毛巾等加以保护,避免让绳子直接与锐利的物品接触。

8. 不突然加重于绳索上

如果突然加重于绳索上,绳子将会因此而产生伤痕,即使有时表面看不出来,但内部可能已经断裂了。所以,需留意尽量不让绳索承受太多负荷。

9. 不将绳子借来借去

没有比不知道曾被使用在什么状况下的绳子更危险的事情了。因为如果在不知情的状况下使用了像是曾经承受过突来重量的绳索,那么绳索便有断裂的可能性,所以,绝对避免向别人借曾经使用过的绳子,或者将自己的绳子借给别人。

10. 保养方式

最怕:阳光、酸性溶液(非中性洗洁剂)、滥用。
清洗:放在洗衣袋,丢进洗衣机,放入中性洗洁剂,洗一洗,然后阴干。
调整:细心验证绳子的表皮、扭曲度、破皮、喷蕊的就切割改做他用。
切割:胶布贴住切割点的两端,剪开后以火融合绳端之绳芯。

第二节　安全带

登山运动的初期是没有安全带的,攀爬者将绳子系在腰间,保护者也是通过腰际增大摩擦来实施保护的。但是这种方式的缺陷是显而易见的,肋骨会因为受力的增加而产生剧烈的疼痛感,并且这种疼痛不会因为攀登的结束而终止,而是会在攀登结束后持续一段时间。但更糟糕的是,如果在攀登中发生了冲坠,那么后果是致命的。冲坠力达到 3.7kN,这属于一次中强度的冲坠,但是只要发生这种冲坠,几分钟后攀登者就会因为腰部受到巨大拉力而失去直觉,甚至死亡。所以设计安全带有两个终极目的:承受冲坠力和分散拉力。

安全带

安全带为攀登者和保护者提供一种舒适、安全的固定,并且方便与绳子连接,而不用把绳子直接绑在腰上,可以把坠落的冲击力分散到腰、腿上,而不单集中于腰上。

一、分类和用途

安全带通常分为可调式和不可调式。

可调式:多用于登山、攀冰、攀岩场馆,可分为坐式安全带和全身式安全带。

不可调式:多用于个人攀岩。

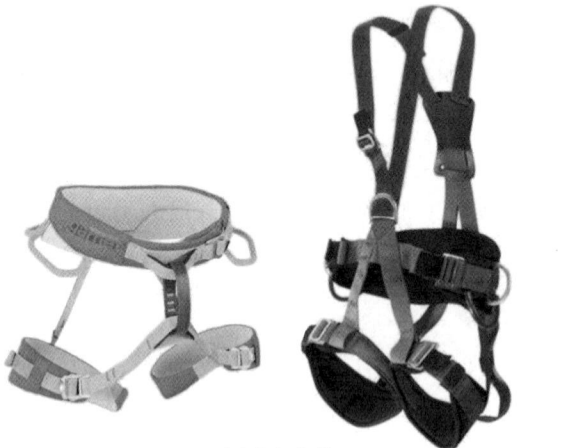

可调式安全带

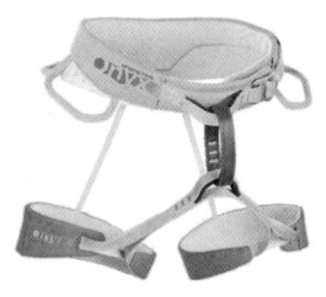

不可调式安全带

二、各部位名称

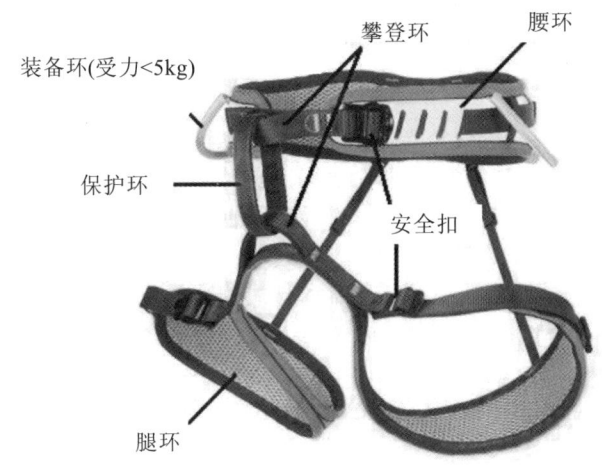

安全带各部位名称

三、使用注意事项

(1)应经过国际登联(UIAA)或欧洲标准(CE)的认证。
(2)个人装备,不要转借。
(3)尽量不购买二手货。
(4)分清上下、里外、左右,不可颠倒、扭曲。
(5)选择大小相配,松紧适度。
(6)腰带和腿带必须反扣回去,反扣回去的长度大于8cm。
(7)攀登前或进行操作前必须再一次进行检查。
(8)攀登过程中不能解开安全带。
(9)装备挂环不能承重(最多承受5kg)。

第三节　上升器

一、用途

登山、攀岩、探洞、攀冰、救援、工程保护、拓展训练等运动中配合绳索等其他装备上升过程中使用。

二、原理

内部设计的偏心装置以及其上的倒齿。当上升器沿绳索上推时,偏心装置受绳索的摩擦力处于放松状态,上升器与绳索间可以顺畅地移动;当上升器沿绳索反向运动时,偏心装置受绳索的反向摩擦力而处于夹紧状态,其上面的倒齿在加紧力的作用下挤入绳索外层,从而使运动停止。通俗地说,上升器就是一种能与绳索产生单向运动并能从锁紧状态放松的器具。

三、分类

上升器分为手握上升器、胸式上升器和脚式上升器3种,其中手式上升器又分为左手和右手。其中使用最广泛的是 Petzl 手柄式上升器,左手为黄色,右手为蓝色。实际攀登中手式上升器是无所谓左手还是右手的,很多时候都是左右手共同使用一个上升器向下用力,左右手之分只是往绳子上扣的时候要用大拇指操作那个卡。

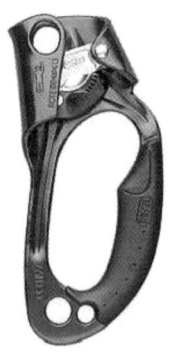

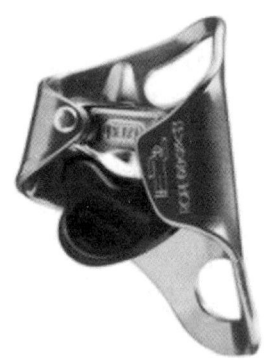

手握上升器(右手)　　　　脚式上升器　　　　胸式上升器

四、操作

双手式——利用左右手式上升器,每个上升器应自带绳梯,左手上升时通过绳梯带动左脚抬起,左手到位后,开始左手拉,左脚踩,使身体上升,左脚站稳后,开始右手的同样动作。通过左右依次动作来使身体向上攀升。

手式、胸式——手式的操作如上,胸式上升器固定在胸部,和安全带通过铁锁连接,随着身体一起运动。如果出现胸式无法上升的情况,首先应检查安装是否正确,正确后用手拉动胸式下方的主绳,就可以正常动作。

手式、脚式——手式的操作如上,脚式的使用首先要安装正确,脚踝扣一定要扣紧,才可以顺利动作。由于手式多为左手,则脚式的自然为右脚

第四节 保护器

保护是利用器械与绳子产生摩擦力,让绳子因摩擦而减速以致停止滑动,从而达到减速下降或停止的目的。

一、8字环类保护器

8字环类保护器是攀登者发明的第一代保护器。它的特点是结构简单,操作方法简便。它对绳索直径的要求为:大于等于8mm且小于等于13mm。绳索的适用范围相对比较大,所以8字环的应用范围非常广泛,可用于登山、攀岩、溪降、救援、工程等方面。

不同厂家生产的8字环在外形上也有所差别,最原始的是正圆形8字环,由于在使用中正圆形容易使绳索扭曲缠绕,所以为了弥补缺憾,有些厂家对8字环的形状进行了相应的改进。例如,法国 PETZL 公司生产的 Huit 和 Huit Antibrulure,Huit 的四方形状设计,可避免绳子卷曲缠绕而难以操作;Huit Antibrulure 上有一个小把手,当绳索摩擦使其发烫时,捏住小把手可防止手被烫伤。由于8字环的制动性能不是很灵敏,所以 PETZL 公司还研发生产了具有多个制停位置的 Pirana,在用于下降使用中,其制动性能得到了改善。

8字环类保护器的优点是:厚实耐磨,对于较硬的绳索也能很好地配合。缺点是:略显得笨重,且与其他保护器相比,制动锁定性能略差一些。适合于快速保护操作及快速下降时使用。

   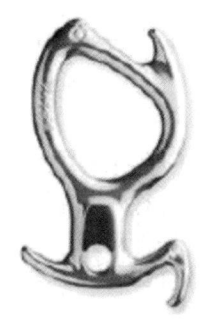

正圆形8字环　　　　　Huit　　　　　Huit Antibrulure　　　　　Pirana

二、ATC 类保护器

ATC 类保护器在使用时,送绳和收绳都非常流畅,绳索不容易产生卷曲缠绕,操作方法简单,可用于单绳或双绳,且制动性优于 8 字环类保护器,所以深受攀登者的喜欢。如今各式各样的 ATC 类保护器琳琅满目,且不同厂家的产品,其使用功能也略有区别,所以使用前一定要认真查看产品说明书。

目前国内常见的 ATC 类保护器有:ATC、ATC XP、ATC guide、REVERSO、REVERSINO 等。

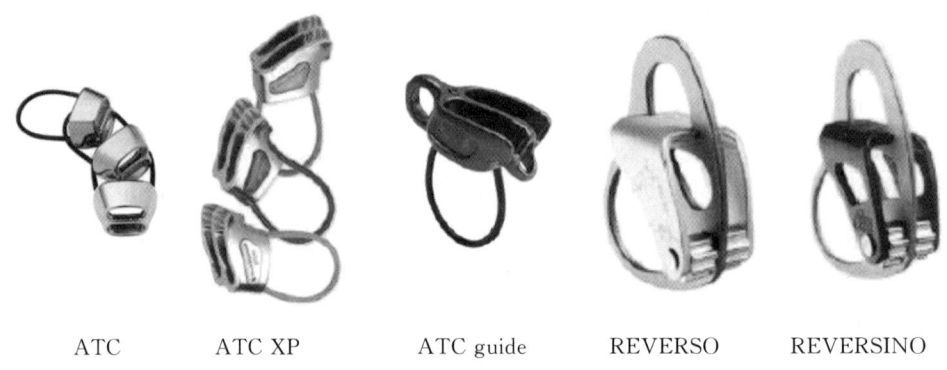

  ATC   ATC XP   ATC guide   REVERSO   REVERSINO

ATC 是 Black Diamond 公司生产的最早的 ATC 类保护器,适用的绳索直径为 8.5～11mm。ATC XP 是 ATC 的改进版,可通过改变绳索方向来改变制动端的摩擦力,适合 8.1～11mm 直径的绳索。ATC guide 的性能类似于 REVERSO,是一款具有自我制停功能的保护器,通过改变绳索方向来改变制动端的摩擦力,适用于 7.7～11mm 的绳索。

REVERSO 及 REVERSINO 是由 PETZL 公司生产的,该保护器在 ATC 的基础上进行了大量的改进。除了基本保护工作方式外,它最主要的是增加了自我制停工作模式,当攀登者坠落时,利用攀登者对绳索的拉力来压住 REVERSO 上绳索的自由端,起到制动的作用。还可以通过改变穿绳方向或主锁配合方式来改变摩擦力,以便于控制。REVERSO 适用的绳索直径为 8～11mm,REVERSINO 适用的绳索直径为 7.5～8.2mm。

由于 ATC 类保护器的制动性能优于 8 字环类保护器,所以被广泛地应用于攀岩、攀冰保护。

三、机械制动类保护器

GRIGRI 是由 PETZL 公司生产的一款具有机械制动结构的保护器。它用于单绳的攀登保护和下降，其适用的绳索直径为 10~11mm。它最大的优点是具有自动制停系统，它的设计从安全性出发，很大程度上提高了操作的安全性。

与 8 字环类和 ATC 类保护器相比，机械制动保护器的操作略复杂一些。对绳索的安装方向有严格的要求，分为攀登端和制动端。当攀登端突然被拉紧时，凸轮会迅速转动并卡住绳索而制停。关于绳索的收放操作也有一定的要求，在保护操作时，制动端的绳索始终都要用手握住，严禁松开。下降时的速度，是通过操作扳把儿和握住制动端绳索的手共同控制。

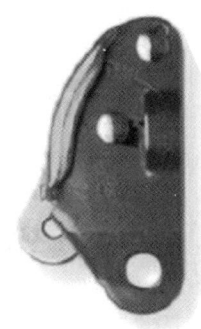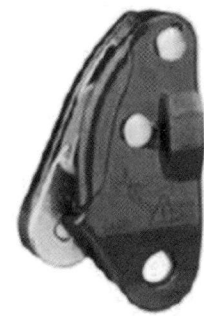

机械制动保护器

第五节 铁 锁

铁锁是可自由开合的金属环状物，在保护系统中起连接作用。通常与扁带、安全带、绳子直接连接。常用铁锁的型号、特点及用途见表 3-2。

表 3-2 常用铁锁的型号、特点及用途

型 号	特 点	用 途
HMS 或 H	锁门开口大	可用意大利半扣绳结连接做下降，用途最广泛
D(Directional)	弯门简易锁，连接方便	连接后形成快挂
X(Oval Shape)	形状对称	多与滑轮连接，用于救援系统中，也多用于器械攀登（Aid Climbing）
B(Basic)	直门简易锁，连接方便	最基本的铁锁，用于各种临时连接
K(Klettersteig)	锁门多为自动锁	可与钢、铁等硬物直接连接，多见于 Via Ferrata 索道式攀登运动
Q(Quick Link)	钢质，强度大	用于相对长久的固定连接，如攀岩比赛中用的梅隆锁

一、分类及适用范围

(1)丝扣锁(保险锁、主锁等):用于相对永久的保护点连接,如保护站中与主绳的连接点。

  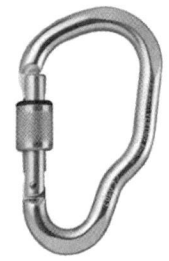

丝扣锁

(2)普通锁(简易锁、一般锁等):用于临时性的保护。

普通锁

二、性能指标

不同型号、不同品牌的主锁拉力指数会略有不同,以下数值仅供参考。

纵向拉力:>20kN。

横向拉力:>7kN。

开门拉力:>7kN。

三、铁锁的使用注意事项及保养

(1)尽可能保证纵向受力。

(2)丝扣锁在使用过程中要拧紧丝扣。

(3)锁门开口一侧要避免与绳子接触。
(4)使用中妥善佩戴,避免从高空坠落。
(5)丝扣处如有沙粒要及时清理。
(6)受力后不得与岩石、硬物撞击,要合理选择连接位置。
(7)使用 UIAA 或 ICC 认证的铁锁。铁锁历史不明不可使用。

第六节 快 挂

快挂的外形与铁锁非常类似,但是由于其没有锁门,所以更加便利,但是安全性能会降低。它是一种钩环类物品,通常用于户外运动、攀岩、探洞、工程保护等。

一、材质

快挂一般使用钢质或铝合金材质做成,钢质的快挂通常使用在工业用途、搜救工作以及制式的配备。它的耐用性和强度使其能够胜任各种特殊情况,不过钢质快挂比较重,价格也比较贵;铝合金制快挂常见于一般攀岩或其他属于休闲性运动的攀登活动上,重量较钢质快挂轻,价格也比较便宜,虽然强度不如钢质快挂,但是仍然可以满足绝大部分攀登活动的实际需求。

二、承受强度

一般市面上销售的攀登用快挂都能适用于各种正常的攀登环境,但是如果使用方法不正确,或是外力施予快挂时,快挂的闸门是打开的,则快挂的功能可能会大打折扣。一般而言,每个通过测式的快挂上面都会标示所能承受的强度,单位是以 kN(kiloNewton)为代表,1kN 等于 225 磅所施予的力量,相当于 102kg。

三、分类

1. O 型快挂

它是快挂最早期的形状,因为快挂内部有较大的空间,所以可以吊挂数个器材而不会拥挤;再加上平滑的弯曲侧边,绳环受力后不会任意移动,因此是人工攀登的最佳选择。如果要利用快挂进行下降的时候,最好选择 O 型快挂进行操作。另外也可以利用两个开口相反的 O 型快挂替代一个保险快挂使用,不过它的承受强度是所有快挂中最小的。

2. D 型快挂

它的外型设计为将冲击力量透过"D"型的"∣"线来承受,因此它的承受强度跟重量比最大;它的重量也比相同材料制作、同样尺寸的 O 型快挂来得轻,但是承受强度却比较大。由于 D 型快挂的闸门设计,也使得钩挂器材或确保装置变得比较容易。

3. 变形 D 环

外型很像 D 型快挂,但是其中一端侧边为了减轻重量而变得比较窄,它的好处是闸门开合的程度比较大,比 D 型快挂更容易钩挂器材或确保装置,但是快挂内部空间比同尺寸的 D 型快挂和 O 型快挂来得小。刚才我们在前面提到过闸门,它是快挂当中可以活动的部分,几乎所有的器材装备都要透过闸门,才能从快挂中取出或是放入快挂中,所有的闸门都有弹簧装置。当我们用力推的时候,闸门很容易就被打开,一旦放开的时候,闸门就会自动关起来,跟快挂的其他部分连在一起。

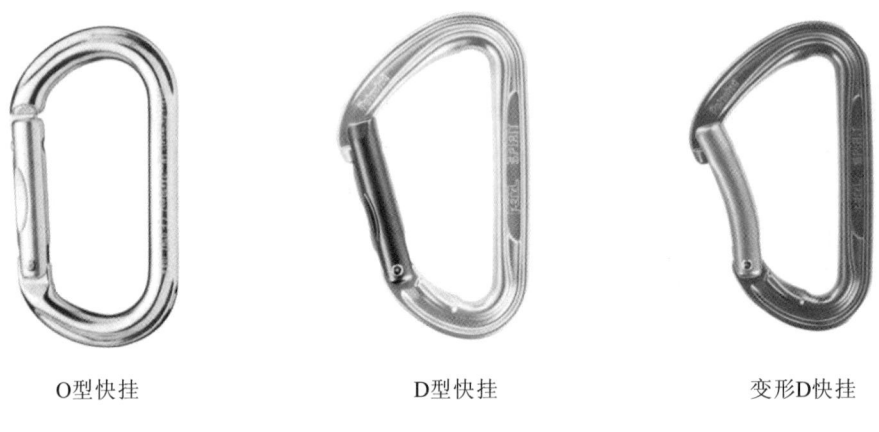

O型快挂　　　　　　D型快挂　　　　　　变形D快挂

第七节　扁　带

软性带状物,通常用宽 1.5cm、1.7cm、2.5cm 的尼龙编织带经特殊方法缝制而成。标准长度规格为 5cm、10cm(短扁带)、30cm(半长)和 60cm(全长),也可根据需要的长度,自己用尼龙编织带连接制作。

扁带

有些专门设计用来在大负角或屋檐地形使用的绳套，在攀登者脱落时为减轻对保护点的冲击力，部分特殊缝线会断裂。一旦缝线断裂，此绳套不可再次使用。机械缝合的强度大于手工打结，但手工方式可自由调整扁带长度使其适合需要。移动中的主绳不可直接从扁带中穿过；否则，移动带来的摩擦热会损毁扁带。架设固定保护点时可能用扁带连接两个或更多的临时保护点，此时须注意扁带的连接方式以区分主受力点和备用受力点；还要保证一个临时保护点失效时，不冲击其他保护点，不影响整体保护效果。

第八节　头　盔

头盔在攀登过程中为避免头部受落石或其他落物引起的伤害，可以起到保护头部及颈部的作用。登山中使用的头盔为专用头盔，切忌用自行车头盔、工地头盔代替，因为攀登用头盔具有特殊的设计特点，在有硬物坠落、冲击力过大时，头盔会产生裂纹，目的是分散由于重力对颈部产生的冲击力，从而有效地起到保护作用。此外，现在的技术越来越先进，头盔在透气性、舒适性、美观性上都有了很大变化。

在较复杂地形上攀登时（尤其是看不见上方攀登者的情况下），当听到从上方掉东西的声音时，不能抬头看上方，这样很容易被掉落的物体砸到脸上，头部应该贴近坡面，直到确认已安全。

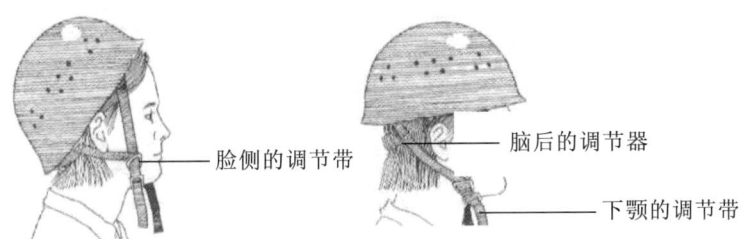

头盔的安全使用

第四章

绳　　结

利用打结使绳索之间、绳索与其他装备或固定物之间相互连接的方法,称为结绳技术,所打的结称为绳结。结绳技术是登山运动员必须掌握的基本技术之一。在登山途中,运动员互相保护、越过障碍、攀登岩石或冰雪陡壁、渡过山涧急流等都离不开绳索。绳索是登山技术中所使用的最重要的装备。然而绳索只有通过与运动员身体或其他物体的相互连接和固定,才能起到辅助行进和保证安全的作用。结绳方法是否运用得当,直接影响绳索使用的质量和效果。

第一节　单结及其变化

不用说大家都知道,最简单的结就是单结。因为它的结很像一个人两手环着的样子,所以也称为交腕结(Over Hand),在日本称为止结,应用在日常生活中的情况相当多。

这个结最单纯的用法是在绳子上打一个结,但也不要因为它的单纯而小瞧它。用它来作为绳栓防止滑动,或是绳子末端绽线时可暂时防止其继续脱线等。在意外的情况下使用的范围也相当广泛,只要稍微加点技巧,就会产生多种变化。就这些变化而言不只是打结而已,还可以将绳子与绳相连接,也可以做成圈套,使用范围更加广泛。因此,单结是所有绳结的基本结。若说创造性的绳结世界是由单结开创的,那是一点也不为过。

1. 单结(Overhand Knot)

若想在绳子上打一个结,单结是最简单的结,当绳子穿过滑轮或洞穴时,单结可发挥绳栓的作用。除此之外,在拉握绳子时,单结可以用来防止滑动,而且它也可以用来作为当绳端绽线时,暂时地防止其继续脱线。以这个结作为基本,还可以变化成结形较大的多重单结、圈套结之一的活索、将绳与绳连接的固定单结、做成一个固定圆圈的环结,以及在一条绳子上连续打好几个单结的连续单结等。

单结的缺点是,当结打太紧或弄湿时就很难解开。

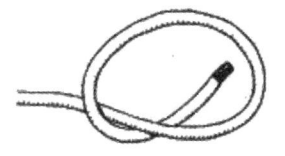
第一步，将绳端与绳子相交，穿过绳环

第二步，打成一个结

第三步，完成

2. 多重单结（Multiple Overhand Knot）

增加缠绕次数（2~4次），打成较大的结形。为了不让结打乱，需"边打结边整理"为重点所在。这种结用在作为绳子的手握处，或是当绳子要抛向远处时加重其力量。

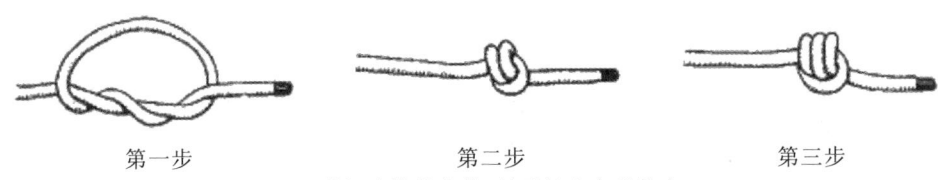

第一步　　　　　　　　　第二步　　　　　　　　　第三步

只要增加缠绕的次数，结形就会变得较大

3. 活索（Noose）

一种简单的圈套结。拉紧绳子的前端即可做成一个圆圈，圆圈中间没有任何东西，一拉绳子即可将结解开。

第一步　　　　　　　　　第二步　　　　　　　　　第三步

4. 双重单结（Loop Knot）

说双重单结是为了做成一个圆圈的结，倒不如说它是为了避免使用绳子损坏部位的重要法宝。它的结法很简单，只要将绳子对折后打一个单结即可。这个时候如果绳环部分就是绳子的损坏部分的话，由于其无法产生施力作用，所以仍可安心使用绳子。

第一步　　　　　　　第二步　　　　　　　第三步

即使拉紧绳子两端,绳环部分也无法受力

5. 固定单结(Overhand Bend)

　　固定单结的打法是将两条绳子的末端与末端重叠,然后打一个单结。这个结是用在将两条同样粗细的绳子迅速地连接,或是将一条绳子做成环状使用时,等等。

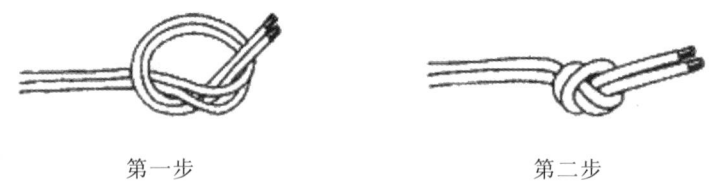

第一步　　　　　　　　　　　第二步

6. 连续单结(Series of Overhand Knots)

　　这是欲紧急逃脱时使用的结,其特征是在一条绳子上连续打好几个单结。打法就如下图所示,若不熟练的话,结与结之间很难做成等间隔,需反复练习到抓到窍门为止。

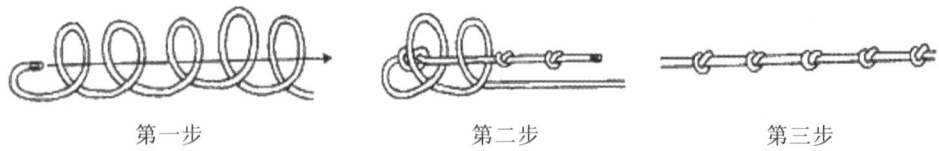

第一步　　　　　　　第二步　　　　　　　第三步

7. 水结（Water Knot）

用在连接两条同样粗细的绳子上，一种简单且结实的结。日本名称的由来是由于利用这种结作为连接藤蔓时打的结。在攀岩的世界里称为环固结（Ringbend），将一条绳子的两端用这种方法相连结，即可做成吊索。这种结主要适用于连结扁平的带子。打法十分简单，在一条绳子的前端打一个单结后，另一条绳子逆着结形穿过前面一条绳子的圆圈即可。虽然结形可以打得小而漂亮，但是得注意有时会松开，所以在绳子末端一定要留下 4～5cm 的长度，并且必须将结牢牢打紧。

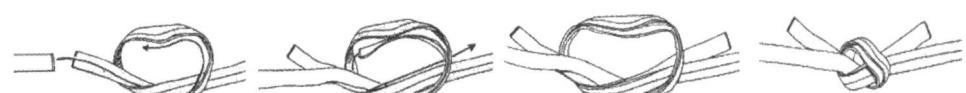

第一步，在一条绳子的末端打一个单结，尾端要留下充分的长度

第二步，将另一条绳子从前一条绳子的末端开始，顺着结形逆向穿过

第三步

第四步，两个绳子末端留下一定长度后，用力打成一个结

8. 渔人结（Fisherman's Knot）

英式结、英人结、拖曳结、水结（前页的结容易混淆）、水人结、钓鱼人结，这些全都是渔人结的别名，用于连接细绳或线的结。虽然只是在两条绳子各自打上一个单结，然后将其连接起来这般简单的结构，但其强度很高，也可以使用在不同粗细的绳子上。但是这个结不太适用于太粗的绳子，或是用在容易滑动的纤线等绳子，有时很容易就解开了。双渔人结是多一次缠绕后打成的结，如此更可以增加其强度，这个结是用在连结两条绳索等情况上。其缺点是结形大。

第一步，将两条绳子的前端交互并列，其中一条绳子像卷住另一条绳子一般打一个单结

第二步，另一边也同样打上一个结

第三步，将两条绳端用力向两边拉紧

9. 双渔人结（Double Fisherman's Knot）

  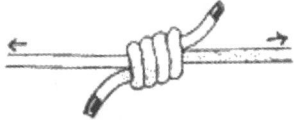

第一步，将渔人结的卷绕次数多增加一次后打结

第二步，另一边也同样打上一个结

第三步，将两条绳端用力向两边拉紧

第二节　八字结及其变化

广为人知的八字结一如其名,它的结打好后会呈现"8"的形状。不过在意大利,人们把八字结称为"皇室结",因为结形正是意大利皇室家族徽章的模样。此外,八字结也象征着诚实的爱与不变的友情,所以也有人把八字结称为爱之结。八字结主要是做固定防滑之用,尤其对靠海维生的人而言,八字结的存在更是举足轻重;然而在山林天地里,八字结的变化——双重八字结比八字结用途更广。不论是做绳圈或是连系绳缆,双重八字结的效果均相当非凡,除了攀岩时经常用到它之外,户外生活中的各种场面也少不了它。

1. 八字结(Figure-eight Knot)

八字结的结目比单结大,适合作为固定收束或拉绳索的把手,八字结的打法十分简单、易记。它的特征在于即使两端拉得很紧,依然可以轻松解开。以下介绍两种打法,各位可以根据绳索的粗细不同分别活用。

打法1:一般最常使用的打法,适合用在绳索较粗时。

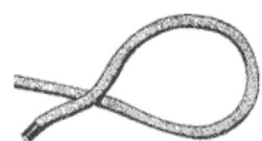  

第一步,将绳端先行交叉　　第二步,将一头的绳索绕过主绳　　第三步,将绳头穿过绳圈后拉紧完成

打法2:适用于绳索较细时。

第一步,将绳端对折,并用双手握住　　第二步,把对折部分朝箭头方向转两圈　　第三步,将绳头穿过绳圈　　第四步,拉紧两端打好结

2. 滑八字结(Slipped Figure-eight)

滑八字结是把八字结变化成活结的形状,而且只要一拉绳索的末端,就可松开结。在绳索的末端留下足够的长度后打个八字结,然后再把绳头穿过圆环后,拉紧便完成。只要解开绳头,就可解开结目。

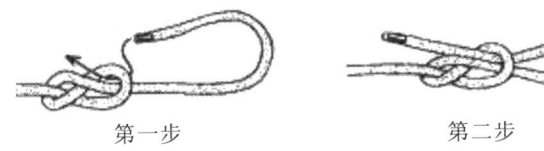

| 第一步 | 第二步 |

3. 连续八字结（Figure-eight Knot in Series）

连续八字结与连续单结一样,方法是在同一条绳索上连续打好几个八字结。因为八字结的结目很大,所以在户外游戏和紧急避难时,它可以发挥莫大的功用。如下图先将绳索排数个八字形状,接着把末端的绳头穿过所有绳圈后,一条连续八字结便告完成。连续八字结的诀窍是从最先穿过末端的绳圈开始打结。

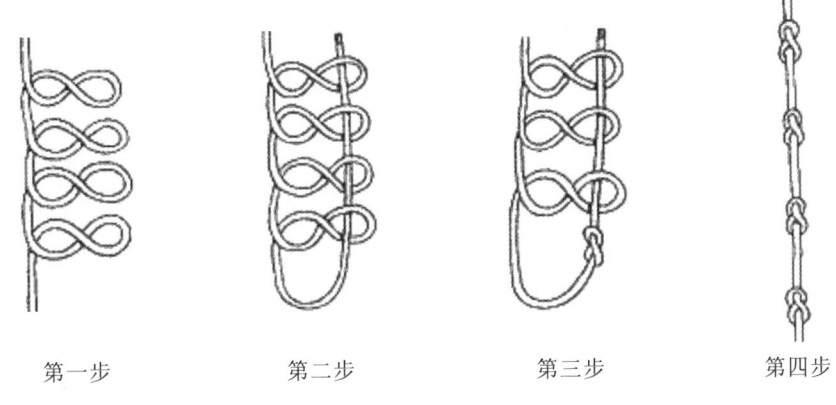

| 第一步 | 第二步 | 第三步 | 第四步 |

4. 双重八字结（Double Figuer-eight Knot）

双重八字结的目的是为了做个固定的绳圈。只要将绳索对折后打个八字结,便形成双重八字结。在绳索中部打个八字结,然后将绳头顺着结目从反方向穿过绳圈,也可以完成双重八字结。这个打法可以将绳索打在其他物品上,十分方便。

由于双重八字结具备耐力强、牢固等优点,在安全方面非常值得信赖,经常被登山人士作为救命绳结使用。不过美中不足的是双重八字结的绳圈大小很难调整,而且当负荷过重,结目被拉得很紧,或是绳索沾到水的时候,想要解开绳结必须花费一番功夫。

打法1:把对抓的绳索直接打个八字结,并且做成绳圈。

| 第一步 | 第二步 | 第三步 |

打法 2:利用双重八字结将绳索连结在其他物品时使用。

第一步,在绳索中部打个八字结　　第二步,顺着结目从反方向穿过绳索的末端　　第三步,用力拉紧结目

第三节　接绳结及其变化

　　接绳结的目的是连结两绳索,因其常被应用在连结船缆而得名。接绳结又可称为普通结、一般结、线结、编织结等(注:中文亦称为单偏结),由此可知,接绳结是绳结基础中的基础。接绳结的最大特征是打法简单迅速,而且即使不同材质、不同粗细的绳索也可以利用接绳结来连接。此外,接绳结的耐力很强,所以也会作为拖引船只使用。再者,不论拉得多么紧,接绳线结的拆解均十分容易。接绳结堪称为海上生活的基本结,然而在山林的世界里却很少看到它的芳踪,实在相当可惜,其实像帐篷或吊物的绳索要加长时,接绳结都可以提供很大的帮助,希望将来接绳结能获得登山露营人士的普遍利用。

1.接绳结(Sheet Bend)

　　接绳结是连接两条绳索时所用,打法简单,拆解容易,可适用于材质粗细不同的绳索,安全可靠程度相当高。当两条绳索粗细不一时,打的时候必先固定粗绳,然后再与细绳相连。接绳结的打法有两种。

打法 1:最普遍的打法。

 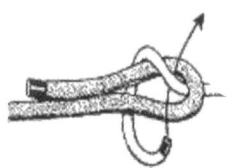  

第一步,将一条绳索末端对折,把另一条绳索从对折绳圈的下方穿过　　第二步,把穿过的绳头绕过对折的绳索一圈　　第三步,打结　　第四步,握住两端绳头拉紧结目

打法 2:利用指尖,使细绳可以迅速打成接线结的方法。

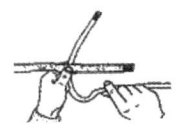
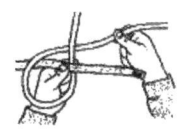
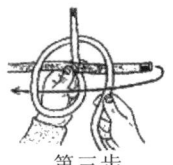

第一步，将两条绳索先行交叉

第二步，手握着交叉部分，然后把一端绳索"细绳"绕个圈

第三步

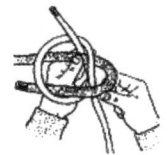
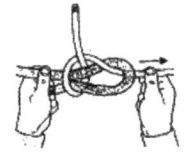

第四步，把另一端的绳索(粗绳)对折，并将绳头穿过绳圈

第五步，拉紧较细的绳

第六步，用力拉紧结目后完成

2. 滑接绳结（Slipped Sheet Bend）

接绳结的变化之一是滑接绳结，它比接绳结更容易拆解。滑接绳结是使接绳结末端变成活结的打法。即使结目很紧，仍然可以轻松解开绳结。

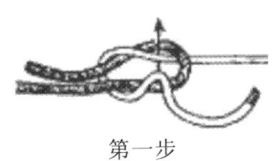

第一步　　　　　　　　第二步

3. 双重接绳法（Double Sheet Bend）

双重接绳结的耐力是接绳结的两倍。打接绳结时绳索多绕一圈，可以加强绳索的耐力与安全性，这就是双重接绳结。如果绳索多绕两圈，双重接绳结便成了三重接绳结。不要忘了在末端预留缠绕的空间。

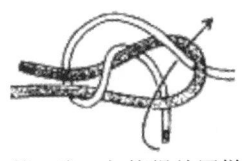

第一步，与接绳结同样打法，但将绳头在末端多绕一圈

第二步，拉紧结目

第三步，完成

第四节　平结及其变化

平结又称为本结、驹结、坚结等,在日常生活中使用频率相当高,平结也可以作为连接两条绳索时使用,但是仅适用于同样粗细和材质的绳索,而且两条绳索的拉力必须均等。此外,平结若没系紧,便会松开,或是系得紧,而难解开等缺点,所以平结很少用来连结两条绳索,而是用在完成后不需解开或是连结同一条绳索的两头的时候。尽管如此,平结所具备的简单结实的优点,仍然使平结在绳结的基本结中占有一席之地。在此要特别提醒各位,外行平结和平结的形状很容易令人混淆不清。弥补平结缺点的变化结有很多,其中的外科结用途很广,请务必学会其打法。

1. 平结(Reef Knot)

平结常用于连结同样粗细、同样材质的绳索,但是不适用于较粗、表面光滑的绳索上。打平结时,缠绕方法一旦发生错误,结果可能会变成外行平结。外行平结是个不完全的活结,用力一拉结目就会散开,缺少实用价值。平结完成后拉得太紧的话,结目不容易被解开。为了改善这个缺点,拉结、蝴蝶结、外科结等变化结便应运而生,每一种结都十分受欢迎,应用范围广泛。

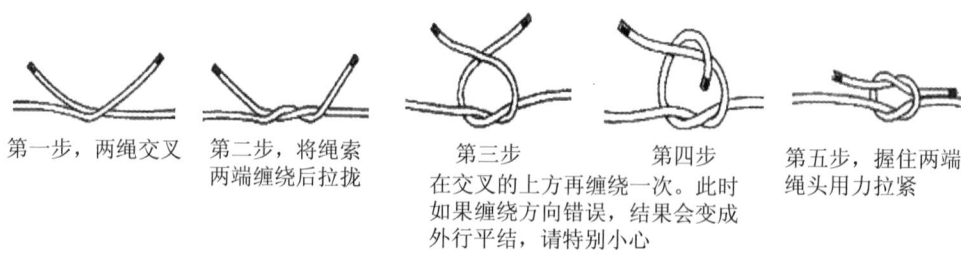

第一步,两绳交叉　　第二步,将绳索两端缠绕后拉拢　　第三步 在交叉的上方再缠绕一次。此时如果缠绕方向错误,结果会变成外行平结,请特别小心　　第四步　　第五步,握住两端绳头用力拉紧

平结的解法:平结的结目如果拉得太紧,就不太容易解开;不过如果双手握住绳头,朝两头方向用力一拉,就可轻松解开。

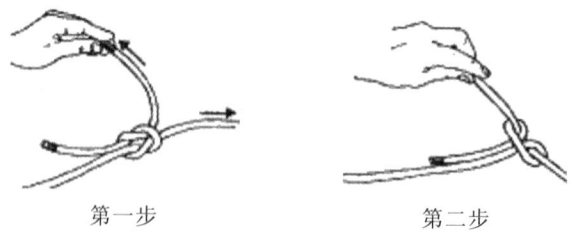

第一步　　第二步

2. 拉结、半船首结（Slipped Reef Knot）

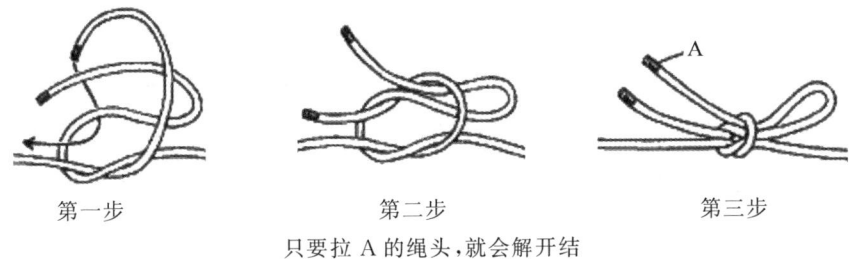

第一步　　　　　　　第二步　　　　　　　第三步

只要拉 A 的绳头，就会解开结

3. 蝴蝶结、船首结（Bow Knot）

绑鞋带时最常使用的结，一般我们称为蝴蝶结。它在日常生活中出现的频率相当高，只要拉两端的绳头，结目就会自动解开。完成的形状非常美观，经常作为装饰用。

第一步　　　　　　　第二步　　　　　　　第三步

4. 外行平结、祖母结（Granny Knot）

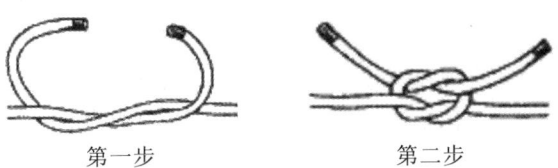

第一步　　　　　　　第二步

如果在平结进行的第二次缠绕方向发生错误的话，就会变成外行平结。外行平结的耐力不强，实用性低。

平结　　　　　　　　　　　　外行平结

5.外科结(Surgeon's Knot)

外科结一如其名,它是医生在进行手术缝合伤口时所打的结。外科结也可以应用在连结两条绳索的时候,而且它的结目比平结牢固结实,所以不用担心是否会散开。适合使用细滑的绳索,同时外科结非常适合用来收束系绑像鸭绒被、羽毛衣等柔软体积大的物品。不过缺点是不易解开。外科结的特征是:在平结最初的缠绕上多加一圈,但是若在第二次缠绕时又加一圈的话,不但耐力会增强,而且结目也会变得相当整齐美观。

第一步,将两条绳头交叉缠绕两圈

第二步,跟平结一样,在上方打个结,特别注意不要绕错方向

第三步,拉紧结目

第四步,第二步骤的结可以再多绕一圈,如此结目会变得整齐又美观

第五步,完成

第五节 半扣结及其变化

当单结绑在其他物品上时,很多绳结手册的书籍会将半扣结并列到单结里介绍,也就是把单结与半结视为一体,其差别又是在有无附系物品而已。虽然这种说法并非绝对错误,但是单结和半扣结是否可以视为同样的结,这个问题还有待商榷,其理由将会在后面提出说明。半扣结十分简单,其功能只是把绳索套绑在柱子或树干上;耐力非常低,除了将绳索暂时固定之外,它几乎从不曾单独挑过大梁。然而,以半扣结为基础所变化的绳结相当多,而且它也可以作为其他绳结完成后防止散脱的保障,重要性堪称绳结之冠。半扣结的变化结包括双半结、系木结和连钩结等,都是户外活动中不可缺少的绳结,可依不同状况分开使用。

1.半扣结(Half Hitch)

半扣结的目的是把绳索套绑在其他物品上,可是它不适合套绑方形有角的物品,它只能用在圆柱形的物品上。不过,由于半扣结的耐力很低,稍微一拉就会散开,所以很少单独使用。半扣结所扮演的角色是担当多复杂绳结的基本结,它还可以加在其他绳结完成后的末端,使整个绳结变得更牢固。

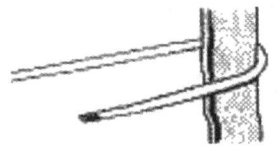
第一步，把绳索套在圆柱体上

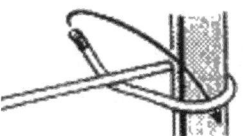
第二步，将绳头绕过绳索一圈

第三步，朝箭头方向穿过绳头拉紧

有许多人把半扣结和单结混为一谈，其实两者之间有着些许微妙的差异。半扣结与半绳结的差异：单以单结系住物体的方法即称为半绳结。半扣结与单结的基本打法相同，不过两者在系绑物品时，位置有所差异。

半扣结　　　　　　　　　半绳结

2. 双半结（Two Half Hitch）

半扣结本身虽经不起外力拉扯，但是两个半扣结加起来的威力却非常惊人，那就是双半结。即使把绳索拉到极根，双半结也不会松散，而且可以很容易地解开。利用绳索绑系物品时，双半结的简易性与结实性堪称所有绳结中的最佳选择，应用范围十分广泛，尤其在露营等野外活动中威力无穷。不过，双半结看似容易，一旦要打时，往往无法立即成功，这大概是双半结唯一的缺点。至于双半结的结目，其形状大致与后面的双套结相似。

第一步，打一个半扣结

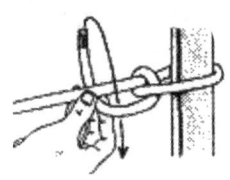
第二步，然后绕过主绳在末端再打一个半扣结

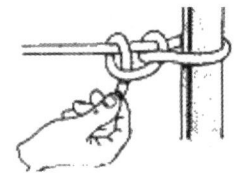
第三步，用力拉紧结目

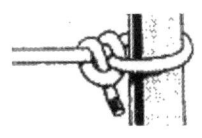
第四步，完成

3. 系木结（Timber Hitch）

打一个半扣结之后，再把剩下的绳头在绳圈上缠绕两三圈的结就是系木结，也有人称为樵夫结或乡人结。在日本，人们称系木结为立木结，它的功能就和这个名字一样适合用来架帐篷，在树上绑吊床或绑晒东西的绳索。系木结的优点是简单

牢固,即使用力拉扯,也不用担心结会散开。不过话虽如此,系木结并不是一个十全十美的绳结,所以在需要考虑到物品的安全性上,系木结并不是很好的选择。应用系木结时,可以在完成后再加一个半扣结来加强保障,适合用来搬运细长物体。

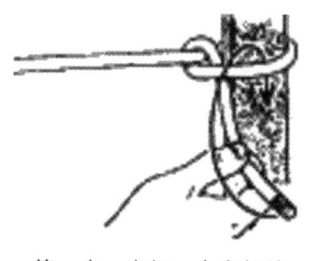

第一步,先打一个半扣结

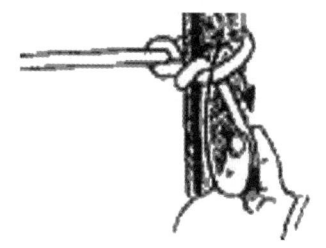

第二步,将剩下的绳头在绳圈上缠绕两三圈后拉紧

4. 系木结＋半扣结(Timber Hitch and Half Hitch)

拖吊搬运细长圆柱体的东西时,系木结加上半扣结的效果非凡。此时可以先在前端打一个半扣结,然后在稍微有段距离的地方再打系木结。诀窍是两个结之间的距离越远越好。

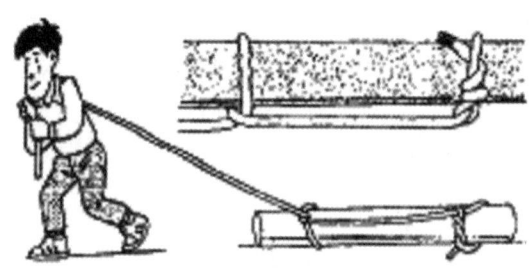

5. 连钩结(Tautine Hitch)

欲将帐篷或遮雨篷的绳子绑在木钉上时,连钩结是最适合的绳结。连钩结也是半扣结的变化之一,它的特征是藉由结目的移动,来调整绳索的长短。此外,它不仅容易完成、容易拆解,而且结目十分牢固。除了搭帐篷和遮雨篷之外,若想让绳索保持在拉得极紧的状态时,连钩结是非常适用的绳结。自从伸缩篷等新帐篷出现后,连钩结似乎已经不太被使用;不过为了以防万一,最好还是要学会它的打法。

第一步，先打一个半扣结

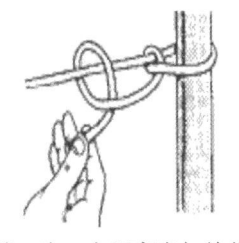
第二步，在距离半扣结些许的地方，再打一个半扣结

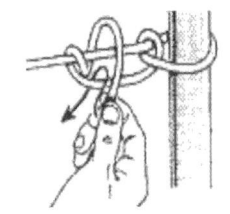
第三步，将绳头往回绕一个圈

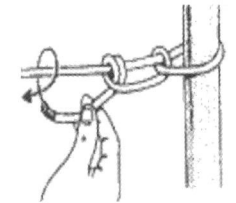
第四步，打个半扣结固定

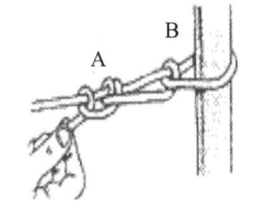
第五步，用力拉紧结目后完成，长短以 A 和 B 两个结目来调整

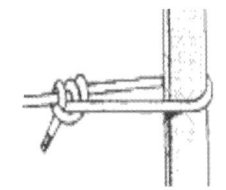
第六步，调整有困难时，可以省略 B 部分的半扣结，而仅以 A 部分来调整也无妨

第六节 双套结及其变化

双套结的历史相当悠久，不仅在海上，甚至在露营、登山都是户外人士所爱用的绳结。双套结的目的是将绳索卷绕在其他物品上，金属等易滑物品也相当适用。双套结的打法和拆解都很容易，它的特征是具备极高的安全性，而且双套结的打法可以因不同情况分开使用。就这点而言，它是个非常实用的绳结。不过，如果只在绳索的一端使力的话，双套结的结目可能会乱掉或松开。为了避免这个缺点，双套结通常应用在两端施力均等的物品上。通常喜好攀岩的人士会用两个绳圈重叠的方法来打卷结，此时如果重叠顺序发生错误，攀岩活动就极容易发生危险。正因为双套结是个单纯的基本结，所以千万不可疏忽大意。

1. 双套结（Clove Hitch）

广泛地应用在将绳索绑系在物体上的双套结，它不但简单而且实用，也有人把它称为香结、卷结，尤其在绳索两端使力均等时，双套结可以发挥很大的效果。如果绳索只有一端使力的话，那么只要在双套结完成后再打一个半扣结，效果一样不打折扣。此外，如果打成双套滑结的话，想要解开时就可以轻松而毫不费力。双套结的打法有很多，下面介绍 3 种最具代表性的打法。

打法 1：一般普遍使用的打法，把绳索卷绕在物品上而成。

   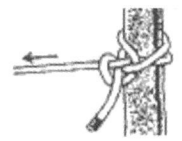

第一步，把绳索绕过物体一圈　　第二步，从上方再绕一圈　　第三步，用力拉紧绳索两端　　第四步，最后打个半扣结，即使朝箭头方向用力拉扯绳子，不用担心结形散开

打法2：做两个绳圈，将之重叠后套进物体上便完成双套结。要将绳环套住物体时，这个方法是极快速又方便，而且可以从绳索的中间部分开始打结。

 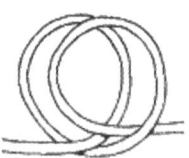 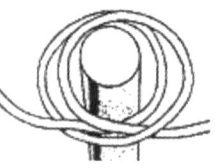 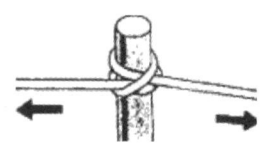

第一步，做两个绳圈　　第二步，把右边的绳圈重叠在左边的绳圈上　　第三步，直接套进物体　　第四步，完成

打法3：在《The Century Guide to Knot》一书中所介绍的登山者在铁栓等圆状物体上系绑绳索的方法。当物体的位置处于横摆的状态，或者从下方使力时，可以应用这个打法完成卷结。登山者在铁栓等圆状物体上系绑绳索的方法，如果只有一方承担负荷的话，那么最好还是加个半扣结比较保险。

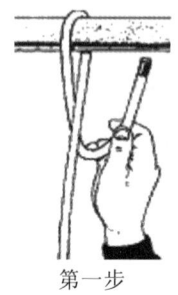 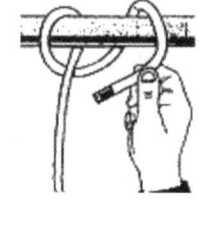 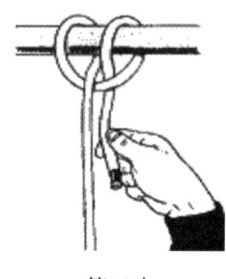 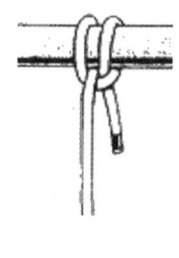

第一步　　第二步　　第三步　　第四步

2. 双重双套结（Double Clove Hitch）

为了使绳结更牢固，打完双套结后再绕一圈的打法就是双重双套结；通常在绳索必须长时间套在物体上时使用。一般普遍使用的打法是第一种打法，若需要套绳圈时，可以使用第二种方法完成。

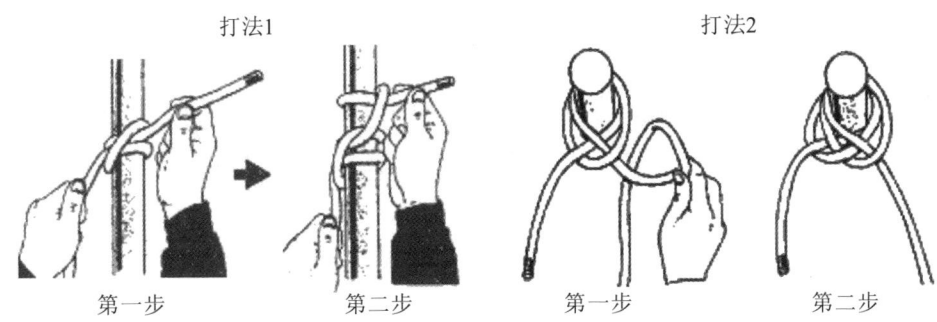

打法1　　　　　打法2

第一步　　第二步　　第一步　　第二步

3. 三套结（Rolling Hitch）

三套结的目的是为了使绳索确实地绑束在物体上，其特征是在打双套结的途中绳索多绕一圈，一旦绳索两端同时朝反方向用力拉紧时，变得十分牢固。

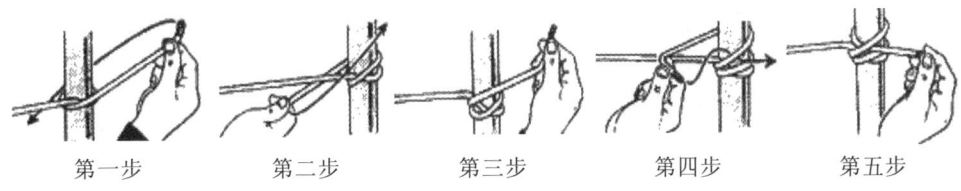

第一步　　第二步　　第三步　　第四步　　第五步

第七节　其他实用的绳结

1. 杠杆结（Marlinespike Hitch）

杠杆结是将绳索绑在附紧物上的绳结，它和双半结、系木结等绳结一样，可以用在树木之间连起绳索，或在搭帐篷绑帐篷绳时。此外，当绳索易滑或绳头太短难以使力时，杠杆结可以在绳索上打一个结目当成把手，通常是结目完成后再加上一个棒状把手。杠杆结的缺点是如果结目没有用力拉紧的话，它会有自动松开的危险。不过由于打法和拆解都十分容易，所以即使有那么一些小缺点，它的应用范围仍然相当广泛，堪称在露营活动时不可缺少的绳结。

打法1：把绳索直接绑在柱子上的方法。

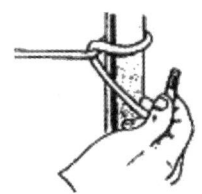 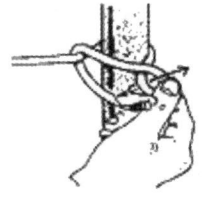 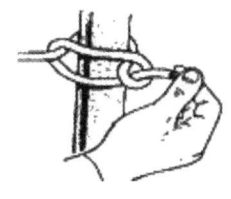

第一步，把绳索绕在柱子上后，将绳头缠绕在绳索上　　第二步，把绳圈扭转，做成小绳环　　第三步，将绳头穿过绳环，拉紧结目

打法 2：在绳索上做把手的打法。

 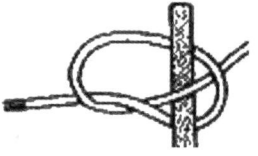

第一步，先在绳索上打个结目　　第二步，然后再将棒状的物体插入拉紧即可

2.背牵结（Harness Loop）

背牵结是利用绳索的中间部位作为绳圈而广为人知，它原本是用来驯服野马的道具。在使用绳索拉重物时，人们常用此结做成好几个绳圈，然后再把绳圈套在手腕或肩膀上作业，因此背牵结又称为人力结。另外，古代军队移动拖引大炮时，也是利用背牵结达到目的，所以也叫作炮兵结。然而上述的用途，近年来已经渐渐消声匿迹，如今它的功能是在露营活动时用绳索来装吊一些小东西。虽然是很简单的绳结，但是如果使用或负荷太大，结便会松开，绳圈也会变大。

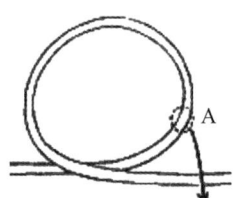 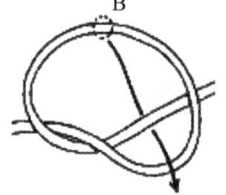 

第一步，在绳索的中间部分做成绳圈，然后把A部分往下拉移　　第二步，使绳索成为如图一般的形状，这个形状正是先前杠杆结的打法2上所示的形状。接着把B部分朝箭头方向拉出　　第三步，拉紧结目　　第四步，完成

3.中间结、工程蝴蝶结（Lineman's Loop）

工程蝴蝶结又称为架线工结或中间结，它和背牵结一样，都是在绳索中间打绳圈的绳结。不过就牢固与安全性而言，中间结都比背牵结优秀，而且几乎不必担心是否会松散。此外，容易解开也是它的特征之一。中间结一如其名，经常用在登山时绑在中间的人身上，此时只要做个大绳圈套在中间人的身上即可。同时也可以在一条绳索上利用中间结做成数个绳圈，这样可以用来装吊手提灯之类的东西，用途广泛。中间结的两种打法如下。

打法 1：利用绳索中间部分成八字形的绳圈，上拉穿过绳圈，拉紧而成。

第四章 绳结 · 79 ·

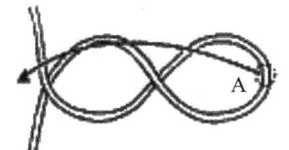 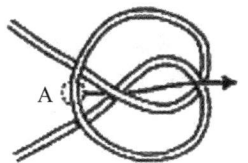 

第一步，利用绳索中间部分做成八字形的绳圈，接着把A部分往上拉，使其成为图2的形状　　第二步，再把A部分朝箭头方向穿过拉出　　第三步，拉紧结目完成

打法2：虽然结目的形状有点不同，但是仍可将其视为中间结的一种。

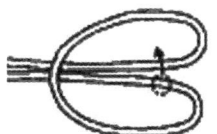 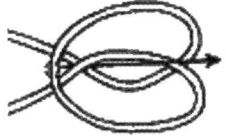 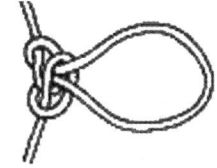

第一步，将绳索中间部位对折后，把对折的部分往上拉　　第二步，让两个绳圈交叉　　第三步，同打法1的方法完成结目

4. 缩短结、羊脚结（Sheepshank）

缩短结的日文名称羊脚结，是因为绳结形状形似羊脚而得名，想把过长的绳索缩短使用时，缩短结是最受欢迎的绳结。尤其在海上使用的机会很多，像是拖曳船只或支架船帆等，应用范围相当广泛。此外，当绳索其中一段出现磨损而不能使用时，羊脚结也可以派上用场。缩短结的形状只是把对折的绳圈用半扣结固定而已，不论打法还是拆解都相当简单。不过缺点是如果拉得太用力，结目可能会自行松散。为了解决这个问题，可以考虑使用双套结代替半扣结或者是在左右两边的绳圈套上木棒等方法。

打法1：把绳索对折两次，然后在两端用半扣结固定的打法。

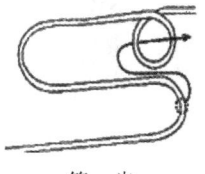 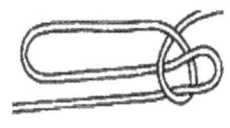 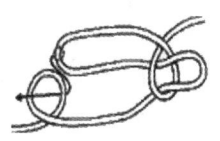 

第一步　　　　第二步　　　　第三步　　　　第四步

打法2:做成3个并排的绳圈,把中间的绳圈穿过左右两绳圈后拉出的打法。

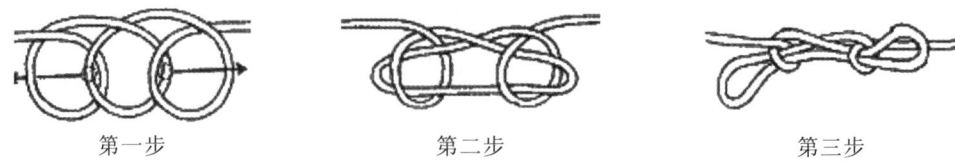

第一步　　　　　　　　第二步　　　　　　　　第三步

补强缩短结的方法:补强时,利用双套结或在左右的绳环内插入棒状的物体。

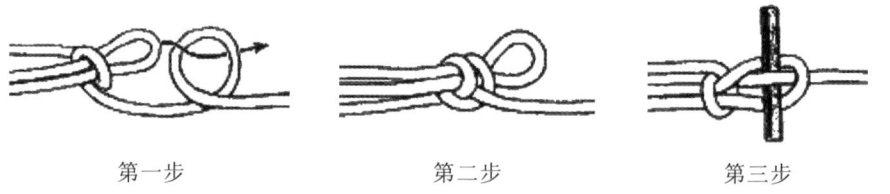

第一步　　　　　　　　第二步　　　　　　　　第三步

5.抓结

抓结顾名思义可以"抓住"绳子,当向下突然受到大的力量时,会收紧绳子,使其"抓住"而不下降。实际一般应用于上升中替代上升器,或下降时充当副保护(受力会抓住绳子)。

法式抓结:是一种非常有用的绳结,无论在正常攀登,还是紧急情况处理中都很常用,与克式抓结等其他类型的抓结相比,法式抓结的最大优势在于即使绳子在受力状态下它也是可控的。打法式抓结时要注意避免把绳套上的渔人结绕在绳圈上,否则法式抓结无法正常抓紧。

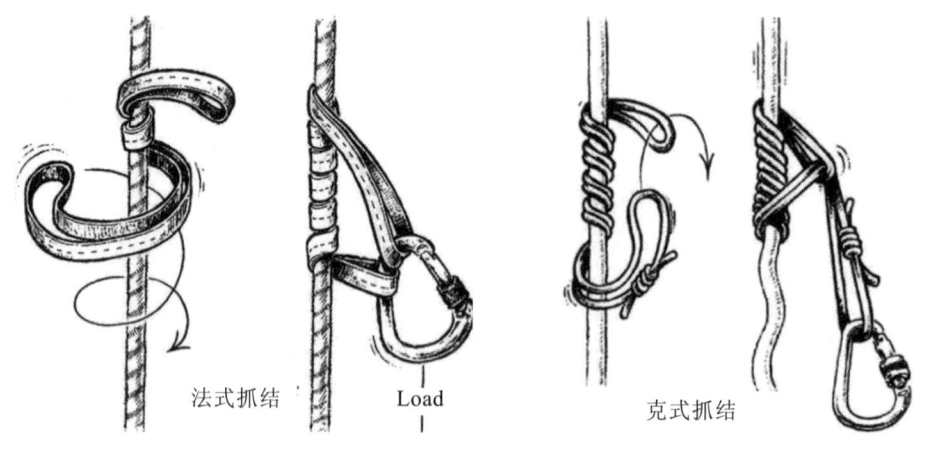

法式抓结　　　　　Load　　　　　克式抓结

克式抓结：与法式抓结一样是最常见的抓结类型之一，二者的区别在于法式抓结在受力状态下仍可放松，所以更方便操作，但有可能碰触而意外失效；克式抓结只有在松弛状态下才能调节，所以更可靠，但操作相对不方便。克式抓结在受力收紧后可能较难调节，这时只要把绳套或扁带套上的小圈推松，即可让绳圈依次松弛下来，使用克式抓结沿绳上升时，经常用到这样的操作。

巴克曼抓结：可以看作是在普通抓结与攀登绳之间加一把锁，这样做的优点是方便操作，特别是戴手套的时候。缺点是产生的摩擦会小一些，巴克曼抓结更适用于沿绳上升，但使用时务必小心，因为它比另两类抓结更容易意外松脱，而且在绳子结冰时表现更差。

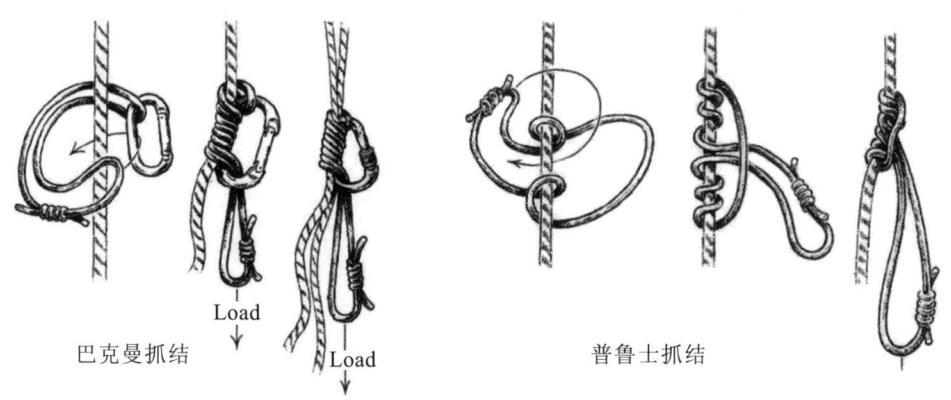

巴克曼抓结　　　　　　　　　　　　　普鲁士抓结

普鲁士抓结：在今天已经基本被克式抓结所取代，普鲁士抓结在受力收紧后可能难以松开，特别是在绳子潮湿的情况下。不过因为普鲁士抓结很容易用单手打出，所以在少数情况下仍有用武之地。

6. 布林结

布林结是当绳索系在其他物体或者是在绳索的末端结成一个圈时使用。尽管有其他更多的结法也可使用在上述用途中，但是为何布林结最常被使用，下述的特征即可说明。

宜解宜结——布林结的构造非常简单，很轻松地一下就可打好。此外，悬挂过重的物品时，即便打结处变紧，也可以容易地解开。

安全性高——无论悬挂多重物品，也无需担心会松开。它甚至可承受一个人坠落的重量。

用途广泛，变化多端——仅仅使用一个布林结，就可以应付各种状况。

另外，以此种结法为基本，可衍生出各种不同的变化，使得它能使用的范围更加宽广。因此,我们把布林结叫作绳结之王。特别对于从事以大自然为领域的户外专家而言,布林结可以说是必备的结绳法。

打法1:最常用的打法。

第一步,在绳索中间打一个绳环

第二步,将绳头穿过绳环的中间

第三步,绕过主绳

第四步,再次穿过绳环

第五步,将打结处拉紧

打法2:单手打法,将绳子绕过腰部。

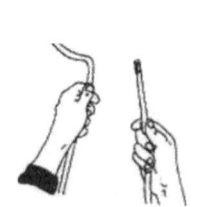
第一步,右手握住绕过身体腰部的绳索末端

第二步,交叉绳索

第三步,反扭手腕绕过

第四步,形成右手在环内的形状

第五步,用指头将绳头绕至主绳

第六步,抓住绳头,直至右手从圆圈中抽出

打法3:在柱子上打布林结。

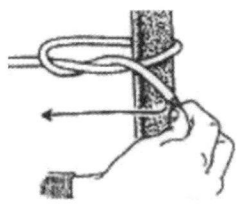 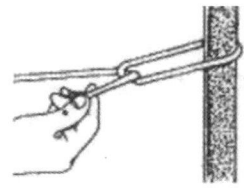 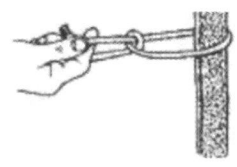

第一步,用单结将绳子绑在物体上　　第二步,拉住绳子的末端,用力朝着手腕方向拉　　第三步,形成如图所示形状

 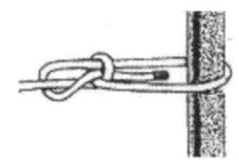 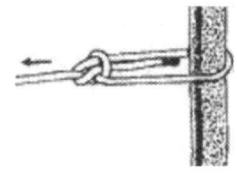

第四步,将绳尾绕回主绳　　第五步,穿过绳环　　第六步,拉紧打结处

第五章

徒步的知识和要领

徒步是指在徒步区域里主要靠徒步行走去完成起点到终点的穿越里程,中间可能要跨越山岭、丛林、沙漠、雪原、溪流、峡谷等地貌的一种户外活动。其对野外综合技能要求较高,集登山、攀岩、漂流、溯溪、野外生存于一体。徒步必须要具备良好的体能、稳定的心理素质和道德水准,同时还要有乐于助人的团队精神。一次成功的穿越,行前要精心定制好穿越计划,对要徒步穿越的区域进行了解,包括穿越期间的天气、地貌、难度、风险系数,以及所需的装备、食物、药品等。

徒步富于求知性、探索性、不可预见性等特点,穿越者必须掌握相关野外生存知识与技能,去应对千变万化的野外情况。

徒步含山地丛林、沙漠荒原、雪原冰川、峡谷、平原、山岭、长城、古道、草地、环湖、江河等很多分类徒步。

第一节 基本知识

一、行前热身要做足,起步放慢宜缓行

每次活动前,必须主动花 5～15 分钟做伸拉热身运动,这是科学的锻炼方法及健康运动所必需的。热身运动要由慢到逐步加快,让肺部预先有效吸收氧气,增加肌肉血液循环,使心肺机能系统、脑垂体神经平衡系统等都有一个运动前的适应过程。这样可以把身体调整成为适合徒步的运动状态,重要的是这样的暖身运动,还可以预防很多突发状况发生及意外受伤。

刚开始徒步,不要逞强赶速度。徒步是路程较远、时间较长的运动。有的人急于上山顶,所以开始就像跑步一样急于快速赶路,这样很容易失去节奏,增加休息次数,不但后半段路程速度大大减缓,甚至有的在后程已累到走不动。

长时间的徒步运动,主要是对耐力素质有较高的要求,而影响耐力素质是否能够稳定正常的发挥,主要取决于下面几个因素。

(1)参与者对长时间运动的心理耐受程度。

(2)运动功能器官持续工作的能力。

(3)体内能源物质的储备情况及长时间运动中氧代谢供能能力。

(4)掌握运动技术动作的熟练程度和运动机体机能节省化的水平。

在此提醒大家:徒步是一个长时间的运动过程,运动中应避免疲劳状态过早地出现;在单位时间内提高运动效率的同时,保持一个让自己在运动过程中感觉最舒服的节奏是非常重要的。行前的热身、行进中的主动休息、结束后的放松恢复,都是非常讲求运动生理学的大学问。

二、徒步行进队形有规律

通常一次徒步活动,都有 1 名正领队,1～2 名以上的副领队或者协作者。在队伍前面由一名副领队开路,担任向导的角色;队伍后面由一名副领队收队,担任押后收容的角色。正领队穿插在队伍中间,保持一个合适的前中后呼应距离,注意整个队员的行动情况。在开始行动前要说明注意事项,特别是关于队伍安全的纪律要求等,如所有队员最快不能超过前面的副领队,所有队员最后不要落后于后队副领队等安全与纪律要求。

三、上下坡行走有技巧

1. 上坡

上坡的要领,一般来说上坡时消耗的能量是走平路时的好几倍,爬倾斜度为 $10°\sim25°$ 的坡道所消耗的能量是走平地时的 3 倍;如果爬倾斜度为 $25°\sim35°$ 的坡道,爬坡的感觉像攀岩一样。这时就一定要注意节省体力,以及防止膝盖的运动损伤。

为了减轻上坡时的疲劳感,可以缩小步幅增加步行数,如果加大步幅就会加速心脏的跳动,这样就会消耗更多的能量,为了上坡时步伐轻松应慢慢行走,切勿与同伴相互攀比,按照最适合自己的节奏去走,如果节奏乱了,消耗的体能会大幅增加。

行走重心在上坡时,应在脚掌前部,身体稍向前倾,使双脚充分承受体重,当你的一只脚站立起来以后再跨出另外一只脚,一只脚就会承担自身的全部体重和背负行李的重量,所以容易感到疲劳。

2. 下坡

下坡的步行方法,如果是短距离下坡就与走平地一样,若是持续一个小时以上的长距离下坡,所消耗的能量就是走平地时的两倍以上,无论以怎样的速度下坡,氧气的消耗量都会增加,步行时的下坡比上坡难,如果长距离下坡膝盖会打颤,在陡坡处还容易扭伤脚踝。

下坡时比脚力更为重要的是膝盖和脚踝的柔韧,这需要长期的锻炼才能练就出膝盖和脚踝的柔韧,为了防止滑倒,应确认立脚点以后再把脚平稳地放下,用着地的脚支撑体重。

为了使脚踝或膝盖尽量承受小的负担,应使膝盖和脚踝充分弯曲,在下陡坡时应一步一步顺序踏出,一边稳住一边下坡。下坡时重心放在后脚掌,同时降低重心,身体稍微下垂,一路冲下坡是很危险的行为,落脚点不明确容易扭伤脚踝,在背负很重的背包时对脚踝造成的冲击会更大。

四、休息地点慎选择,主动休息是根本

休息方法分短休息与长休息。无论短休息还是长休息,这样一种徒步重复的休息模式,目的都只有一个:防止疲劳,让身体获得充分休息,恢复精神更利于行走。特别是刚开始的起步阶段,速度要尽可能放慢点,让身体有一个适应运动状态和环境的过程。这个起步阶段,通常也是比较容易导致队员不适而发生意外的阶段。所以在刚开始的30分钟内,除了步法要放慢外,队员之间还得互相多注意观察彼此的运动状态和表现。而且要给队伍一个休息调整的时间,队员可以利用起步后第一次的休息,调整鞋带、背包、手杖,以及增减衣物、补充水分和行动粮、伸拉大小腿肌肉等来主动适应和休息。

通常徒步大多采用短休息结合大休息的形式。行进中的短休息,以不放下背包站着休息为主,主要是调整急促的呼吸并让心跳次数稍微降低。短休息时间建议在1~3分钟之内,站着休息时也可以及时补充水分或者行动粮,顺便呼应一下整个队员前中后队的连贯性,需要的话建议等一下其他的队员,整队保持一个合适的节奏也是避免出现精神疲劳的好办法。长休息的方式以徒步40~50分钟、休息5~10分钟为宜。建议初学者采取步行20~25分钟、休息3~5分钟的小休息模式。这种方法在长时间步行时可以让人不容易觉得累。当然,另外也是要考虑队员的身体状况及后续行程来随机应变,灵活分配休息时间。即使走不到十五六分钟,看到景观不错的地方或是想歇口气停下来休息也是可以的。

最好的休息方法是"要累之前休息"。为了更舒适安全地走远路程,减少疲劳的感觉,把体力保存到最后是很有必要的。但是,如果休息次数太过频繁,休息时间又过长,不知什么时候才会到达目的地,这样反而更累。所以为了掌握自己的行走节奏和休息的步调,请认真记录下自己步行的时间,以掌握个人的行走节奏。

休息时特别要注意避免参与运动的主要肌肉群因坐着的姿势不正确,继续承受反作用力的紧张状态,不仅无法充分休息,一旦气温下降,也非常容易发生脚抽筋等意想不到的突发事件。同时要根据天气环境情况,及时加减衣物,特别是在寒湿大风情况下要避免肌肉受凉,肌肉受凉特别是休息点选择在面向冷风的山脊时,

疲劳的肌肉容易导致痉挛抽筋。长休息在及时补充水分、行动粮，以及确认路线和自己的位置还有时间时，建议主动做伸展运动，伸拉徒步中常使用到的小腿肚、大腿、背部等部位的肌肉群，即使花十几秒的时间做一做，也对预防疲劳很有帮助。同时，队员之间可以互相按摩腿部、腰部、肩部等肌肉群。另外，有条件的尽量抬高腿部高于心脏，让充血的腿部血液尽量回流心脏，这样也非常有利于防止精神疲劳的发生。

五、徒步中体力分配"三三法则"

即使是训练有素能力高超的人，他的体能储备也是有限的，那么在长时间的徒步穿越中，该如何分配自己的体能才是比较合适的呢？登山对体能分配的"三三法则"，同样适用于徒步的穿越活动。"三三法则"也即是登上山顶用全部体能的三分之一，到达山下安全位置再用掉三分之一的体能，余下的三分之一体能，留着应付突发的意外情况。经过中国登山协会的统计，户外的山难事故多发生在下山途中。主要原因是已经登上顶峰，急于返回，心态不稳所致；或者体能分配不当，上山已经花费过多体力，导致下山体能不足，意志力不集中和动作变形，从而发生意外。所以，登山对体能分配的"三三法则"，同样适用于徒步穿越。

谨记：休息是主动积极的，也是一种能让自己稳定而有节奏地坚持更久的行走方式，而不仅仅是停止运动或者坐躺下休息这么简单。我们曾经参加过多届模仿深圳百公里的连续长距离徒步，无论是一天轻装的百公里徒步，还是背上全套露营装备负重两天完成的百公里徒步，都是采取主动积极的休息原则，定量按时放松方式，参加的每一届都顺利完成了徒步百公里全程。

六、行程所需时间粗略计算公式

中国登山协会《初级户外指导员培训讲义》给出的粗略计算时间的公式为：

徒步时间＝(行军距离/每小时3.2km)＋(上升高度/305m)×1小时(上升用时)＋(以上用时×每小时5分钟休息时间)

例如：某甲由A点穿越到B点，两点之间直线距离为9.7km，海拔从A点305m爬升到B点的950m。即旅程预计时间为：(9.7/3.2≈3小时)＋(600/305≈2小时)＋(5小时×每小时休息5分钟)＝5小时25分钟

注意：此为总行程粗略计算时间，如果负重大于20kg及以上，需要的时间可能要稍微多些，线路的特殊困难地段地点较多，需要的时间可能也更多些。此外，如果线路的弯曲转折路段较多，A、B两点间的直线距离与实际距离相差就较大，通常会在计算的时间基础上，加上10%～25%不等。

拿史密夫定律(Nalsmith's Law)是根据西方人的体能而制订的一条关于徒步

旅行者行进速度的计算方法。"一个人在正常负重(不超过体重的 1/4)时,每小时可走平路 4km,而每爬升 500m,需加 1 小时。"

例如:某甲由 A 地走到 B 地,两地水平距离为 4km,累积爬升量为 500m,则某甲需 2 小时才可完成旅程。由上引申得每行 1km 需时 15 分钟,每爬升 20m 需时 2.5 分钟。利用此方法可计算出旅程大约所需时间。

注意:由于拿史密夫定律非为中国人而设,建议可以参考该定律核算旅程的所需时间,然后按实际的差异再做调整。建议中国人总量应多加 10%～15%。

第二节 各种地形的徒步行走

一、简单路面行走

公路、马路、石板路的路面较硬,走路时不宜步幅过大,不宜脚掌用力着地,以防过早疲劳和脚掌脚趾打泡。田埂小路上行走,步幅要小,有时可两臂伸开保持平衡。阴雨天,两脚掌稍向外,以防滑倒。软地、河滩行走,要全脚掌落地,步幅要小,着地要轻。

1. 青石板路

路面特点:这种路面主要是清末、民国时期修建的,主要就是古香路,是由大小不等的青石板人工铺设而成。由于年代久远,走的人比较多,这种青石板路的路面已经变得非常光滑。一旦遇到雨雪容易发生事故,轻则跌跤、崴脚,重则骨折重伤。

行走经验:雨后,上山时除了穿防滑的鞋以外,心情还要放松。行走时重心不要太靠前,重心方向要和地面的石板垂直,尽量使用登山杖。背大包时包的重心应该是中部偏下,手尽量扶着岩壁或树木。

下山时一定要用登山杖,重心略微前倾。脚的落点尽量踩在石板之间的缝隙,或者路旁的草木上。两个人之间一点要拉开距离,避免一个人跌倒后铲倒好几个。雪后,最好用四齿的冰爪,如果不用冰爪,脚一定要落在路旁树根或草木上,登山杖必不可少。

2. 土路

路面特点:这种路面是很常见的,形成原因主要是石头风化和没有植被覆盖的山皮经过人们的长时间踩踏形成的。也许你觉得这是最好走的路,有什么可注意的。有这样的想法就大错特错了。雨季时这种路面就是传说中的烂泥路,非常容易跌倒,伤到膝盖。

行走经验:大雨后,经过太阳的暴晒,土路表面已经被晒干,但实际上已经吸足了水分，这个时候上下山是很容易出现危险的，走这种路面时鞋底一定要抓地，要充分利用登山杖作为支点，以免不注意一脚踩进很深的烂泥里。

另外，春秋两季昼夜温差大，雨雪天后土路路面非常容易结冰，危险系数比较高，遇到这种情况上下山时要充分利用登山杖和可以攀扶的东西，注意攀扶物体时要先确保该支点是牢固的，这一点非常重要。

二、山地行走

山地是地面起伏显著、群山连绵交错的地形。我国是一个多山的国家，山地面积达 300 多万平方千米，约占全国陆地面积的 1/3。我国山地面积广大，但山脉分布大多具有定向排列的规律，其中东西走向的山脉有天山、阴山、昆仑山、秦岭、南岭；南北走向的山脉有贺兰山、六盘山、横断山；北东-南西走向的山脉有大兴安岭—太行山、雪峰山；长白山—泰山—武夷山；台湾山脉；北西-南东走向山脉有阿尔泰山、祁连山、喜马拉雅山。此外，还有数不清的中小山脉遍布各地。可以说名山大川、原始森林、自然保护区、珍贵的野生动植物和宝贵的矿产资源等，多数分布在山地上，是现在和将来需要继续探险、考察和开发的重要地区。

1. 山地行走的一般方法

山地一般斜面陡峻，地形复杂，谷狭岭窄，崖高石多。山地行走应有路走路，在无路可走时，可选择纵向的边缘以及树高林稀、草丛低疏、空隙大的地形行进。一般不要走纵深大的深沟峡谷和草丛繁茂、藤刺交织的地方。尽量走梁不走沟，走纵不走横。

2. 复杂陡峻的山地行走

在复杂陡峻的山地行走时，需判断和选择有利地形通过。一般情况下，应该避开高坎壕沟、藤刺交织、蛛网密集、草高茅深的地带，避开碎石坡。在爬 30°以上的上坡时，直线上行容易吃力，不容易踩稳双脚，可采取"之"字形上升法。攀登生长有树木的陡坡时，一面用手抓住树木引身向上，一面将脚移至树的根部稳住身体。下陡坡时，为防滑倒，应待脚站稳后，再松开抓住树木的手。也可采取坐在地上，身体往后仰，两臂伸开用手抓住两边的树木、岩石，两脚慢慢前伸，待脚落地并踩稳后，再松手。南方多竹林，下竹林陡坡时，因竹叶铺地光滑，应先伸手抓住竹子，使身体依靠竹子的牢固性稳住后，再移动脚靠上去，依次而行，既不会滑倒，又有一定速度。攀登生长杂草或小灌木的陡坡时，注意不要乱抓草蔓，以免连根拔出或枝断，使人摔倒。若不小心滑倒时，应立即面向山坡，张开两臂，以减低滑行速度。除密林外，不要面朝外坐，因为那样会滑得更快，在较陡的斜坡上还容易翻滚。

3. 岩石坡的攀登

在攀登岩石坡之前,应对岩石进行细致的观察,仔细识别岩石的质量和风化程度,然后确定攀登的方向和通过的路线。

如果岩石坡峻峭陡壁、高耸光滑,最好另辟蹊径绕道走。盲目攀登不但无效,还会造成危险。但有些陡峭的岩石坡往往有一条或多条林带顺着岩缝或岩谷直伸峰顶,沿着林带攀登一般比较安全。攀登长有稀疏草木的陡峭岩石时,如需抓住山崖上的小树助力,一定要仔细挑选根基扎实的树。有的树木枯死后,树干上长有青苔或被青藤缠绕,仍像活树,如果不仔细加以分辨就靠它助力登爬,是非常危险的。遇到这种情况时,可靠的方法是先用手试试这棵树是否经得起拉拽,如果树干枯朽,树根松动,说明此树不足以借力。

三、穿越丛林

丛林是陆地上大片生长的茂密树林。根据地球上不同的气候区,可分为热带雨林、亚热带雨林、温带雨林等类型。

不同的森林虽具有不同的特征,但都与山脉互为依存,并且地形起伏,草木丛生,穿越困难。进入丛林,如果没有指南针和地图,就如同进入茫茫大海,难以分清南北。同时,茂密的树林处处挡住你的视线和去路,如果盲目行动,非常容易被困住。

丛林行走的原则是:有路走路,有大路不走小路,因为一旦离开了道路,就难以确定自己所处的位置,增加穿越难度。

穿越丛林时,最好穿着长衣长裤,有条件的可进行绑腿,尽量减少皮肤的暴露,以免被藤刺所伤。穿着短衣短裤穿越茂密丛林,虽然干净利落,但通常都会遍体鳞伤,是极不合算的。

穿越草深林密、难度很大的丛林时,可采取绕、砍、压、打、钻等方法。

绕:就是尽量选择空隙多、藤刺少、草木稀疏的地形通过。密林中如出现成片平缓的裸露岩石,是通行和休息的好去处,应选择从岩石上通过。

砍:用砍刀砍去阻碍前进的树枝藤刺,开出一条可通行的路。砍刀最好是砍柴刀,刀柄长短以使上劲为准,但用砍刀开路容易消耗体力,如果是团队行动,可互相轮换开路。开路的要领是:"刀磨快,把握好,三砍两拨就成道。"

压:穿越深长的杂草区、小灌木丛时,可用长棍横插在草丛、小灌木丛的下部,然后用脚使劲踩住长棍,使长草或小灌木成片倒伏在一边,如果没有长棍,也可用脚直接踩住长草、小灌木的下部使其倒伏。

打:通过蛛网密结、吊虫悬挂、枯枝挡道、藤刺扑面的丛林区时,适宜采用打的方法,即用木棍、手杖、长竿、长刀等对前面的阻挡物进行拨打清除。

钻:有些丛林区中上层枝繁叶茂、藤刺交织、密不透风,但下层留有空隙,可低头弯腰或匍匐钻过去。如下层也难以穿过,可选择小沟谷通过,因为山地丛林地带的小沟谷因雨水冲刷,一般不长树木或树木稀疏,但沟的两边因受水的滋润,反而植物生长更为茂盛,直至把沟谷覆盖。这样的沟谷如同隧道,用钻的方法最为省时省力。需注意的是春夏季节,需防喜湿的蛇虫伤害;秋冬季节,小沟通常干涸,但落叶粉末容易钻进衣领,可用毛巾、衣服包住头部和颈部后再钻,也可用长棍敲打后再钻过去。

四、涉渡河流

河流是地球表面较大的天然水流。河流一般分为河源、上游、中游、下游、河口五段,直接注入海洋的河流称为外流河,注入内陆湖泊或消失于沙漠之中的河流称为内流河。我国是一个河流密布的国家,流域而积在 $1000km^2$ 以上的就有 1500 多条,此外还有数不清的溪流、涧流,众多的河流给人们带来了运输、灌溉的便利,但也是跋山涉水的障碍。

不同的河流具有不同的特性,涉渡时必须加以注意并区别对待。如森林、草原中的河流,河床性质复杂,需探明情况后,再决定用什么方法通过;山区河流通常流水湍急,水温低,深潭浅滩交错,河床坎坷不平;冰源河受阳光照射融化后难以通过,等等。

野外渡河最好的方法当然是乘船,既安全方便,又能承载物资,不会弄湿衣服。但在野外活动中,极难遇到"野渡无人舟自横"的运气,造船则需要材料、工具、技术和时间,不是随便能办到的。因此,野外渡河还必须采取比较现实的方法。

1. 徒步涉水

徒步涉水一般在河水较浅、流速缓慢、宽度不大的河流中进行。徒涉场一般选择离对岸近、岸坡徐缓、深度较浅的地方。徒涉时应保持身体平衡,最好用一根长竿或棍杖支持在水的上游方向移动前进。集体涉渡急流时,应当3～4人组成一排,彼此环抱肩部,具有强壮身体的在上游方向,也可手拉手前进。河中的石子多为卵圆形,一般可赤脚涉渡;如果是棱石较多的河流,应当穿鞋,以免尖石划破脚。急流水深过膝时,通常已很难在水中站稳,如水深过腰,容易把人冲走,绝不可冒险涉渡。

2. 泅渡过河

水深流缓,不能徒涉的河流,宜采用泅渡方法进行。泅渡之前应当把服装和物品整理妥当,要求利索简便、不兜水、不妨碍动作、不易松散和丢失、便于保持身体平衡等。在整理服装时,要解开领口,翻出衣裤口袋,把衣袖、裤腿平整地卷叠到手臂、大腿的适当位置。

泅渡是一项技能,如有一定的游泳技术可侧泳直接渡河。如果河面广阔,为安全起见,可采用器材渡河。在野外,则可自制简便器材。

3. 拉绳渡河

先由能力最强者在身上捆好绳索渡河,其他人在岸上拉住绳索,一旦渡河者滑倒或被水冲走,岸上的人迅速拉动绳索将渡河者拉上岸。如果第一位涉渡者顺利过河上岸,解开绳索后即可与对岸的人一起控制绳索帮助其他人渡河,也可将绳索固定在两岸的树杆、巨石上,让过河者两手抓住绳索交替过河,但最后一个渡河者须将绳索从树上解开系在自己身上,另一头绳子由已过河者控制,一旦出现意外,即可由岸上的人把最后一个渡河者拉拽上岸。

4. 架桥通过

遇上河流狭窄,水深流急,无法涉渡的山区溪流、森林河流时,可就地砍伐树木(竹子)架桥通过。架桥处应选择两岸距离最近、高低比差不大、不会坍塌的地方。

架桥的方法是:把砍下来的树木削去枝杈,竖起来倒向对岸并排靠拢,用藤条或绳子绑紧。如树木较粗无法控制倒向,可用绳子捆住树木的上端,竖起后几个人一起放绳,将粗木慢慢放倒在对岸。架桥树木应有足够长度,以确保两头的承受力。为防止树木滚动,可再挖一沟槽,把树木一头嵌进槽里,并用石头塞紧。独木桥容易滑倒,要多砍些树木倒横过去,使所架的桥安全可靠。

5. 筏渡

遇上河面宽阔且深,但水流相对不是很湍急的地方,无法涉渡或是架桥的森林河流时,可就地砍伐树木(竹子)扎筏通过。

先选择两根略短、大约 1~2m 长的竹竿作为横竿,再用从其余长竿中选取两根较粗,形状顺直的竹竿横搭在竖竿两头,称作竖竿。横竿与竖竿交错时,竖竿竿头必须留出两个竹节,绳子才不容易滑掉。接着在其中一根竖竿的基础上继续向另一个竖竿的方向捆扎第二根、第三根竖竿,直到横竿只剩下一节,将最初选取的另外一根竖竿捆扎好。最初的一根竹竿和最后一根竹竿捆扎时要用绳结将其固定死,随后每捆扎一根竿都必须将绳子缠紧,竹筏才不会轻易散开。

第六章

野外识图与定向

户外运动的从业人员和爱好者,必须具备一定的野外定向知识与技能,特别是对于户外运动的从业人员,不掌握一定的相关知识与技能,便无法顺利、安全地完成登山、野外生存、丛林穿越等户外运动项目。本章主要围绕地形图的基本知识与使用,介绍定向的相关理论与技术。

第一节 地形图的基本知识

参加定向越野运动,首先必须学会看地形图。地形图(以下简称地图)是按一定的比例尺,表示地貌、地物平面位置和高程的投影图。地形是地貌和地物的总称。地貌是地表平坦起伏的自然状态,如山地、丘陵、平原等。地物是分布在地面上人工或自然的固定性物体,如江河、湖泊、道路、村庄等。定向越野所用的地图由地图比例尺、地物符号、地貌符号、指北方向线和图例注记五大要素组成。

一、地形图的概念

地形图是指比例尺大于1:100万的着重表示地形的普通地图(根据经纬度进行分幅,常用有1:100万,1:50万,1:25万,1:15万,1:10万,1:5万等)。由于制图的区域范围比较小,因此能比较精确而详细地表示地面地貌、水文、地形、土壤、植被等自然地理要素,以及居民点、交通线、境界线、工程建筑等社会经济要素。地形图是根据地形测量或航摄资料绘制的,误差和投影变形都极小。地形图是经济建设、国防建设和科学研究中不可缺少的工具,也是编制各种小比例尺普通地图、专题地图和地图集的基础资料。不同比例尺的地形图,具体用途也不同。

定向地图是建立在地形图基础之上的运动用图,它与一般地图相比,更加详尽地记录了地面的情况。它利用等高线表示山的形状和高度,利用各种颜色表示前进的难易程度、植物分布,利用各种符号表示地面的特征。

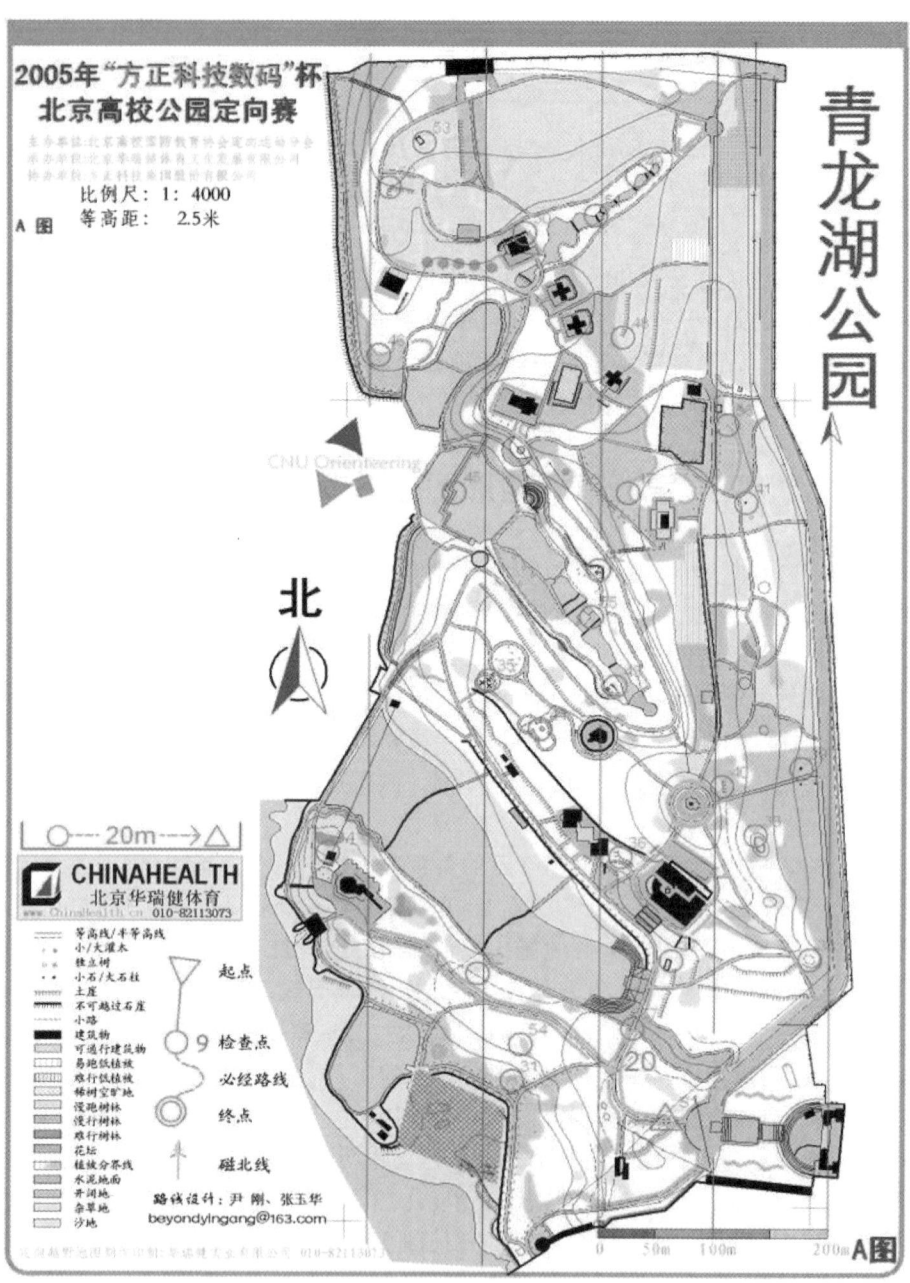

定向地图

二、地图比例尺应用

地图上某线段长与相应实地水平距离之比,叫地图比例尺。即:地图比例尺＝图上长:相应实地水平距离。例如,某幅地图的图上长1cm,相当于实地水平距离10 000cm,则此幅地图的比例尺为1:10 000。国际定向越野联合会(简称国际定联)规定,定向越野一般采用1:15 000比例尺地图,为适应特殊地形的需要,也可使用其他比例尺地图。根据我国的现有条件,以采用1:10 000比例尺地图为宜。

1.地图比例尺的表示形式

定向越野地图上的比例尺,一般是用数字比式表示,如1:10 000。个别地图除用数字比式表示外,还绘有图解比例。

2.图上量读实地距离

(1)用直尺量算:先用直尺量取图上两点长度,然后依据地图比例尺按公式计算。计算公式为:实地距离＝图上长×比例尺分母。如在1:10 000地图上量取两点长度为1.2cm,则,实地水平距离＝1.2×10 000＝120(m)。

(2)目估法:即先估计图上两点长度,然后按公式计算。定向越野时,一般是在运动中求实地距离,主要是采用目估法。图上距离越长,估计误差就越大,可以采用分段目估。图上量取的距离,都是水平距离,而实地总是起伏不平的,实际距离往往大于水平距离。因此在计算实地距离时,需将图上量得的距离加上适当的改正数。定向越野时通常是按地貌的起伏程度,依据经验数据改正。地形种类改正系数:微丘地10%～15%,丘陵地15%～20%,一般山地20%～30%。

计算公式为:实地距离＝水平距离＋水平距离×改正系数。

三、地物符号

地面上的各种地物在地图上是用符号表示的,地物符号由图形和颜色组成。地物符号的分类如下:

(1)依比例尺表示的符号(轮廓符号)。实地面积较大的地物,如城镇、森林、湖泊、江河等,其符号图形的外部轮廓是按比例尺缩绘的,在地图上可以了解其分布形状,依比例尺量取相应的实地长、宽和面积,轮廓线的转折点可供运动员确定运动方向和站立点。

(2)半依比例尺表示的符号(线状符号)。实地的线状地物,如道路、沟渠、电线、围墙等,这类地物符号的长度是按比例尺缩绘的,而宽度则不是。在地图上只能量取其长度,而不能量取宽度。线状地物的转弯点、交叉点同样可供运动员确定运动方向和站立点。

(3)不依比例尺表示的符号(点状符号)。实地面积很小而对定向越野运动有影响和有方位意义的独立地物,如窑、独立坟、独立树等,在地图上长与宽都不能依比例尺表示,只能用规定的符号。符号的定位点即实地地物在地图上的准确位置。

在定向越野运动中,独立地物比大面积地物和线状地物的作用更大。它不但位置准确,而且大多数独立地物突出地面、明显易找,有利于运动员在运动中进行图地对照,准确判定运动方向和确定站立点,准确判定检查点的实地位置。

四、地貌符号

定向越野地图一般采用等高线法显示地貌。等高线是指将地理海拔高度相同、相近的点,用线条人为地连接起来。一般等高线的高度差都是相等的,视地图的比例大小而定,普通地形图等高距一般在50~200m之间,而定向越野专用的地形图等高距一般为5m。

1.等高线显示地貌原理

等高线是由地面上高程相等的各点连接而成的曲线。等高线的构成原理是:假想把一座山从底到顶按相等的高度一层一层水平切开,山的表面就出现许多大小不同的截口线,然后把这些截口线垂直投影到同一平面上,便形成一圈套一圈的曲线图形。因为同一条曲线上各点的高程都相等,所以叫等高线。定向越野地图就是根据这个原理测绘出等高线来显示地貌的。

2.等高线显示地貌的特点

(1)在同一条等高线上各点的高度相等,并各自闭合(等高封闭)。

(2)在同一幅地图上,等高线多,山就高;等高线少,山就低;凹地相反(多高少低)。

(3)在同一幅地图上,等高线间隔密,实地坡度陡;等高线间隔稀,实地坡度缓(密陡稀缓)。

(4)等高线的弯曲形状与相应的实地地貌形态相似。

3.等高距的规定

相邻两条等高线间的实地垂直距离叫等高距。等高距愈大,等高线愈少,表示地貌就愈简略;等高距愈小,等高线愈多,表示地貌就愈详细。地图比例尺越大,等高距就越小;地图比例尺越小,等高距就越大。国际定联规定,定向越野地图的等高距一般为5m。

五、地图中常见的地形表示

圆顶丘：等高线表示宽松，近于环线，表示周围低地或接近高地而凸起的独立小丘。

锥形丘：等高线呈环形线，愈近高处，愈密集，多见于山地，状如锥形。

山额：将近山顶倾斜峻急之处，斜坡忽然缓平凸出，状如人额，由此过后至山顶等高线表示此部分特别宽阔向下弯去。

斜坡凹形地：为斜坡上低陷而浅窄之地，或平原伸入高地的低浅部分，常为流水通过，两侧有棱分隔，形态和山谷极相似。

陡壁：棱线末端广阔而陡直，称作陡壁，临近河谷或海岸常见之，等高线在此特别密集。

山肩：棱线上部或下部都显得峻急，中部却是缓平，称作山肩，等高线表示中部特别宽阔。

山脊：为一条狭长而两侧陡急的高地，顶上可能平坦、广阔呈刀口等形状，两侧坡度则可能均匀一致，或一侧急直，一侧缓和，多见于广阔平坦地区。此外，地势较周围高耸而绵长的，也可视为山脊，等高线表示山脊呈椭圆形线。

山坳：位在一条狭窄的两山间的低下处，河流从此相背分流，与鞍部无明确分别，通常以两侧宽阔又缓斜便于跨越的山坳，其鞍部两侧较为狭窄险峻，通常甚少在此做跨山道路，等高线表示山坳，自低地向上弯去。

鞍部：也是山脊上两山间的低浅处，但略比山坳为高，如鞍部地形狭窄而深下，用来做横跨山脊两侧的道路，则称作山隘。

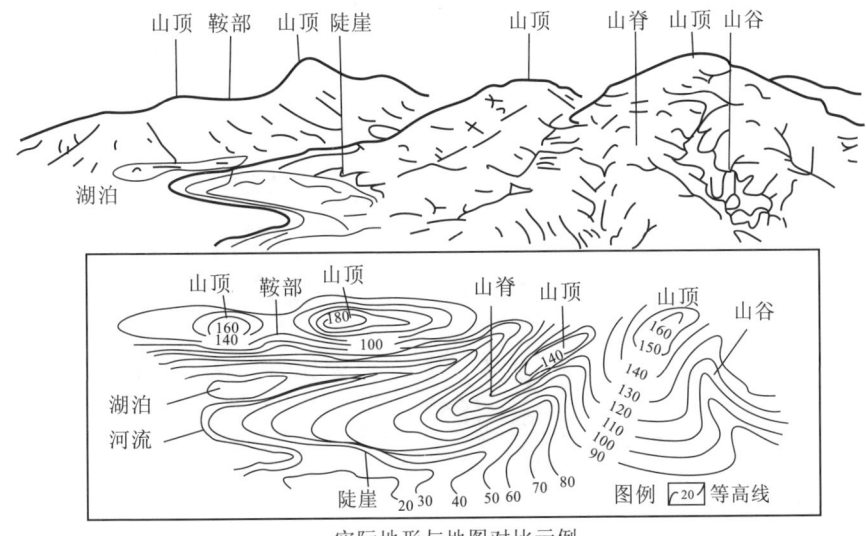

实际地形与地图对比示例

第二节 利用指北针野外定向

一、指北针的使用

指北针是野外辨别方向的重要工具,它的基本功能是利用地球磁场作用,指示北方方位,它必须配合地图寻求相对位置才能明了自己身处的位置。一般的简易指南针只能判别大概方向,很多人也比较熟悉。下面介绍的是在定向越野中应用广泛的指北针。其优点是:灵敏度高,稳定性好,可透视地图,使用快速。

1. 归零作业

指北针归零作业是使用森林指北针相当重要的前置作业。它的步骤是:先将指北针水平放置,然后将环外的北方零刻度与环内的指针指示北方的位置重叠,如此完成步骤即是完成指北针归零作业。

2. 目标方位角的测量

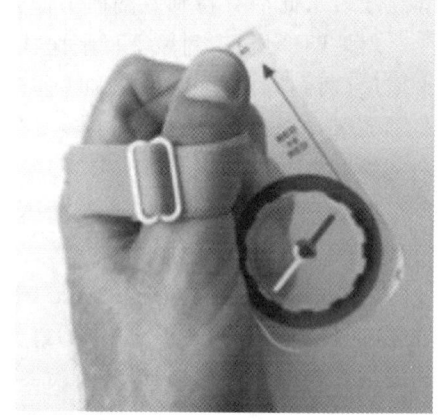

指北针

(1)标定地图。就是使地图方位与实地方位一致,它是用图的前提。标定地图时,使指北针的长尺边或底盘上任一条标尺线与地图上任一条磁北方向线(使用复印图时,为任一条坐标纵线)相切,且使前进方向(箭头的方向)与地图北方一致。转动地图,使磁针北端(涂有红色的一端)指向中心指示线,此时,地图方位与实地方位一致,地图即已标定。

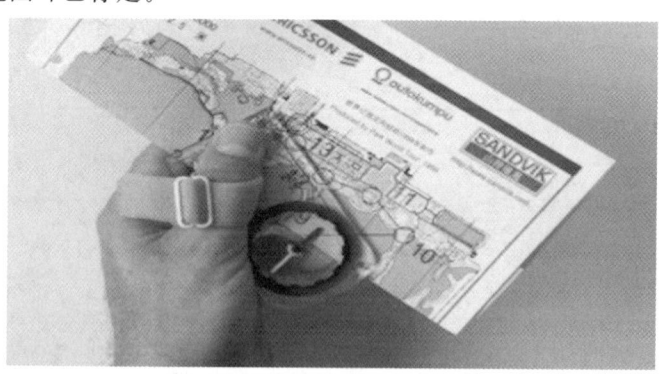

左手平持指北针测方位角

(2)测方位角。在标定地图基础上量测时,左手平持指北针,通过前进方向箭头瞄向目标,待磁针稳定后,转动方位罗盘,使定向箭头与磁针北端重合,此时指北针中心指示线所对正的度数,即为站立点到目标点的磁方位角。

二、标定地图

1. 概略标定

越野图上的方位是:上北下南、左西右东。当我们在现地正确地辨别了方向后,只要将越野图的上方对向现地的北方,地图即已标定。这种方法简便迅速,是定向越野比赛中最常用的方法。

2. 利用磁北线(MN 线)标定

先使透明式指北针圆盒内的定向箭头"↑"朝向地图上方,并使箭头两侧的平行线与越野图上的磁北线重合(或平行),然后转动地图,使磁针北端对正磁北方向,地图即已标定。

3. 利用直长地物标定

利用直长地物(如道路、土垣、沟渠、高压线等)标定地图。首先应在图上找到这段直长地物,对照两侧地形,使图与现地各地形点的关系位置概略相符,然后转动地图,使图上的直长地物与现地的直长地物方向一致,地图即已标定。

4. 利用明显地形点标定地图

当你位于明显地形点上,并已从图上找到该地形点的位置(即自己所在的站立点)时,可以利用明显地形点标定地图。方法是:先选择一个图上与现地都有的远方明显地形点(目标),然后转动地图,使图上的站立点至目标的连线与现地的站立点至目标的连线相重合,此时地图即已标定。

三、确定站立点

(一)综合分析法

用这种方法确定站立点时,先进行控制对照,即对站立点附近明显的地形特征进行综合分析。这时的控制对照是在站立点不明确的情况下进行的,但站立点所在地图上的范围是清楚的。控制对照时,应根据各明显地形点的特征及其相互关系位置,通过综合分析,是可以确定其在图上位置。

明显地形点的地物主要有:单个的地物;现状地物的拐弯点、交叉点(呈"十"字形)、交汇点(呈"丁"字形)和端点;面状地物的中心或者有特征的边缘。

可以称得上是明显地形点的地貌主要有:山地、鞍部、洼地;特殊的地貌形态,如陡崖、冲沟等；谷地的拐弯、交叉和交汇点；山脊、山背线上的转折点、坡度变换点。

(二) 目估比较法

目估比较法是根据站立点与已知点间由方向、距离、高差所构成的相互关系，在图上和实地间通过目估比较，确定站立点图上位置的方法。

站立点在明显地形点上时，从图上找到该地形点的符号，即图中站立点在图上的位置。

站立点在已知点附近时，可先标定地图，根据站立点与已知点在现地由方向、距离和高差所构成的图形关系，对照已知点在图上所构成的图形关系，通过目估比较即可判定站立点的图上位置。用图者在三角点西南方的山背上，根据左侧的冲沟尖方向和山脊分水线相交的关系，即可判定站立点在图上的位置。

目估比较法判定站立点

(三) 交会法

当站立点附近无明显地形点时，可以利用"交会法"确定站立点。按不同情况，它又可以具体分为后方交会法、截线法和磁方位角交会法。这些方法的优点是：不需要判断或测量距离，也能确定出较为准确的站立点位置。这对于初学者学习、巩固使用越野图的训练是很有意义的。

1. 后方交会法

这种方法通常是在地形较平坦、通视较好的地段上采用。用这种方法确定站立点时，先通过控制对照，在实地较远处选择两个地图上也有的明显地形点。例如,选择远处山顶 A 与独立房 B,然后标定地图,用指北针长尺边切于地图上山顶的定位点,摆动直尺,向实地相应山顶瞄准后,沿直尺边向后画方向线。用同样的方法向实地独立房瞄准后并画方向线。两方向线的交点就是站立点的图上位置。其具体步骤如下。

(1)标定地图。用指北针标定地图,一经标定,地图方位就不允许再变动。

(2)绘方向线。用指北针的直尺边或三棱尺的一边切准图上山顶定位点并照准实地山顶 A,沿直尺边向站立点方向画一直线;再将直尺切准图上的居民地符号,并照准实地相应居民地 B,沿直尺向站立点方向画一直线。此两直线的交点,即站立点在图上的位置。为了保证交会精度,两直线的交会角度应在 30°～150°之间。

(3)检查交会结果。另选一已知点,依步骤(2)作已知方向线,当 3 条方向线交于一点时,证明所判站立点无误;当交会误差不大(所构成的三角形每一边均小于 2mm)时,可结合图上位置确定;当交会误差极大时,应重新进行交会。

在定向越野中,由于时间受限,一般不能采用直尺瞄准精确确定站立点,只能用上述原理直接目测出方向线,确定站立点的概略位置。

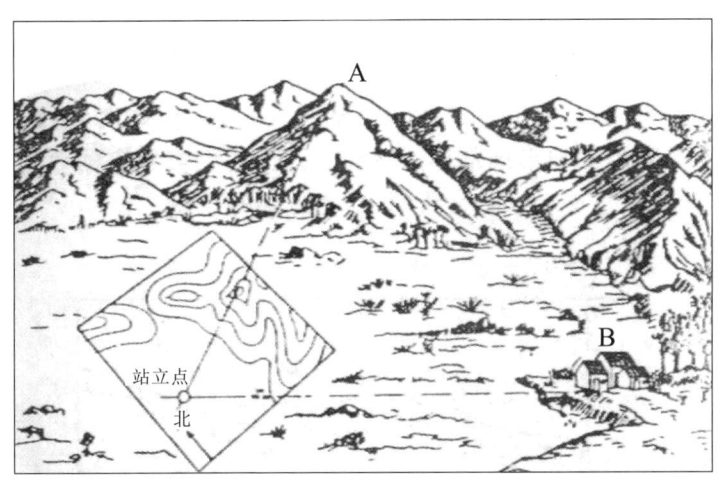

后方交会法判定站立点

2.截线法

当站立点位于已知线状地物上时(如站立点在直线路段上),图上的线状地物符号,即为已知线段。根据交会法原理,只需再作一条方向线即可确定站立点。它是后方交会法的一种特殊形式,也称为侧方交会法。

截线法判定站立点

其方法比后方交会法少一条直线,交会过程在此不再重述。

在定向越野中,同样可以直接采用目测瞄准的方法确定。

3.磁方位角交会法

当在植被密集、通视不良的地段上运动时,由于地图与实地对照不便,加之看不到目标实地位置,不能从图上照准目标,可采用磁方位角交会法确定,实施方法如下。

(1)现地测定磁方位角。攀登到高处或大树上,选择两个(至少两个)已知点,利用指北针分别测出站立点至该两点方向的磁方位角。

磁方位角交会法判定站立点

(2)标定地图。在站立点上利用指北针标定。

(3)绘方向线。在保证地图方位不变的条件下,使直尺边切准第一个已知点的图上位置,旋转指北针,直至角度盘上的读数与测出的第一个磁方位角相等时,沿直尺边向后画直线;同法,切准第二个已知点的图上位置,旋转指北针,直到角度盘上的读数与测出的第二个磁方位角相等时,画一条直线。此两直线的交点,即为站立点在图上的位置。同样,利用此法也应利用第三点进行检查。

此外,还有膜片交会法和距离交会法确定站立点在图上的位置,在此就不介绍了。

(四)极坐标法

极坐标法的常见形式有极距法和定直线法。

1. 极距法

当便于测量站立点到已知点的距离时,根据站立点到已知点的方向和距离,即可判定站立点的图上位置,具体方法如下。

(1)选已知点。标定地图后,选择一个距离较近的已知点。

(2)作方向线。在不变动地图方位的前提下,用指北针的直尺边或三棱尺切图上突出树符号定位点并向实地突出树瞄准,用铅笔、直尺画一直线。

(3)测距、定点。利用目测或步测等简易测距法,估测站立点至已知点的距离;按地图比例尺从已知点图上位置起,在方向线上,向站立点方向测量相应长度(图中,用复步测量距离为300m,地图比例尺1∶2.5万,换算成图上长度为1.2cm),此长度的端点即为站立点的图上位置。

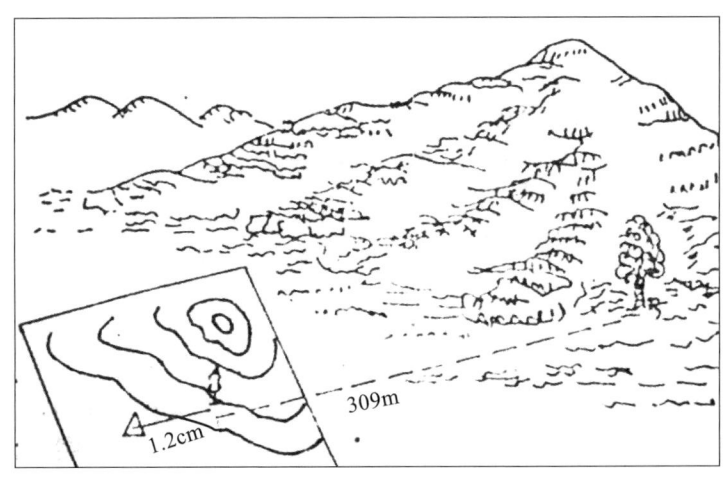

极距法判定站立点

2.定直线法

当站立点位于两个已知点连线上(图A)或延长线上(图B)时,根据站立点至任一已知点的距离,即可确定站立点的图上位置,具体方法如下。

(1)概略标定地图。

(2)作直线过图上两个已知点。

(3)测距。目估或用其他简易测距方法,测定站立点于任一已知点的距离(图中标示站立点至道路交叉点的距离为250m)。

(4)确定站立点。依地图比例尺将实地距离缩小为图上距离后,从图上的道路交叉点起,在连线的站立点方向上截取该距离(1∶5万地图上为0.5cm),此点即为站立点在图上的位置。

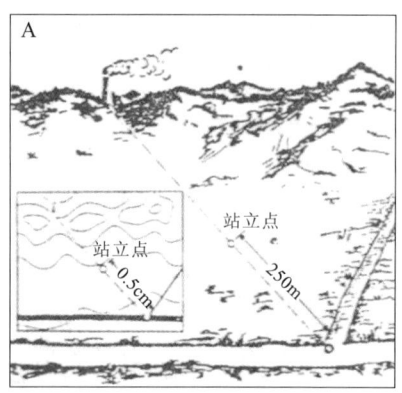 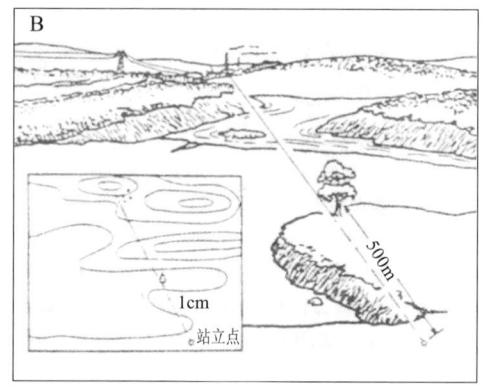

定直线法判定站立点

极坐标法在地物较多的地区使用是很方便的。特别是把目估比较法和此法结合起来使用时,图上作业少,判定速度快。用图者应善于利用地形图上的地形信息(地物、物貌特征点),综合利用各种判定点位的方法判定站立点。

第三节　其他野外定向方法

一、指南针

使用指南针,可使地图和实际地形的方位一致,探知现在你所在的地点和要寻找的目的地的方位。指南针务必水平地拿着,而且要远离以下列举的各种物品,才可避免磁针发生错乱:指南针应离铁丝网10m,高压线55m,汽车和飞机20m,以及含有磁铁,如磁性容器等10m。

利用指南针探知现在所在位置的步骤：①使实际地形和地图方向一致；②在地图上找出两个可看出的目标物；③将指南针的进行线（或长边）朝向其中的一个目标物；④找到圆圈配合箭号和指针（北）相吻合；⑤不改变圆圈的方向将其放在地图的北方位置；⑥指南针的长边之尖端吻合地图上的目标物；⑦沿圆圈的箭号和磁北线延线画一条直线；⑧针对另一目标依照同样的方法进行。两条线的交会处即是现在所在位置。

用指南针探知前进的方向：①使连结现在位置和目的地的直线吻合指南针的进行线（长边）；②圆圈的箭号和磁北线平行（箭号在地图的上边部分）；③将指南针从地图上拿开，拿在身体前面；④扭转身体直到箭头和指针重叠；⑤再重叠进行线的方向，此即等于地图的目标方向。

二、GPS 定位仪

1. GPS 简介

全球卫星导航定位系统（Global Navigation and Positioning Satellite System，GPS）是一种以卫星为基础的无线电导航系统。系统可发送高精度、全天时、全天候、连续实时的导航、定位、实时信息，是一种可供海陆空领域的军民用户共享的信息资源。在野外生存中，我们常使用的是手持 GPS 和车载 GPS。

定位精度：由于 GPS 是由美国国防部所管理，为了其本身国防安全，仅开放部分功能（C/A code）给民间所使用，在 2000 年取消 SA 政策后，民用实时单点定位水平精度能达到 5~10m。中国的 BDS 在亚太地区，实时单点定位水平精度同样能达到 10m 以内。在中国已经有很多地区建立了自己 CORS 网络，如果在有 CORS 网络覆盖的地区，采用实时相位差分技术定位，精度能够达到厘米级。就现有的手持 GPS 和车载 GPS 而言，一般都能达到 10m 以内，在野外生存中已经比较准确与方便了。

2. 野外 GPS 的使用

（1）首先在地图上先标示出预计的路程及行走路线，并概算出所有重要地点或地标的坐标值。

（2）将这些坐标值输入到 GPS 的航点数据库内。

（3）出发利用 GPS 做实际定位及导航，并将真正行走的轨迹纪录在 GPS 内，如此即可利用这些纪录做回程的导航，避免迷路。

（4）在整个行程中，我们也可以将所见景物的状况纪录在 GPS 上，例如哪个山屋需要维修、步道状况、林相、野生动物出没及地形地物的变动等，均可将其定位出来，藉此我们也可在下山后，将相关资料提供给各界，作为维修依据及资源调查、生物保育等工作的依据。

(5)当有伙伴需要救援时,也可以提供救援人员精确的坐标资料,使得伙伴能藉此获得最快速的救援。

3.使用环境限制

由于 GPS 的卫星在 20 000km 高空,信号微弱,穿透力不强,加上利用三角测量原理,需要的是直线传输的信号,因此下列环境都是影响信号接收的因素:① 一般的房屋室内环境、高楼大厦实体;②高山峡谷谷底、浓密的树林、汽车车顶下等。在上述环境下,是会收不到卫星信号而无法定位的,但气候并不影响其定位功能。

第四节 行进过程技巧

按地图行进,就是利用地图选择行进路线并通过地图与现地对照,保证按选定的路线及规定时间到达预定地点的行进方法。

按地图行进,是从事户外运动必备的技能,是户外运动现地用图中最重要、应用最广泛的课题之一,也是用图的最过硬本领。因此,每个户外运动从业者都应熟练地掌握地图行进的方法。

一、行进前的准备

无论在什么条件下以何种方式行进,均应做好行进前的各项准备工作,这里主要介绍地形图上的准备工作,其内容包括以下方面。

1.选择行进路线

行进路线,应根据任务、地形和人员体力等情况选择最佳路线。在图上选择行路路线时,应着重研究行进线上与运动有关的地形因素,以所需行进时间最短为基本要求,选择行进路线。

路线选定后,应就行进路线沿途选择一些明显、突出、不易变化的目标作为方位物,以便于行进途中随时判定站立点的位置,保持正确的行进方向,如道路交叉口、桥梁、高地、突出建筑物等。特别在进出居民地的出入口附近,应选择数个方位物,以便于在居民地内运动时保持方向。

越野行进时,转折点的方位要明显、易观察。夜间行进时,方位物的选择应尽可能多且便于识别。

2.标绘行进路线

标绘行进路线,就是将选定的行进路线(起点、转折点和终点)及方位物,用彩色笔醒目地标绘在图上。当行进路线较长时,应利用行进路线上明显的方位物,并结合大休息地点对路线进行分段,然后分段标绘,并按行进方向的顺序进行编号,以便行进中对照检查。必要时应调制行进路线要图。

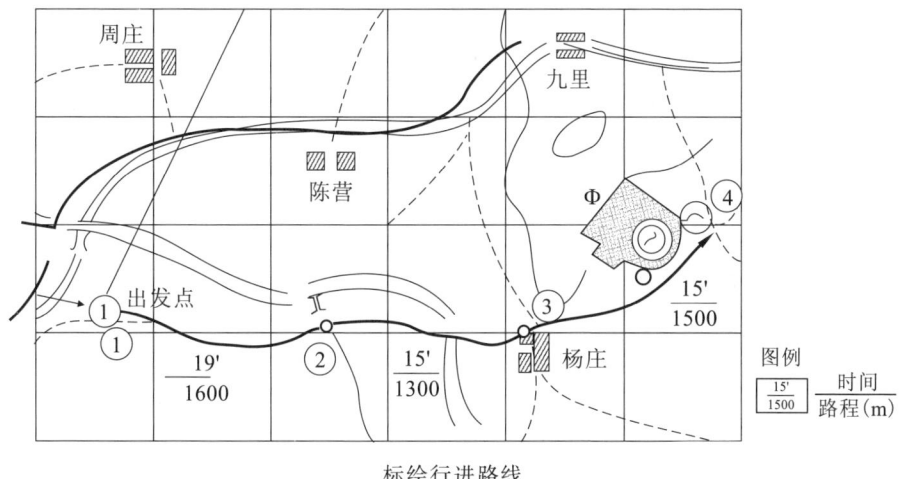

标绘行进路线

3. 量取里程和计算行进时间

在图上量取里程,应量取全程或各段的实地水平距离。当行进路线上地貌起伏较大时,应将水平距离换算成为实地距离。

为便于掌握行进速度和时间,可将各段距离根据预定行进速度换算为行进时间,并将里程和时间注记在图上。在确定行车速度时,应考虑坡度、负重、体能等情况对行军的影响。

4. 记忆行进路线

记忆行进路线,就是将行进路线的有关特征尽量记在脑子里,做到心中有图,未到先知,无论采取何种行进方式,也无论是白天黑夜,方位物多少,记忆行进路线是赢得时间、保持行进方向所必不可少的方法。

记忆行进路线的主要内容是:行进路线每段的里程、行进时间、经过的居民地、道路两侧的方位物和地貌特征,特别是道路的转弯处、岔路口和居民地进出口附近的方位物及地形特征等。

记忆的方法是:由总到分,掌握特征;从始到终,顺序记忆。由总到分即首先明确整条行进路线的起、终、转折点,以及全程长度与要求到达时间,继而分段记住有关行进的数据、地理名称。掌握特征是指重点记忆各路段的质量,所经关键地段及方位物特征。

二、不同行进方式的行进要领

(一)徒步沿道路行进

徒步沿道路行进是按地图行进的基本功。

1. 行进的基本要领

在做好准备工作的基础上,应着重掌握以下3个环节。

(1)出发。在出发点上先标定地图,对照周围地形,判定出发点在图上的位置,判定行进方向和道路,认准下一个必经点或附近的方位物,准确无误后及时出发。

(2)行进。行进中应不断记忆沿途的地形情况,据记忆与当前所在位置对地形进行观察,将地图与现地对照。做到边走边对照,随时明确站立点的图上位置,随时清楚已走过的路程,随时明了前方将要通过的方位物,力求做到"人在路上走,心在图上移"。

(3)通过方位物。根据行进里程与时间,估计接近方位物时,应注意在前进方向上观察方位物周围地形是否与地图一致,一致时即可以此方位物为出发点,向下一方位物出发。

2. 行进中现地对照的重点

行进中能否正确地将地图与现地对照,是保持正确行进方向的关键所在,应不断地判定站立点在图上的位置,不同地形上对照的侧重点有所不同。

(1)平坦地行进时,通常利用道路的直线路段标定地图,多用道路转弯、桥梁沿线两侧的村庄、道路交叉点等判定站立点。在道路交叉口、道路拐弯处尤其应注意判定路线是否改变,判断原有道路与新建道路的关系,以便保持正确的行进方向。

(2)丘陵地行进时,多以道路结合明显山顶标定地图。以山顶、鞍部、合水线(当合水线明显时)、分水线(当分水线明显时)对照为主,结合居民地、道路判定站立点,判断道路变化情况,判明行进方向。

(3)山地行进时,应以指北针标定地图,重点对照山顶和山脊走向、山谷走向,结合道路,判定站立点及行进方向。

(4)在各种特殊地形上行进时,应根据地形特点,找出该地形中不易变化,且较明显的地形特征作为对照的重点,综合利用判定站立点的各种方法,判定站立点和目标点,掌握行进方向。

(二)越野行进

基本不沿道路的行进,称越野行进。在道路稀少地区(如沙漠、草原、山地)或者因活动设计需要,不能沿道路行进时,常采用越野方式行进。越野行进通常采用徒步方式进行。

越野行进时,因地面起伏不平、障碍物多、障碍情况复杂,难以保持行进方向,故多采用按地图与按方位角相结合的方法进行。

1. 越野行进的准备

越野行进准备的重点是做好路线选择,距离、方位角量算和行进路线的标注等工作。

选择行进路线,首先应在有利于通行的区域选择最短路线,

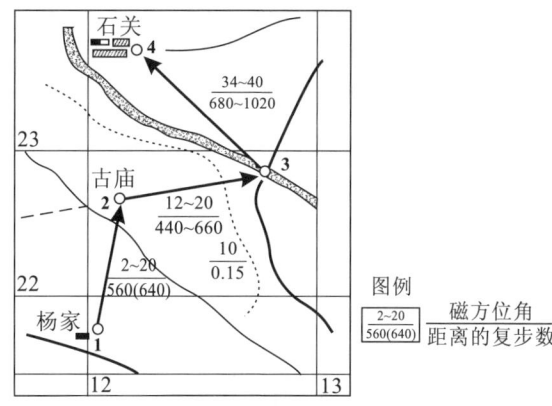

越野行进路线的标绘

在此基础上尽量多选择方位物,各转折点尽量选在明显、坚固的方位物上或其近旁,越野行进路线通常依地形进行分段,各路段的距离视方位物多少而定,通常1～2km,地形越复杂,距离应越短些,夜间应比白天更短些。

路线选定后,应在图上标绘行进路线,量算各路段的距离(或复步数)和磁方位角,并标注在行进路线一侧,行进路线两侧的方位物也应标绘出来。

最后,应在图上认真判读,分析各路段上有无不能通行的障碍区(物)并研究确定绕行的方案。

2. 越野行进的要领

在徒步沿道路行进基本要领的基础上,越野行进应注意以下几点。

(1)在出发点上,标定地图,判定站立点,查明到达下一点的磁方位角、距离和时间,并记住沿途的重要方位物和下一点的地形特征。然后观察地形,明确前进方向。当不易判定行进方向时,可利用磁方位角判定。方法是:手持指北针,使指针北端对准下一转折点的密位数,这时由照门准星看去的方向,就是行进方向;在该方向上寻找转折点,看不见时,应在该方向上选择一个辅助方位物(实地较明显的物体),然后向此方向前进。

(2)在行进中,应随时对照地图,连走边观察沿途地形,注意掌握已走过的距离或行进时间,按方位角行进时,利用指北针检查行进方向,到达辅助方位物后应观察下一个转折点。如仍看不到,可按原磁方位角再选一辅助方位物继续前进,直至达到下一个转折点为止。按地图越野行进时,应通过地图与现地不断对照,随时明确站立点在图上的大致位置,不断判定、修正行进方向。

(3)将要到达转折点时,应特别注意附近地形特征。当走完预定的距离和时间,还未见转折点方位物时,可在此段距离的1/10范围内寻找,如仍找不到,应停

下分析原因,是地形发生变化,还是方向距离有差错。在没有找到原因前,不可贸然前进。如查不出原因,又找不到应到点位,应按原路退回起点(或前一点),再重新前进。

(三)几种情况的处理

行进中,特别是通过方位物时,可能出现地图与现地对照不一致,难以判定站立点的情况,此时应分析原因,正确处置。

(1)地图与现地对照不一致时,应停止行进,判明方向。根据已通过方位物的位置,推断行进距离;然后在图上从上一方位物起,沿行进路线向前量出该距离,作为站立点的可能位置,再与现地对照。经对照地图与现地一致后,方可继续前进。若还是对照不一致时,则可从该位置向后假设几个站立点的图上位置进行对照。均对照不一致时,应返回上一方位物,重新行进。

(2)现地地形变化较大时,应分析该区地形变化的特点和规律。现地对照时,首先对照不易变化的地貌和地物要素,在此基础上,分析哪些是变化了的地形,哪些是新增的地物。通常应着重对照山顶、鞍部、山脊、山谷、村庄、河流及道路(铁路、公路)。通过对照,搞清楚地形的主要变化情况(特别是道路的变化情况),明确了前进方向后,再继续前进。

(3)走错路(没有按选定的行进路线行进)。走错路的原因可能是:地形变化大,在道路交叉处没有对照好,就选择了错误的路线行进。走错路又分为两种情况:一是虽然路走错,但能判定出站立点的图上位置;二是判定不出站立点的图上位置,但能肯定是走错路了。对于第一种情况,应在图上分析站立点与预定行进路线的关系,然后选择路线插至预定行进路线上。对第二种情况,则应按原路线向后一方位物的点返回,直至能判定站立点的图上位置时,再取近路插至预定的路线前进。

三、沙漠、戈壁地区的行进

沙漠、戈壁地区行进的特点是:地形开阔、道路缺乏、方位物甚少,不易确定站立点的图上位置,容易迷失方向。因此,在沙漠、戈壁地区行进,一般采用按地图和方位角相结合的方法行进,并注意以下几点。

(1)慎重选择行进路线。在固定和半固定性沙丘和戈壁地区,图上所绘制的道路,一般情况下除个别地段有变化外,总的方向、位置基本不会变。行进路线两侧应尽可能多选方位物,转弯点处至少有2个以上方位物。流动沙丘地区,应尽量在方位物较多或地貌特征明显又便于通行的地区选择行进路线。

(2)测量方位角和计算时间。要预先判定好总的行进方向,并分段测出磁方位角,以便行进时心中有数,时间的计算要考虑各种因素,其速度通常为一般地形的

1/2~3/4。

(3)随时标定地图,判定站立点的位置。在沙漠、戈壁地区,应以指北针标定地图为主的标定方法。判定站立点比较困难时,应注意以下各点:一是抓明显特殊地形,如沙垄、小块灌木丛、盐碱地等;二是有明显地形点时,采用交会法定位;三是多采用极距法定位。以磁方位角控制行进方向,步测和计时相结合估算距离,每前进一段,就将这段距离按比例尺截取在地图行进方向线上。

(4)正确处理行进中的疑难问题。轻沙丘流动性大,个别地段常被流沙覆盖,现地道路可能偏左(右)绕行,现地与地图对照不上,这种路一般不太长,绕过一段,会归向原道路。

(5)当对地形发生疑问或无法确定站立点时,应沉着冷静,回忆走过的路线和两侧的地形特征。如无法确定时,不要过久停留,可前进一段再定。如错误较大,仍不能确定时,则应根据行进总方向和远方明显的方位物,取直线向目的地行进,千万不要久留,防止在原地打圈子。

四、选择行进路线

野外行进路线的选择十分重要,在一定程度上,它关系到自助旅行或野外工作的成败。因此,野外旅行前,一定要认真研究拟去地区的自然和人文地理环境情况,对各种行进的路线方案进行综合评价,选择其中综合行进条件好的路线和路面作为实际旅行的行进路线。

在野外定向进行时具体选择标准有以下几条。

(1)走直道,不走弯道。

(2)走大路,不走小路。

(3)走主干道,避免走支道、岔道。

(4)走常行道,避免走人不常走的道路。

(5)走有人行痕迹的道,避免走自创道,不走兽道。

(6)尽量选择安全的路线,避免走险道。

(7)尽量选择适走性好的路面行走,避免走过于难行的劣地路面。

(8)但在公路和小路之间,应选择走小路而不走平坦的公路,即使无奈必须走公路,也不走平坦的中心,而是走高低不平的路边,这样人和脚不易产生重复性机械疲劳。

第七章

野外宿营

野外露营是一种户外生活方式,主要出于旅游度假、科学考察、军事需要等目的而临时在野外搭建的居住营所。随着我国经济飞速发展,人民生活水平的提高,越来越多的人倾向在周末或者节假日带上帐篷等装备去野外露营,但是为了确保活动的安全,还必须掌握与露营相关的理论知识与技能。

第一节 营地选择及建设

一、营地位置的选择

宿营营地的选择及其建设是关系到所有人员休息的大问题,因此营地的选择很讲究。

(1)近水。露营休息离不开水,近水是选择营地的第一要素。因此,在选择营地时尽可能选择靠近溪流、湖潭、河流,以便取水。但也不能将营地扎在河滩上,有些河流上游建有发电厂,在蓄水期间河滩宽、水流小,一旦泄洪,水将涨满河滩,包括一些溪流,平时小,一旦下暴雨,都有可能引发大水或山洪。因此,宿营时一定要考虑这些因素,尤其在雨季及山洪多发区。

(2)背风。在野外扎营,不能不考虑背风问题,尤其是在一些山谷、河边,需要选择一处背风的地方扎营,使帐篷门的朝向不要迎着风。背风的同时也是考虑用火安全与方便。

(3)远崖。扎营时不能将营地扎在悬崖下面,这样很危险,一旦山上刮大风时,有可能将山上碎石等坚硬物刮下,造成伤亡事故。

(4)近村。营地靠近村庄,有什么急事可以向村民求救,在没有柴禾、蔬菜、粮食等情况时就更为重要。近村的同时也是近路,即接近道路,方便队伍的行动和转移。

(5)背阴。如果是一个需要居住两天以上的营地,在好天气情况下应当选择一处背阴的地方扎营,如在大树下面及山的北面,最好是朝照太阳,而不是夕照太阳。这样,如果在白天休息,帐篷里就不会太闷热。

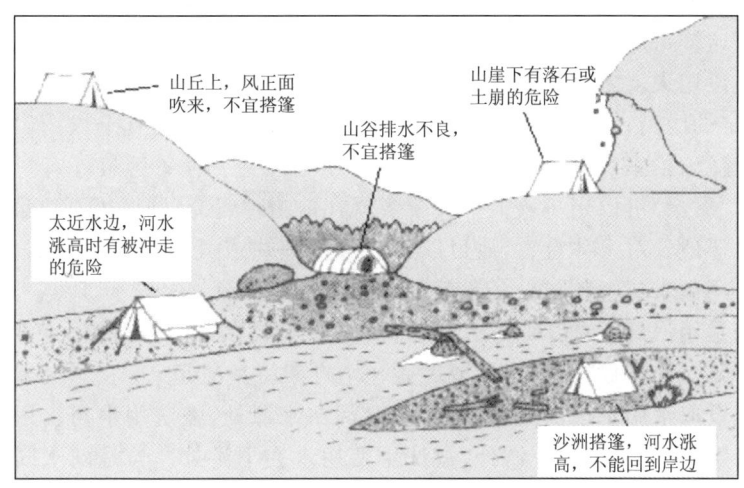

营地选择的注意事项

(6)防雷。在雨季或多雷电区,营地绝不能扎在高地上、高树下或比较孤立的平地上。那样很容易招至雷击。

二、营地建设

营地选择好后即要建设营地,尤其是有一定规模的野外露营地,整个营地的建设就尤为重要,以下是建营步骤。

(1)平整场地。将已经选择好的帐篷区打扫干净,清除石块、矮灌木等各种不平整、带刺、带尖物的任何东西,不平的地方可用土或草等物填平。如果是一块坡地,坡度不大于10°时一般都是可以作为露营地。

(2)场地分区。一个齐备的营地应分帐篷宿营区、用火区、就餐区、娱乐区、用水区(盥洗)、卫生区等区域。第一步先落实宿营地。用火区应在下风处,距离帐篷区应在10~15m以上,以防火星烧破帐篷。就餐区应就近用火区,以便烧饭、做菜及就餐。活动及娱乐区应在就餐区的下风处,以防活动的灰尘污染餐具、食物等,并距离帐篷区应在15~20m,以减少对早睡同伴的影响。卫生区应在宿营区的下风处,与就餐区、活动区保持一定的距离。用水区应在溪流、河流上分为上下两段,上段为食用饮水区,下段为生活用水区。

(3)建设帐篷露营区。如由数顶帐篷组成的帐篷营地区,在布置帐篷时,应注意:①所有帐篷应是一个朝向,即帐篷门都向一个方向开,并排布置;②帐篷之间应保持不少于1m的间距,在没有必要的情况下尽量不系帐篷的抗风绳,以免绊倒行人;③必要时应设警戒线(沟),在山野露宿有可能会遇到威胁性的动物或者坏人的攻击,当然这种可能性很小。可以在帐篷区外用石灰、焦油等刺激性物质围帐篷区画一道圈,这样可以防蛇等爬行动物的侵入,或者用电子报警系统等办法。

(4)建设用火就餐区。就餐和用火一般在一起或相近的地方,这个区域要与帐篷区有一定的距离,以防火星烧着帐篷。烧饭的地方最好是有土坎、石坎的地方,以便挖灶建灶,拾来的柴禾应当堆放在区外或上风处。就餐区最好有一块大家围坐的草地,"餐桌"可以用一块大平石或者就在地上,"餐椅"同样用石块最好或者席地而坐,由于地气对人体有害,故可以用各自的睡垫或气枕头代用一下,不要怕麻烦,至少要用雨衣或塑料布。多数就餐时间已经是天黑的时候了,应当考虑照明的位置,不论是用汽灯还是其他方式照明,灯具应当放在可以照射较大范围的位置,如将灯具吊在树上、放在石台上,或者做一个灯架将其吊起来。

(5)建设取水用水区。用水、取水一般都在水源处,盥洗用水与食用水应当分开,若是流水,食用水应在上游处,盥洗生活用水在下游处。若是湖水同样要分开地方,两种用水处应当距离10m以上,这种划分是出于卫生的需要。另外,取水要经过的河滩地带乱石灌木等物较多,没有小路可寻,故应当在白天的时候注意清理一下,以方便夜晚取水。

(6)建设卫生区。卫生区是队员们方便的地方,如果只是住宿一晚,可以不必专门挖建茅坑,可以指定一下男女方便处即可。如果队员人数多或者宿营两天以上,就应当挖建茅坑,临时厕所应建在树木较密的地方,就不用拉围帘了。更要注意不能建在行人常经过的地方。如果附近的溪流多,可以将厕所建在溪流上,在小溪上搭两根大木头,要建平稳并有安全感,大家即可在上面大小便,并将大小便直接排入溪流中,不用耽心会污染溪流,少量的粪便会被河流中的生物分解或被自然净化。如果已建了卫生区,大家的大小便就应该在修建的卫生区里进行,不应满山排泄,而大煞风景。

(7)建设娱乐区。娱乐区可以在就餐区,待就餐以后打扫出来即可,如果场地大,也可以单独划出一块地,只要场地平整即可,同时场地里绊脚、碰头(矮树)的东西要少,因而要进行一般性的清理,在玩一些游戏时应在一个划定的圈子里拉上保护绳,以免不注意发生意外事故。

三、营地注意事项

1. 遵循 LNT 法则

LNT 法则,即环境最小冲击法则。这是户外活动中早已被认知并执行的重要法则,主要内容包括以下几个方面。

(1)提前计划准备。任何户外活动都需要提前做好计划准备,了解当时有关环保方面的规章制度,对有可能发生的情况做充足的准备,并且根据所了解到的情况选择适用的装备。同时要充分了解活动区域的线路特征,并据此预先设计行进路线和露营地。根据线路的实际情况,计划所携带食品的数量,然后对食品进行简单的处理,能够拆封集中包装的尽量集中包装,尽可能地减少垃圾的生成。简单地说,提前计划与准备要做到:不盲目、不违规、不浪费、有准备。

(2)在可耐受地方行进及露营。不论何时何地都尽可能行走在现有步道上,不走捷径,不直上直下,团队在行进时只走一条单一的行进路线。如果道路条件好的情况下,同时背包又不算太重,可以考虑软底鞋,以减少对地面的冲击。在非登山步道上徒步,要选择岩石裸露地或碎石坡等能耐受人类踩踏的地方行走,在这样的区域,分散行走是减少对环境冲击的最佳选择。

在对环境冲击较大的露营活动中露营地的选择非常重要,最适合扎营的地方是岩石、砾石地、沙地,因为它们非常能耐受人类的踩踏,其他不错的选择是干草地,比较不能耐受人类冲击的是有丰富植被而地表覆盖树叶的森林地。

(3)妥善处理垃圾。"背上山的东西通通都要背下山",这是一项重要的原则,保持露营地的原貌,体现了露营者最基本的素质。对排泄物的处理,可以埋在一个10~20cm深,离水源、营地或步道至少60m远的猫洞里。

在处理食物垃圾时,我们在出发前尽量减少包装的同时,也尽可能地选择使用可重复使用的用具,计划合适的量,避免浪费。在露营活动中,尽可能少用清洁用品,切勿直接在水源中洗脸、刷牙、清洗衣物或洗菜,污水倒在离营地和水源50m以上、深25~30cm的土坑中。对于食物的残渣应该全部带走,即使是果核、果皮等一些可降解的食物也必须全部带走。

妥善处理垃圾

(4)保持自然原貌,还自然于本身。我们在营地活动的时候,要尽可能地选择穿着重量较轻并且鞋底较平、较软的鞋子,如凉鞋、拖鞋或慢跑鞋,以减少鞋底对土地的踩踏。遇到诸如文化、历史遗迹、人造雕塑、建筑等,在未经允许的情况下不要触碰,更不可踩踏。

(5)野外用火。在野外活动不要用火,一般来说生火对自然环境的冲击很大,一次生火之后,它的痕迹就会变得越来越大,并且永远不会消失,火对土壤造成的永久伤害可以深达10cm。因此,在户外活动中,要使用合适的炉头做饭,穿足够御寒的衣服,使用帐篷,用一个好睡袋保持温暖与干燥,而不要轻易使用火。

在必须要使用柴火的情况下,首先要确定所在的地方是否允许,是否是防火季节,确定要找到倒木当燃料而不是去采伐活树,理想的燃料就是比手腕细的树枝。在点火的时候,要选择把火生在有生火痕迹的中心区域,在木灰全部燃尽以后将炭灰撒在草丛中。

(6)尊重野生动物。在户外活动中,我们应该尊重野生动物生存的习性与环境,与它们达到一种和平共处的境界,要注意保护水源,保护动物赖以生存的源泉。

(7)考虑其他野外活动者。户外活动开始前应充分了解当地的风土人情,尊重当地的民族风俗,尊重他人的生活习惯与习俗,养成良好的习惯。

2.遵守营地纪律

(1)帐篷搭建时,帐篷进出口必须处于关闭状态。收营收帐时就把帐篷口的拉链拉闭好;进出帐篷要及时顺手把帐篷口拉闭好,这样可以防止蚊虫等小动物飞爬进帐篷里骚扰,避免影响晚上睡眠。

(2)进帐篷休息时,把徒步鞋鞋尖向外摆放好,除夜晚露营所需要的睡袋枕头等物外,其他的物品必须收拾整齐放进背包里,摆放在帐篷出口的外帐帐檐里。这样如果夜晚有紧急情况发生时,能以最快的速度撤离;在雨天还能避免装备被淋湿。

(3)严格按照领队安排的作息时间值夜与休息。晚上熄灯休息至第二天起床收营的时间内,严禁在营地区大声交谈或者打闹,以免影响其他队员正常的休息。

第二节 营地分类

一、按露营地不同分类

野外露营可以根据所处环境的不同,将露营划分为以下6种类型。

(1)山地型露营地:是指处于山脉间,以山川地势为主要背景的露营地。除具有露营区域、生活服务区域、通常的休闲运动设施外,山地露营地还会借助于地形设置攀岩、山地自行车等活动项目。

(2)海岛型露营地:是指建于海岛之上的露营地。这种露营地以四面环海、处于小岛之上为特征,以水见长。除了基本必备设施,该种露营地还会向人们提供丰富多彩的海上、海底运动项目。

(3)湖畔型露营地:是指临湖而建的露营地,这里的湖应具备一定的规模。没有大海的波涛汹涌与澎湃,湖水大部分时间保持宁静状态,因此湖畔露营地更多体现的是祥和、宁静。人们在这里可以进行垂钓、划船、皮筏、独木舟等活动。

(4)海滨型露营地:是指建在海滨之上的露营地。该类型露营地依海而建,往往以丰富的沙滩、海上活动为特色。沙滩排球、网球、海底探险、船艇活动等是该类露营地所设的具有一定吸引力的项目。

(5)森林型露营地:是指以森林为大环境的露营地。该类露营地处于茂密葱郁的林木中,环境优美原始,空气清新自然,而露营区域营位间隔较远,是人们享受度假时光、田园生活的理想选择。露营地周围的植物、动物都可以成为很好的娱乐项目,而这里休闲的小径更是放松身心的理想选择。

(6)乡村型露营地:是指建设在乡村村落中的露营地。这种露营地往往与乡村连成一体,乡村里的生活服务设施,如商店等成为露营地的设施,人们在这里可以静享度假时光。

二、按露营方式不同分类

1.露宿

露宿是对我们野外生活的一种锻炼和考验,同时也是一种难得的生活体验。在没有雨水、大风、风雪及霜的天气,完全可以试试在露天下露宿的方式,不用支搭帐篷等任何遮挡物。露宿可以选择一棵大树下,铺上塑料布、防潮垫,再放上睡袋,睡袋上可以再罩上一块塑料布,或者在睡具的上方简单地挂一张防雨布,露宿主要的问题就是防露水及蚊虫的侵袭,可以在睡袋的头套处罩一层纱网,以防蚊虫,或连夜的烧烟火,燃烟可以防止霜降,减少露水,在一些农村可以看到农民这样做为减少霜降。当然,雨季、冬天就不要露宿。另外,注意不要在水边、草木密集的地方露宿,那些地方蚊虫多,也不安全。同时,在露天露宿一般气温比帐篷里低5°左右,故要多加衣物,以防着凉。

另一种露宿的方式就是用吊床,吊床的优点是不会被地上的动物袭扰(如蛇等爬行动物),并在一些潮湿的地带很适合,用吊床要在睡袋下垫防潮垫,并在吊床上方挂一张防雨布。有一种吊床式帐篷既有防雨篷,同时还有防蚊虫的纱帐,很适合丛林宿营。

2. 雪屋

在大雪纷飞的雪天，如果雪地的雪比较厚实，就可以用雪做一个简单的雪屋，这在东北地区的农村，猎人们最熟悉的一种办法。雪屋的建筑步骤主要有以下几个。

(1) 切垒雪砖。雪屋是用各种规格的雪砖垒砌而成的。建造雪屋的第一步是选择一个开阔、向阳的平地，再确定一个具体的地基，然后就用锐利的刀将之切割成各种规格的大雪砖，这样就可以砌雪屋了。以后，每叠加一圈，向内收缩一点，圆圈愈来愈小，最后形成一个封闭的、半球形的圆顶。

(2) 开窗引光。在南面一方开一小窗，小窗上方要伸出一块板形的雪块，可掩挡雪花飘打窗户，亦可折射太阳光线，使其能直照室内，而不是照在北面的大雪砖上。因为冬天北极圈周围的太阳角度太低，光线有时几乎是从南方的地平线上斜照过来，所以窗户上方的这块大雪板正好是一个折光镜，让太阳把屋内照亮，有时甚至可以摄影。

(3) 凿门挖坑。在半球形雪屋靠地的部分凿一道门，接下来是在半球形屋顶罩住的土地上挖掘一个深坑，这个深坑是雪屋的一大组成部分，因为雪屋既是垒成的，又是凿成的。它是以地平线为基点，既向天空发展，又向地下掘进，这正是雪屋的妙处。向上垒一屋顶，这是必不可少的，但不用太高，适可而止，向下凿一个坑，作为屋子的主体空间，深一点最好，这是最简便可靠的。因为在雪地上向下掘一个深洞绝对比向天空垒一个高屋要省事很多，也安全得多。

雪屋

3. 溶洞住宿

在南方大部分地区的野外,常可见到各种形式的山洞、旱洞、水洞、穿山洞、复合洞等,住宿溶洞是野外旅行最为常见的方式之一。我们的祖先就是从住宿溶洞开始了新的地面生活。可见住宿溶洞是安全、方便、温暖、避风避雨的好地方。住宿溶洞应当注意以下几点。

(1)通风。首先要察明该洞是否是通风的溶洞,而不是一个死洞。保持空气的流通很重要,可以点一支香烟察看该洞是否通风,只要烟向洞中或洞外单向的飘动即说明此洞是通风的。

(2)浅住。洞多是比较深的,从安全的角度出发,最好将营地安排在距离洞口较近的地方,以方便撤营及转移。

(3)水情。在确定一个溶洞可否住宿时,应先弄清此洞的水情,多数的溶洞都有流动的地下水在活动,有个别的溶洞地下水水情复杂,尤其在雨季就更应当注意,选择的住宿地应当干燥,上无滴水。

在溶洞住宿应当注意:不少的溶洞多有蝙蝠、燕子等动物栖息,因而入洞住宿最好少惊动它们,或者换一个洞。如果对洞穴探险没有经验,应当在洞中少活动,单人活动应当禁止;在洞中住宿可以不用支搭帐篷,只需铺上各种睡具即可,如果有蚊虫可以烧烟驱赶。

第三节　野外用火

一、篝火搭建

在野外宿营,远离了现代文明,可以选择进行的活动很少,因此当夜幕降临时,时间会显得格外漫长。为了丰富野外生活,当人数足够以及天气条件允许的时候,篝火晚会往往会成为第一选择。通过活动不仅可以拉近队员之间的距离,还可以为队员提供展示自己的舞台,以下将介绍集中搭建篝火的方法。

(1)密林篝火。横放一根较粗的圆木,上面斜搭几根较细的干木头,一面烧一面挪动,适用于冬季无遮棚的露营。

(2)星形篝火。把5～10根圆木的一头,并拢如星形,从中心点燃,然后一面烧一面把圆木向里推。这种篝火热量很大,甚至几个人可围绕着它在雪地上睡觉。

(3)长条形篝火。用两段约为人体长的圆木顺风叠放,边上打入湿木锲,防止圆木滑落。两木之间加撑子,留出空隙,以利燃烧。这种篝火燃烧时间较长,几乎无需调整,适用于冬季露营时取暖。

(4)圣殿火。如果地面潮湿松软或积雪深厚,则需要搭建一个高出地面,悬在空中的平台,这就是所谓的圣殿。这种炉台由一个高出地面的平台(由刚砍伐的新鲜木材建造)构成。四根木桩竖直,叉点上横担着木棍,在上面放置一层圆木棍,再覆盖几层土或石头,才可在上面生火。成对角线的两根最长的直木上,横担一根木棍,用来悬挂锅等器皿。

(5)风中生火。如果风力强劲,可以挖一处壕沟生火。也可用以下方式:用岩石块将火堆围住,以使热量散失减慢,保存燃料。岩石上可放置器皿烧煮食物,另外,岩石散发的热量同样可以用来取暖,还可以用岩石垒成炕。

星形篝火

野外用火

注意:火堆边不可放置潮湿或带孔隙的岩石或石头,尤其是曾经浸泡在水中的岩石更要小心,因为它们在受热时可能爆炸。还要避免使用板岩和较软的岩石,通过岩石间彼此猛烈撞击就可以检验出来。一切有裂隙、高度中空或表面易剥落的岩石都不可使用。如果它们含有水分,则膨胀速度更快,极易爆裂,迸溅出致命的碎片。

二、野外点火方式

1.火柴

火柴是点火的最便利的工具。多携带一些标有"非安全""可以在任何地方划着"标记的火柴,把它们扎成一捆放在防水容器内,防止它们相互摩擦,意外自燃,另外也可防止火柴自身变潮。

注意:火柴受潮也是有办法补救的,如果头发干燥并且不油腻,可将潮湿的火柴放在头发里摩擦一番,头发产生的静电会使它干燥。

另外,通过在火柴上滴蜡可防止火柴变潮。点火时,可用指甲将蜡层剥除。使用凸透镜:强烈的阳光通过凸透镜聚焦后,可产生足够的热量点燃火种。其中,取火最为迅速的是照射汽油和酒精,可在1~2s内点燃火种。

放大镜或望远镜以及照相机里的凸镜,都可以代替凸透镜为你服务。另外,在手电筒反光碗的焦点上放火种,向着太阳也能取火。如果在有冰雪的环境下,将冰块加工成中间厚、周边薄的形状代替凸透镜也是可以的。

2. 击石取火

找一块坚硬的石头做"火石",用小刀的背或小片钢铁向下敲击"火石",使火花落到大火种上。一条边缘带齿的钢锯比普通小刀可产生更多的火星。当火种开始冒烟时,缓缓地吹或扇,使其燃起明火。当然并不是任何一块石头都能点燃火种的,石头击出的火花必须有一定的热量和持续时间,才能点燃火种。

3. 电池生火

若有电量较大的电池,将正负两极接在削了木皮的铅笔芯的两端,顷刻间铅笔芯就会烧得像电炉丝一样通红。

如驾车旅行的话,可取两根长导线,连在电瓶的正负两极接线柱上。如果没有电线,可以用两个扳手或其他金属工具代替。如导线不够长,可将电池从车中取出。将两根导线末端慢慢接触,短路会产生火花。这时,一块蘸了汽油的布是最好的火种。

电池生火

4. 弓钻取火

用强韧的树枝或竹片绑上鞋带、绳子或皮带,做成一个弓子。在弓上缠一根干燥的木棍,用它在一小块硬木上迅速地旋转,这样会钻出黑色粉末,最后这些粉末会冒烟而生出火花,点燃火种。

弓钻取火

5.藤条取火

找一根干的树干,一头劈开,并将裂缝撑开,塞上火种,用一根长约两尺(1 尺≈0.33m)的藤条,穿在火种后面,双脚踩紧树干,迅速地左右抽动藤条,使之摩擦发热而将火种点燃。

6.其他方法

在平坦的木板上摩擦玻璃片,也能生热发火。待剧烈摩擦发烫时,将火种点燃。还可用两块软质的木头或竹片用力相互摩擦取火,下面垫以棕榈树皮或椰子叶底部的干燥物作为火种;也可以在一块软木底部刨一条直沟,然后用一根矛状硬木尖端前后"犁"行,这样首先产生出火种,最后将其点燃。

第八章

野外觅食

俗话说："民以食为天，食以安为先。"由此可见，食物的摄取对于维持人类正常生命活动的重要性，同时饮食安全更是重要。如果摄取的食物有害身体健康，可能会威胁到生命安全。在进行野外生存时，摄取食物不如在城市里方便，那么如何安全、有效地获得食物补给就变得尤为重要。本章主要围绕在野外对水源和食物的寻找、处理、保存以及捕获等方面进行介绍。

第一节 水的补给

对于人来说，水是仅次于氧气的重要物质。在成人体内，60%左右的质量是水。儿童体内水的比重更大，可达近80%。如果一个人不吃饭，仅依靠自己体内储存的营养物质或消耗自体组织，可以活上一个月。但是如果不喝水，连一周时间也很难度过。如果体内失水10%就会威胁健康；如失水20%就有生命危险，足可见水对生命的重要意义，所以在野外生存中，水补给本来就缺乏的情况下，如何寻找可饮用水资源获得补给成为户外运动爱好者必须掌握的一项技能。

一、寻找水源

1. 观察地形和地层结构寻找水源

我们知道水往往都向低处流，因此最简便的方法就是到地形较低的位置寻找到水源，比如，山谷、凹地等合水、集水线较低位置。但是这种方法并不是随时都能适用，因为在野外行进过程有既定的线路，不能随时改变行进方向。对于观察地层结构寻找水源，可以仔细察看岩壁的裂缝是否有水源渗透的痕迹，外露的表层岩壁是否相对较湿润。如果有干净的水源，可以用容器盛好以备不时之需。

2. 依照植物的分布与生长情况来寻找水源

一般含水量丰富、生长较多且较茂盛的植物分布区域，比较潮湿，所含水分通常会较足，如竹子、野芭蕉等成片的分布区域。有些对生长环境要求较潮湿的稀有植物，如水芹菜、山崙、羊齿等，附近地表含水量也较丰富。这些都有助于我们在野外判断寻找到水源。

3.观察动物的足迹、航向寻找水源

有些动物,特别是喜欢栖身于水上生活的动物,比如,青蛙、水鸟、钓鱼郎鸟等,它们活动频繁的区域附近必然有水源。夜晚,青蛙会在潮湿的地方寻找食物,蛙声响成一片的地点,附近水源相对较丰富;水鸟,通常喜欢于早上飞(停)在水源附近的高处鸣叫,这也是作为判断寻找水源的依据。野外活动中,我们较熟悉的动物——蛇类,喜欢生活在阴暗潮湿阴冷的区域,也比较容易寻找到水源。大型的群居野生动物,如狮群、大象、牛群等,它们的野外生活与我们一样需要饮水,如果它们生活的区域饮用水不足,就会寻找并迁徙到水源较充足的区域,这些也可以作为野外寻找水源的判断依据。

二、水的采集

1.收集河川、水潭、湖泊的水源

如果河川、水潭、湖泊等地的水较多较深,直接取之即可。如果是在西南地区等干旱地区出现缺乏饮用水的情况,很多河川、水潭、湖泊干枯或者水已经很少,接近干枯了,我们如何进行饮用水的收集呢? 首先,可以尝试在较低洼处,挖掘一个深坑,深坑要比裸露的河床底部更深,等待渗透出来的水源积聚于深坑,然后用水瓢之类用具取水即可。取水时一定要注意避免直接把脚插进水坑取水,否则会把水源搞浑弄脏了,导致不能直接饮用。

2.收集森林、河谷、岩壁渗透出来的山泉

可以用竹子劈开两半从表层深处引水,甚至可以把水源引导到生活营区。岩层渗透出来的细流,可以用树叶、竹叶之类,直接与岩壁相接,这样收集水会较快。

3.收集雨露水

不管是大雨,还是小雨,都可以利用容器收集,达到积少成多。但是收集雨水时需要注意的是:如果是在相对较泥泞的沙泥土地上面收集雨水,张开的塑料布4个角要拉紧并且稍抬高于地面进行,这样收集到的雨水不会因沾染泥土而变脏。风大的时候可以在张开的塑料布上放置几块石头,增加点压力,这样大风才不会把面积较大的塑料布掀翻或者吹走。如果是在草地收集雨水,直接把塑料布铺在草地上,拉紧四边,里面放置几块石头压住即可。

古时候人们经常采集露水用来泡茶,而如今虽然环境污染严重,但是在野外采集的露水经过过滤还是可以饮用的,要有以下集中采集露水的办法。

(1)可以早上在凝结露水较多的植物底下,垫上打开的塑料布,然后晃动植物、树木的叶子进行收集露水。对于像野芭蕉、荷叶这类叶子面积较大的植物,可以用

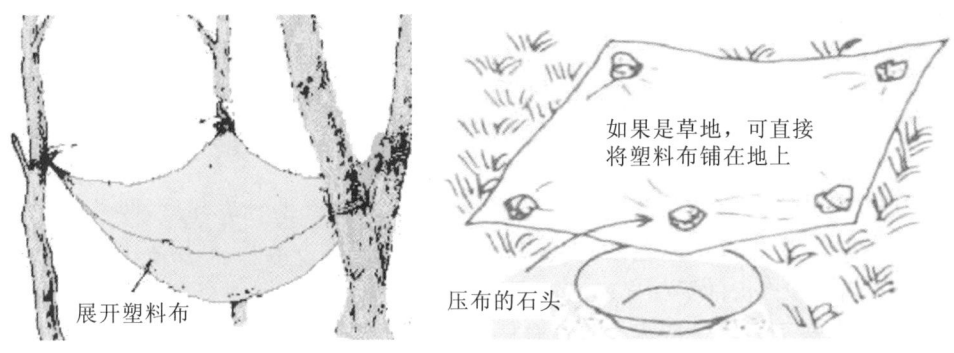

展开塑料布　　压布的石头

如果是草地，可直接将塑料布铺在地上

利用塑料布收集雨水

瓶子直接进行收集。

(2)利用活树的叶子，在一段树木的嫩枝叶上套一只塑料袋，叶面蒸腾作用会在袋内产生凝结水。注意一定要选择健壮、枝叶浓密的嫩枝条，在扎塑料袋时让袋口朝上，袋子的一角朝下，这样方便收集凝结水。

(3)将聚乙烯薄膜覆盖在任一生长良好的植株上就可以收集到水分。因为蒸腾作用产生的水汽上升与薄膜接触时遇冷，会凝结成水滴。如左下图，将薄膜顶端收口并悬吊起来，或者用有弹性的垫棍支撑起来。凝结的水珠应让之沿着薄膜内壁流入底部收集皿中。不要让树叶触动薄膜，否则会碰掉凝结的水珠。

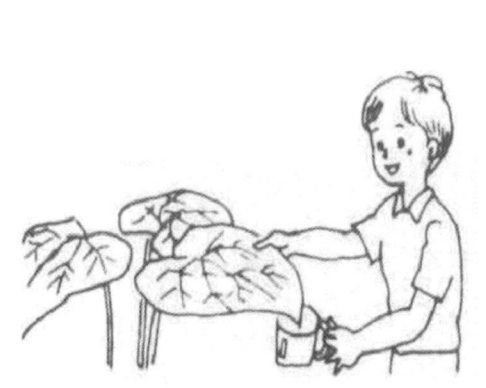

大叶子上的露水可以用杯子收集　　塑料袋收集凝结水

薄膜收集凝结水

4.化雪(冰)取水

登山最常用的、也是最方便最简单的就是化雪(冰)取水，采集积雪，直接放置在锅中用 GAS 火加热融化，即可化雪变成水。如果没有锅和用火加热的燃料，可以用黑色的塑料布(如泰雷家牌大帐布)，在底下铺上一层报纸、树枝之类，然后再铺上大帐布,把收集的雪或者冰放在大帐布上面,用光的辐射来融雪。塑料布下垫上报纸和树枝,是为了避免热气的散失。如果在雪中加入几颗小石块,这样小石块可以帮助吸收热量及提供白色的积雪光的反射,这样用自然光化雪的效果会更佳。

5. 利用水蒸气的原理汽化取水

海水受热煮沸后,能够蒸发成纯净的水蒸气,水蒸气上升冷却后,即可变成干净的饮用水。利用这个原理,可以蒸馏汽化变水。具体方法是:利用手中现有的工具,做成一个像煮饭的锅一样的蒸馏系统,在锅里面正中放置一个杯子做接水盛具(注意:放置杯子要高于待蒸煮的水面);锅的最上层,用锅盖或者塑料袋之类,打包收集冷却水蒸气的冷水(注意:在汽化过程中这个水要经常更换,保持水的冷度)。这样,锅里不能直接饮用的海水之类,经过受热煮沸后,变成水蒸气上升,上升遇见顶部的冷水,凝结为水附在上层冷却系统的锅底。然后顺着锅底滴漏于下方正中的杯子中。

利用这个原理还可以在地面挖掘一个1m见方的深坑,坑底正中预先放置一个接水的杯子,然后四周用塑料布封闭压牢实,中间丢几颗小石头。利用地层的地热从地面散发出来,变成水蒸气,上升后遇见上层密封的塑料布冷却,这样也可以制作干净的蒸馏水。如果在挖掘的深坑中,适当丢入一些绿色的植物叶子,或者在坑里洒些不能直接饮用的海水之类增加湿润度,这样制水的效果和效率都会提高。上面的例子,曾经有人在非洲沙漠里,利用这个原理一天约可以制取1L的水量。深坑里面放置植物的叶子,是因为植物像人一样也需要呼吸,这样水气上升会较多,收集的水源相对会更高效及适量增多。通常用这样的方法制水,建议先用吸水的吸管直接和中间盛水的杯子相接,就可以直接用嘴在收集到水源的杯子吸取了。

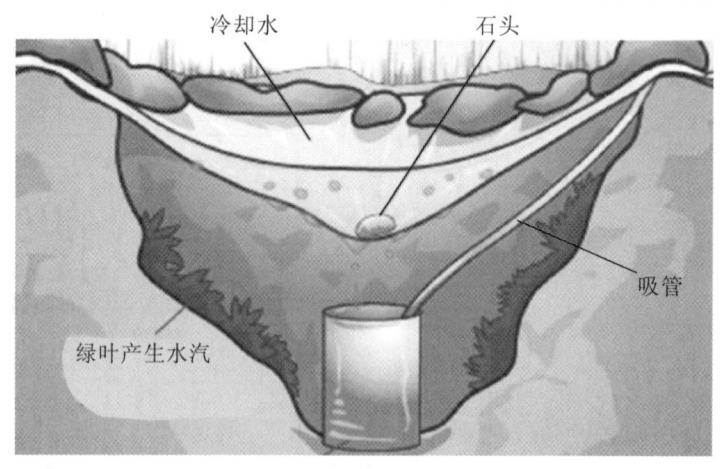

汽化取水

三、辨别水源是否有毒

一般情况下,泉水、井水、暗流水、雨水、原始河水可以直接饮用。水库水、湖水、溪水、池水、雪水等应该处理一下再饮用。对于煮饭来说,水库水、溪水、雪水等一般有色的河水都可以直接使用。在原始森林中,许多小溪、河流表面看起来清澈干净,实际往往含有多种有害的病菌。人一旦喝下去就会染上像痢疾、疟疾这样严重的疾病。因此在任何情况下,都不能饮用不洁净的水,以防病菌通过饮水进入体内。由此可见,在野外掌握辨别水是否有毒的方法显得至关重要。

(1)当遇到水潭、河川等水源时,一定要注意观察或者询问上游是否有排放出有毒物质的矿山和工厂,还可以通过地图上反映的人类活动等地图经济要素来大体判断;也可以近距离地观察水源的具体情况来判断。通常浑浊并且泡沫多的水都要注意;水的颜色不透明清澈有异色,而且这样的浑浊并不是由于大雨过后才出现,取水用水时务必提高警觉!

(2)可以观察河岸、水潭边的植物生长情况,水中的动物,如小鱼、青蛙的生长情况来做出判断;河岸、水塘边的植物生长茂盛,水里有小鱼游动,基本水源都没有大的问题。甚至可以用手取些水,用鼻子闻一下是否有异味;如果还不能确定水质情况,还可以涂些在嘴唇,或者皮肤较柔嫩、较敏感的部位,等候30分钟以上,看看是否会有发痒等不舒服症状,再判断水源是否可以放心使用。对于河岸、水边倒有动物尸体,或者生长的植物倒伏枯萎,水还散发出异味的水源,务必要认真辨别,就算急需用水,也必须要经过细心谨慎检验确认后,才判断是否可以使用。

四、水的净化处理

在野外,当我们收集到水之后,往往大部分需要进行过滤净化处理才能饮用,即使有些看起来比较干净的水,也有可能被污染,例如动物的尸体、粪便、寄生虫和重金属离子等。有些水里还可能有大量的细菌和变形虫等原生动物。在找到水源后,最好不要急于饮用,应就当时的条件,对水源进行必要的净化消毒处理,以免因饮水而中毒或传染疾病。在野外对水进行净化处理的方法多种多样,下面介绍几种有效且方便操作的方法供大家学习。

1. 煮沸法

煮沸法是最常见也是最行之有效的方法。在海拔2500m以下,把水煮沸,是对水进行消毒的很好的方法,而且简便实用。在平原郊游或野炊时,可以较多地采用这种方法对河水、湖水、溪水、雨水、露水、雪水进行消毒,以保证饮水和做饭的需求。如果在海拔3000m以上,煮沸的时间应加长。因为高海拔状态下,水的沸点会降低,不利于灭菌,所以随着海拔的升高,对水进行煮沸处理的时间应该随之增加。例如,在海拔 5000m 左右环境下,煮沸的时间应该超过 10 分钟。

2. 沉淀法

将水收集到盆或壶等存水容器中,放入少量的明矾并充分搅拌,沉淀约 1 小时后就会得到清澈的饮用水。牙膏对水里的悬浮物有较强的沉降作用,在水中挤少量牙膏,搅拌后沉淀也有同样的效果。需要特别说明的是,沉淀法并不能适用于所有水源,如果采集的水中含有较多细菌和变形虫等原生动物,使用沉淀法并不能完全净化水质,一定要和其他方法结合起来使用。例如,可以与煮沸法结合起来使用,煮沸消灭病原体,沉淀清除悬浮物,以此来达到净化水质的目的。

3. 过滤法

在水源比较混浊,有悬浮物、虫卵、蠕虫及昆虫幼虫等生物时,可以选择过滤法来净化水质。在野外,我们可以利用塑料矿泉水瓶或者质量较好的塑料袋做一个简易的过滤器,首先去掉矿泉水瓶的瓶底,然后用小刀将瓶盖扎出几个小孔,如果是塑料袋,同样将底部刺些小孔;然后自下向上依次填入 2~4cm 厚的无土质干净的细砂、木炭粉、细砂、木炭粉、细砂,根据需要可以填 5~7 层。值得注意的是,细纱和炭一定要交替放置,然后压紧压实,这样就成功地制作好了一个简易的过滤器。使用时,直接将不清洁的水倾注倒入自制的简易过滤器中,等过滤器下面有水溢出时,即可用盆或水壶将过滤后的干净水收集起来。如果过滤后的水还不能令你满意,可以重复进行,直到满意为止。

4. 药物法

如果采集的水不放心,又没有时间进行其他方法净化时,最简单省事的办法是药物消毒。例如,现在大部分药店都有"水药片"出售,专门用于对水的消毒处理,一片就可以对 2L 水进行消毒,加入水药片,充分搅拌摇匀之后,根据说明书静置几分钟即可饮用。另外,碘、碘酒、漂白粉、漂白剂也可以起到消毒的作用。在每一升水中加入药物碘 2 滴或者漂白剂 4 滴,充分摇匀,半小时就可饮用了。不过,这样消毒的水会有一点不太舒服的味道。以上的方法,往往可以交叉使用,效果更好。

第二节　植物类食物

无论环境多么恶劣,总是能够找到植物生长的痕迹,比如灌木、藤本、苔藓、有花类,而且大部分植物都是可以食用的,能为人体提供营养。所以为了更好地利用这些植物,我们必须要学会辨别这些植物是否可以食用,以及辨别哪些植物可以为人体提供营养,以便均衡饮食。

一、野生植物的分辨

世界上的植物种类繁多,很难辨识哪些是可食用植物,而哪些植物是不可食用的。有些植物营养丰富,而有些植物有毒性,食用后会致人死亡。一般情况下,我们可以通过一些规律来判断野生植物的可食用性。

一般情况下,白色或黄色浆果类植物均有毒性,有一半的红色浆果类植物可以食用,而蓝色或黑色浆果类植物几乎均可食用。有些植物的茎部只结有一颗果实,一般这类植物可以食用。

不可食用植物可概括为:①任何带有乳白色奶状液汁的植物;②野生的大豆、豌豆;③对皮肤有刺激作用的植物;④那些已经被昆虫咬过的植物。

植物可食性的一般鉴别方法:在英国特别空勤部队训练手册里,记录了士兵如何通过可食性标准试验判断植物的可食用性,它的主要原理是逐渐尝食植物,观测身体是否有不良反应,最终确定植物是否可以食用。这种试验的主要步骤如下,同样也可以适用于野外生存训练。

(1)做这个试验时一定要空腹,首先切下植物的一小部分,将其放于手腕上来回揉搓后静候15分钟,观察皮肤有何反应。如果感觉不适,起疹或者肿胀必须尽快扔掉,并且停止以下步骤。

(2)将植物的一小部分放于嘴唇外沿,等待几分钟之后,观察有何反应。

(3)放一小片植物于口中,用舌头舔尝后静候15分钟,如无不良反应则将其充分咀嚼,再等15分钟以观察有何反应。如果你没有任何不良反应,则继续进行下面的步骤。

(4)吞咽一小块植物,看是否有不良反应,如果你感觉难受,赶快把东西吐出来,然后大量饮水,如果你仍感觉良好,则可以继续进行最后一步。

(5)吃少量的植物,再静等数小时,如果仍然没有不良反应,才能确定这种植物可以食用。

野外生存时,可以通过这个"植物可食性标准试验"来确定植物的可食性,从而保证自身的安全。值得特别指出的是,植物可食性标准试验不适用于真菌类植物。

在确定植物可以食用之后,一般情况下还需要进行加热处理过后才能食用,在整个加工过程中还必须要密切观察,以防止有些植物经过加热出现化学变化,从而产生毒素。

二、常见可食用野生植物

1. 常见野菜

(1)苦菜。别名:苦苣菜、山苦荬、碎骨炸(江苏)、野生菜(广东)、苦介菜(湖北)。分布各地。生于山野和路边,易于采集。3～8月可采嫩茎叶洗净生食,味微苦。茎高0.6～1m,叶互生,叶边大多分裂,周围有小短刺,近根处叶身较窄,色绿,表面呈灰白色,断面有白浆,茎叶平滑柔软。夏季开黄色头状花。

(2)蒲公英。别名:婆婆丁、黄花地丁、黄花草。分布各地。生长于田野和路旁,易采集。3～5月可采嫩叶洗净后生食,味微苦。5～8月采花放入汤中烹食。全株伏地丛生,高10～20cm,体内有白色乳汁。叶缘为不规则的羽状分裂,色鲜绿。花茎数个,自叶丛基部生出,与叶等长或稍长过一点,上部密生白色丝状毛。头状花序顶生,全为黄色舌状花。

苦菜　　　　　　　　　　蒲公英

(3)蕺菜。别名:鱼腥草。分布各地。野生于水沟边、渠岸、池边及阴湿地。嫩幼苗可做蔬菜吃。叶含挥发油,幼苗经水煮后换水3次,加油盐调食。全草供药用,为利尿解毒药。毒蛇咬伤,可将鲜草捣烂外敷伤口周围,或煎汤熏洗患处,或单味煎服,治疗蝮蛇、竹叶青、烙铁头等毒蛇咬伤。多年生草本,茎上部直立,下部匍匐,节上生须根并有褐色鳞片。叶为心脏形,末端渐尖,边全缘或呈波状,上面为绿色,下面带紫色。穗状花序生在茎的顶端,总梗细长,上部有白色总苞4片,倒卵形。果成熟时顶端开裂,种子多,卵形。

(4)马齿苋。别名:马蛇子叶、蚂蚁叶(东北)、马子菜(江苏)、长寿菜(河北)、五行草(上海)、瓜子菜(广东)。分布各地。常生于田野荒地、路旁。全草可食,味平淡。通常在5～9月中旬采嫩茎叶,用开水烫软,将汁轻轻挤出,加入调料即食。全草供药用,能治痢疾、退热,并有消炎和利尿作用。捣烂外敷肿毒处效果很好,也可用于治疗毒蛇咬伤、痔疮。肉质草本,肥嫩多汁。茎多分枝,圆形,往往带红色,通常平铺在地面。叶互生,也有对生的。叶片肥厚肉质呈瓜子形。花小,黄色,5瓣,3～5朵丛生于叶腋。花后结盖果,内有黑色种子。

(5)荠菜。别名：地米菜(湖北)、菱角菜(广东)、护生草(甘肃)。分布各地,生于田野、路边、沟旁。嫩苗可食,味平淡。3～4月采其全草,洗净炒食、做汤,根可煮食。菜可晒干,吃时用水泡开炒食。药用可治腹泻、痢疾(单味水煎服),也可治目赤肿痛,高血压以及各种出血症。二年生草本,高15～40cm。叶有根生叶和茎上叶两种。根生叶丛生,有柄,叶片羽状深裂,有时浅裂或不裂,茎生叶无柄,基部抱茎,边缘有齿,嫩叶有香气。春天抽出花茎,排列成总状花序,花穗挺立,花小,白色。

蕺菜　　　　　　　　　　马齿苋

荠菜

2.常见可食用野果

(1)山葡萄。分布于我国东北各地,生长在山地的林缘地带。9月间果实成熟,采取果实生食,其嫩条可解渴。蔓性灌木,树皮常成片状剥离。叶互生,有很长的叶柄,叶片圆形,宽8～14cm。圆锥花序,花小而密。浆果球形,直径约8cm,成熟后变黑色。

(2)笃斯(地果)。分布于东北的长白山和大兴安岭一带。生于高山草原、水甸子或湿润的山坡中,常成片生长。7～8月间果实成熟,摘取生食。小灌木,高50～60cm。叶互生,倒卵形或椭圆形,长1～3cm,下面带白色。花1～3朵顶生,壶形,

山葡萄

笃斯

向下垂,绿白色。浆果呈球形或椭圆形,直径约1cm,蓝紫色,表面有白粉。

(3)胡颓子。别名:手春子(湖南)、甜棒槌(湖北)。分布于我国山东、辽宁、河南、江苏、福建、广东、湖南、湖北、四川等地。生长在山坡及空旷的地方。果实可治水痢。灌木,通常有刺,高2~4m,幼枝褐色。叶子是椭圆形或长圆形,末端稍尖,边缘波状,常卷皱。花是银白色,长约1cm,每年1~3朵生于叶腋,常向下垂。果皮开始为褐色,成熟后微发红,内包一椭圆形的硬核。

胡颓子

茅莓

(4)茅莓(悬钩子)。分布全国各地。生长在山坡灌木丛中或路旁向阳处。食用部分为果实及嫩叶。7~8月果实成熟,叶酸甜,可生食。茎叶煎水,可洗痔疮。叶捣烂,可敷恶疮。攀援状灌木。在枝和叶柄上全生有毛和钩状小刺。叶为羽状复叶,小叶多为3片,也有5片的,近圆形,顶端一片较侧生叶片大,边缘有不整齐的深齿缺,下面呈白色,密生短绒毛。花单生在叶腋,或由几朵聚成短圆锥花序,生在枝顶,总梗有稀疏的刺,花瓣粉红色,倒卵形。小核果球形,红色,核有深窝孔。

三、野生植物加工方法

(1)淀粉食物。植物的根部有大量可食用的淀粉。但生淀粉不易消化,含淀粉的植物都必须煮熟后吃。煮的第一遍水应倒掉,再用清水煮。

(2)海藻食物。各类海藻营养丰富,但一次吃得太多会腹泻。要拣留在岸上的,只选那些附在岩石上的或浮在海面上的。先用水洗净,放在岩石或木头上晒干,用石头砸平、捣碎,洒在食物上吃。

(3)蘑菇。长在地上或长在朽木、放倒的圆木或草原上,大部分都可食用。为了避免中毒,无把握时不吃可疑的蘑菇。不食用不新鲜或生长过熟的蘑菇。煮、烤、炸等均可。无盐时味道不好。具体方法是,柔软的可慢火炖10分钟;厚的、干硬的蘑菇帽和茎要炖40分钟或把它们炸脱。鲜帽可煮食,或在热石头、铁上焙2~5分钟翻一面即可。

(4)果实。如糖松、犁头树、胡桃树、榛子树、橡树、栗子树等,均长有坚果。但麻栎子是苦的,须煮食,以去掉鞣酸;或者先洗掉灰,压成小饼,然后再焙熟食用。食用松果时,可用布包住松果或在其中穿一根木棍,往岩石上敲,松子便可脱落。任何鸟能吃的果实人都可食用,可食用的果实多数可生食,多汁的果实最好煮食,大个儿、坚韧的或硬皮的果实最好是焙或烤。

(5)野菜。野蔬菜多数是指多汁的叶子、豆荚、种子、秸秆及非木质性根。食用时要选择那些比较嫩的,但必须煮熟后再食。多用几次水漂清,去掉植物的苦味和异味。

第三节 动物类食物

所有的动物都可能成为潜在的食物来源。有些动物,比如蠕虫和昆虫类,捕捉时几乎不需什么技巧。但多数动物必须通过布置陷阱或直接狩猎才能得到。这就需要掌握一些有关动物特征及生活习性、捕捉方法等方面的知识。

一、寻找猎物

动物的踪迹几乎分布于地球上每一个角落,但时常看见野生动物却并不那么容易。学会辨认动物留下的踪迹,并能从中分辨出是何种动物,将会有助于我们选择适当的策略进行狩猎或者布置陷阱。

多数哺乳类动物只在早晚时分外出活动。白天只会有大型猛兽烈禽外出奔走。大型草食性动物也需要整天觅食以填充各自的胃口。有些小型动物需要频繁进食,也会整天不间断地活动。但是大多数小型哺乳类动物,如兔子,主要在夜间觅食,除非天气变动时才会改变饮食习性。肉食性动物会在各自的猎物外出活动时捕获它们。了解动物活动的习性,察觉它们活动的踪迹,有助于我们捕获到更多的猎物。

1. 动物踪迹

多数动物活动都很有规律,在饮水、觅食和归巢之间有很规则的路线。留意这些踪迹信号。在湿地、雪地和松软沙石上动物足迹会更明显一些,在密林地区还会有其他更明显的信号。足迹大小基本与动物体型成正比。通过判断足迹的清晰度及其内含水渍的多少可以精确判断动物通过的时间。是否有水渗入或雨水充盈其中,是否已经污渍不清了,这些都是我们判断的依据。足迹越清晰,说明动物通过的时间越靠近。

清晨,可以留心观察和检查地面上动物留下的踪迹。如果露水或蜘蛛网被碰掉或破坏,动物离去时间离现在可能不会超过几小时。有些动物,比如兔子,活动半径不会很大,相应的足迹很可能说明它们就在附近。有些动物会从茂密的矮灌木丛中打开通道。通道大小表明了相关动物的体型大小。沿着足迹延伸的道路两侧嫩枝的破损程度也会提供有关动物的信息。检查破损树叶断面的新旧程度:被践踏的枝叶是否已经枯萎?破损枝条还支撑着,还有新鲜的绿色吗?在树木之间做好记号。动物采食信号和被遗弃植物也是有用的指示。动物粪便也能提供许多相关信息。

2. 啃食信号

树皮被剥落的方式、啃食后留下的坚果皮壳、部分吃剩下的浆果及嫩枝上的牙痕、肉食性动物吃剩的猎物尸体及猎物巢穴被毁坏的状况,等等,都会有助于我们判断生活在附近的动物种类和它们的生活习性。

许多啃食植物嫩茎的鹿类动物会留下相应的牙痕,茎干树皮会留下破损的边痕。兔类啃过的树皮边痕则是光滑的。在夏季,被鹿类啃过的树皮被撕拖成长条形,完全暴露出树木的木质部——冬季里树皮附着紧密,只会被啃咬出一块块疤痕,这时能见到大量清晰的牙痕。雄鹿常常会用鹿角磨蹭树干——在磨破的树皮与木质部之间留下长条状的疤痕。

绵羊和山羊也啃食树皮。它们留下的牙痕通常是斜歪的,而鹿类的牙痕则是垂直的。啮齿类动物啃咬的痕迹常位于树茎底部——剥光幼树的嫩皮通常也是野兔们的杰作。勤不知倦的河狸啃过的部位看起来好像用小手斧砍过似的,有着圆锥形顶部的深痕。

松鼠会爬上树茎的顶部剥啃幼嫩枝条的树皮,木屑及树皮碎片通常会散落到树干底下。如果你见到地面上散落的松木屑,很可能树上就有松鼠落窝的巢穴。

但如果同时又有坚果或松子之类散落树下,则表明这有可能是爱偷食坚果的鸟类干的。在地面上一堆空果壳附近,很可能有一个啮齿类动物居住的地洞。

如果仍然生长的树苗枝头似乎曾被水平修剪,或者树木底层枝干在一定高度被整齐剪去上段嫩枝叶,那么可以推测这是喜吃嫩枝的草食性动物(如鹿类)留下的印记。

3. 地洞与兽穴

许多动物通常在远离水面的高地上打洞做窝。有些种类的动物,比如兔类和松鼠,尽管有狡兔三窟之说,要捕捉它们其实也并非很困难。兔子应急的洞穴很容易被挖开,或者用一段刺蕾枝或带倒钩的丝线就可拖塌离地表很近的地洞,把兔子钩出来。

肉食性动物通常藏身洞穴之中,这在多林地带很普遍。洞穴周围的排泄物或兽迹会暴露出它们的行踪,同时也表明洞穴已被占用。只有少数动物,比如獾会有规律地在远离洞穴之地排便。

4. 排泄物

粪便也是确认动物类别的最好参考物之一。动物体型大小也可从中略见一二,粪便干燥程度是判断它们何时从此地经过的指标之一。随着时间的延长,粪便会变得坚硬,特征性气味也逐渐散失——新鲜粪便会含有一定比例的水分。飞动的苍蝇可以使你注意到附近的动物粪便。

哺乳类:许多哺乳类动物粪便有强烈的遗臭,这是由开口于肛门内侧附近的腺体分泌产生的,它们有标记领地、发送性信号等重要功能。

鸟类:分为肉食类和植食类,通过辨别鸟粪可以区分它们。食谷物的植食类鸟粪便体积较小,多数情况下新鲜鸟粪为液态。肉食类大型猛禽排出丸状粪便,粪里可能还会有未完全消化的肉类残渣,如鱼、鸟、鼠或啮齿类小动物等。松散的鸟粪表明在一定的地域内可能就有水源,因为小鸟不会飞离水源太远。但是肉食性鸟类却不会依水源远近限制它们的生活区域。地面上富集的鸟粪通常表明周围会有鸟类的巢穴。

二、陷阱设置

由于多数野生动物动作敏捷或者有很强的攻击性,所以在寻找到了野生动物的踪迹之后,需要动手设置陷阱来捕获它们。在野外陷阱的设置多种多样,有分别针对不同动物设计的不同陷阱。下面将主要介绍几种实用方便的陷阱设置方法。

(一)陷阱设置注意事项

(1)陷阱不要太靠近猎物的巢穴,在这里它们常常静伏聆听、嗅探气息,稍微有点风吹草动就会引起它们的疑虑,从而静卧不动,或改变路线。也不要把陷阱设置在动物饮水的地方,在这里它们也很警觉,稍有异常就会引起注意。

(2)如果将陷阱设置在动物固定觅食场所,也许会使它们避开并改变活动路线。不过在惊慌失措时,动物们往往会慌不择路,本能地选择最短的路线逃跑,这就是那些很明显很粗劣的陷阱也时常奏效的原因。特别是受到惊吓的兔子,最容易落入陷阱中。

(3)设置简单的陷阱只需要绳子或金属线即可。金属线可以很容易使绳索张开。救生用的马口铁罐上的金属线就十分不错。更复杂的装备也只不过需要一把利刃——用来加工木料。选择材料十分重要,要选择弹性强而且坚韧耐用的木材,不要选择枯死的树木。榛木很易弯曲,弹性强且很有力量,是理想的首选材料。

(二)陷阱的种类

1. 诱饵弹性腿套阱

用天然叉枝或两根树枝绑成叉状人字形,竖立在地面上,从被弯曲的弹性树头引下的线拴在短棍上端,绳套末端附着在短棍中央,短棍另一端与一端系有诱饵的树枝相接触,利用人字形叉枝与它们之间的摩擦力使整个装置处于平衡状态。绳套躺放于诱饵正下方的地面上。这类腿套阱适用于较大型猎物,比如鹿、熊和虎等。对于草食性动物鹿来说,动物血或臭腺可以唤起好奇心。

短棍上端压在叉枝上,下端压在绑有诱饵的树枝上,利用拉力与压力的平衡,整个系统得以稳定。

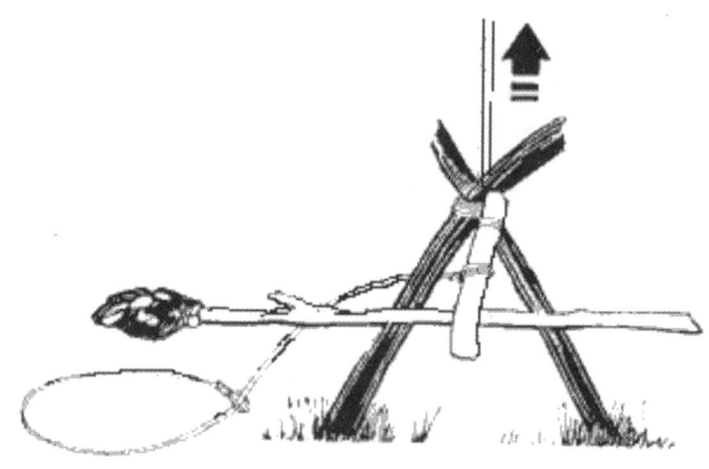

诱饵弹性腿套阱

2. 平台陷阱

适用于捕捉较大型动物，如鹿、熊或老虎等。它们体重相对较大，地面上会留有凹陷的足迹。平台陷阱两边各设置一个绳套。当动物踏上平台向下陷时，扳机臂从平衡臂上脱设，拉动绳套，动物前腿会被牢牢套住，进而被吊离地面。(a)图机理与之类似，但使用更大的绳套，没利用平台，而是通过动物踩脱平衡臂来直接带动扳机，绳套紧紧扣住小型动物的颈部。

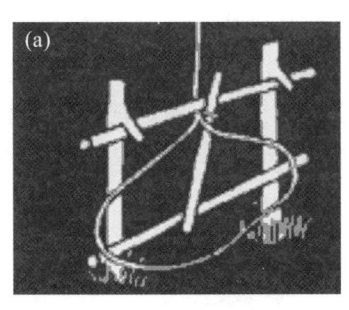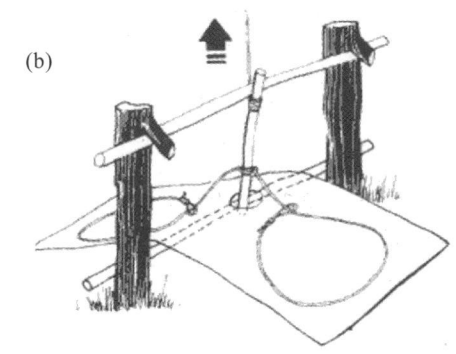

平台陷阱

3. "4"字型鸟阱

可用枝条系成金字塔形鸟笼，用斜棒支撑在诱饵的上方。捕捉小鸟时，也可以用更短的时间制备简易却也实用的鸟笼：先将所有的棍棒按设计的要求架好，然后取两根与底部等长的棍条放在顶部，用绳子将它们与底部棍条一起捆扎好，使得中间排列的棍条都能处于相应的位置。大型鸟类会轻易毁坏这类鸟笼，对付它们必须把每根相邻棍条都紧紧扎牢。

"4"字型鸟阱

可以尝试用多种不同的方法制备鸟笼。如选用一只大小适当的盒或罐子,用一根连结有绊线的长棍撑起鸟笼的一边,先握住绊线的另一端,在一段距离之外隐蔽起来。当鸟儿进入鸟笼下方时,就可以迅速牵动绊绳,拉倒长棍,鸟笼会迅速落下。在鸟笼四周及其下方撒少量诱饵。这类鸟笼在鸟群很多的地方效果最好。

4. 绳套

绳套是最简单的一种,任何救生宝盒里都应备有布置圈套用的金属线。应选择不锈钢材料的金属线,一端有眼,以便另一端从中穿过。可以紧紧拴在树桩、岩石或树上。绳套是个活结,可以套住小动物的喉咙或大动物的腿。绳子、线、金属缆线都可以用来临时制作绳套。布置陷阱时要考虑到猎物的类别。例如兔类喜欢在较高草地上四处观察,对周围环境感到满意时会跳跃向前奔跑。把绳套放在障碍物前方一定位置上,正好与它们一次跳跃的距离相吻合。如果绳套过分靠近障碍物,兔子会将之冲离。

绳套

金属线绳套可以直接用两根细树丫支撑,使活动绳套保持张开状态。

简单绳套的使用可以捕捉兔类及其他小动物。可以根据自己的判断,放大至适当的比例,以对付较大型动物,如狐狸和獾等。

在设置绳套陷阱时应该注意以下几点:①绳圈宽度应有一拳;②高度离地面约四指宽;③距离动物奔跑路线上的障碍物一掌;④检查是否拴牢在树桩上,如果需要,可用树丫支撑住绳套。

(三)注意事项

不要招惹猛然间面对的猛兽。在森林地区,熊类会经常出没在庄稼地搜寻食物,有时会打翻垃圾罐,也可能直接拜会你的营地,以便寻找更容易获取的食物。用噪声驱赶它们,千万不要试图捕捉,也别靠近它们。熊是极具攻击性的动物,尤其是受伤的熊更加危险,所有受伤的野兽或困兽都是相当危险的。一般来说,多数动物遇见人时,第一反应就是逃走。如果你堵住了它们的退路,它们就迫不得已应战了。

鳄鱼极其凶猛,要与它们保持一定的安全距离,在水域附近活动时要当心是否有鳄鱼在水下尾随。在野外活动中,一定要在保证自身安全的前提下进行觅食,所以当碰上诸如大型肉食动物,以及有毒的爬行动物时应该尽量远离,大部分动物并不会主动攻击人类。因此,在面临危险时一定要保持镇定,尽快远离它们。

三、食材储存

当我们捕获到猎物之后,如果不能及时食用,应该如何处理呢?在户外,我们通常的做法有以下两种。

1. 熏晒法

熏制食品可以使食品保存时间延长,且味道适口,如熏肉、鸡、鱼等。晒制或风干也可以长时间保存食物。在野外活动钓到鱼就可以将鱼处理干净,然后熏制晒干。方法如下:把鱼头脊骨连头部切开(鱼腹部不要切断)成一片,去掉内脏洗净,在鱼的两面涂上盐,用竹片或木棍在鱼头部的两侧撑开,挂起或平摊在阳光下晒,几日后即晒制成鱼干,可供长时间食用。

2. 风干法

把肉、禽类风干也是一种食品保存方法,藏族喜欢吃的食品风干羊肉、风干牛肉就属于此类食品。人们通常在每年的秋季将牛羊宰杀完之后,挂在背阴处,靠干燥的风吹,将肉中的水分去掉,风干后食用。一般这类风干方法在内地空气中水分含量大的地区不宜采用;而在青藏高原和大西北,空气干燥,较为适用。同样,在野外如果条件允许也可以采用此种方法保存肉类,同时我们可以利用晚上的篝火对肉类进行烟熏,两种方法结合使用,能够更快地达到我们想要的效果。

第九章

野外常见危险因素分析及自救

野外危险因素包括：人为因素、自然因素和混合因素 3 种类型。其中人为因素包括计划不周密或不符合实际等；自然因素包括危险地形（泥石流、陡坡、山谷、山脊、断崖）和天气（雷电、失温、中暑）等；混合因素包括缺乏野外基本知识与技能等。

第一节　人为因素

每项活动都由很多细节组成，都是有规律可寻的。这些细节也就是活动中的要素，比如线路勘察、线路资料整理、可行性分析、制订线路计划、队员要求、装备物资要求、后勤保障措施、队员选拔、往返交通选择、团队岗位配置、团队精神建设、行进速度的掌控、休息时间的掌控、营地选择、扎营拔营要求、特殊地段安全措施等要素。若违背了事物的客观规律，就会增加事故发生的几率。

若在组队之前不重视这些细节，不把细节当回事，缺乏认真的态度，对每个细节敷衍了事，这种人是不负责的，偶尔会成功，但那是侥幸成功。他们只能永远做别人分配给他们做的事，甚至即便这样也不能把事情做好。而考虑到细节、注重细节的人，不仅认真对待要做的事，而且在具体操作过程中认真总结摸索，注意在各个细节中找到更多经验，从而使自己有了更多的成功机会。

细节工作做得不到位，会给活动埋下事故隐患，当诸多隐患累积到一定程度而超出它的临界点，事故就这样发生了。

一、户外安全基本原则

（1）运用结伴同行原则，任何人不得单独行动。
（2）未经领队同意，任何人都不应该擅自脱离队伍。
（3）领队应该始终处在队列的第一个，指定责任心强的人或副领队处在最后的位置，并且明确其任务就是保证队伍所有成员都在自己的前面。
（4）队伍行进速度应该以最慢的人为准，以保持队伍始终在一起而不分散。
（5）不做计划外活动。
（6）队伍需经常停下来喝水、休息，在炎热和潮湿的天气下尤其应该如此，再次出发时要确认每个人都在队伍中,没人掉队。

(7)每个人应该携带口哨,以便在需要帮助或遇到麻烦时发出信号。切记口哨只有在紧急情况时才可以使用。

(8)每个人都应该仔细倾听,特别是在领队察看地形或遇到安全问题的时候,要保证队伍的每个人都知道可能会发生什么,什么能做,什么不能做。

(9)领队应该懂得识别活动区域的有毒植物或蛇虫。

(10)任何人遇到周围有可疑的声音、可疑的动静或可疑的人时,都应该及时告诉领队。

二、迷路

迷路分为整体队伍迷路、单体迷路和天黑迷路。

1. 整体迷路

整体队伍迷路多发生在领队或向导对线路的熟悉程度不够,一条路况复杂的线路,会因季节和天气的不同而略有变化。若不熟悉线路,而且又没有很好的识路技能,就很容易发生迷路。为了避免这种情况,就要在组队前就对线路做深入了解,尽量了解线路中的各种资料数据,做到心中有数才上路。

2. 单体迷路

单体迷路造成的原因很多,比如没有设置收队,又不掌控好队伍的整体性和行进速度,使部分速度慢和体力不好的人拖在后面而没人照顾。在复杂的路段,后队队员若不熟悉线路,前队在明显的叉路点又没有明显的标记,就很容易造成迷路。

3. 天黑迷路

造成天黑走夜路的原因:选拔队员时接纳了身体素质不好的队员,造成整体速度缓慢,延误时间而被迫走夜路;队员发病造成速度缓慢而被迫走夜路;不注意掌控速度使个别队员体力提前透支而造成速度缓慢延误时间而走夜路;因天气因素造成速度缓慢而走夜路,等等。

在制订线路时没能够正确评估线路难度和距离,队员选拔不严格,又错误地安排行走时间,不能在有效的时间内完成线路,只能靠走夜路来完成。天黑的情况若对线路不熟悉或者线路复杂,极易造成迷路。

野外迷失方向时的求救方法有以下 3 种。

(1)燃烧烟火。夜间的灯火非常耀眼,在 1000m 内,可以看见香烟头火光,1500m 内可以看见手电筒的光亮,在 8000m 以上高空飞行的飞机,可以看见地面上的一盏普通照明灯。因此,夜间迷路时,可在高处燃火堆,既可御寒驱兽,又易被人发现。特殊情况下,也可利用手电筒、照相机作为信号。白天可燃烟,在火上放青草或树叶,就会发出白烟。注意:采取生火和生烟求救是有特殊的规定的,即应在开阔地,最好向着居民区生三堆火堆或三堆白烟,这三堆火堆或者白烟要呈三角形摆放。

(2)声音传导。试验表明,在1000m内可以听到汽车开动声和马蹄声,在1500m内可以听到人的呼喊声。但人在野外长时间呼喊,容易消耗体力,最好的方法是利用哨子。团队活动时应带上哨子,并规定不同的哨音代表不同的含义,如一声长音代表"一切平安",三声短音代表有人受伤,三长三短三长代表SOS求救信息。使用时要不断地循环每一组SOS,时间间隔1分钟等。在森林中可用斧头、棍棒击打撑树,或用刀背敲打坚硬的石头,都能发出传播较远的声音。

(3)制作标记。在易于被空中、地面发现的开阔地段,如草地、雪地、海滩上,可以因地制宜制作地面标记——SOS字母,在草原上可用刀割或手拔的方法,在雪地上可用脚踩的方法,在沙滩上可用棍杖挖刻的方法,也可用石块、树枝摆放相应的标记。制作SOS字母时,字的直径至少要达到5~10m。

为便于被人发现,应脱去与周围颜色相近的衣服,露出白色或其他色彩鲜艳的衣服。注意发出信号后,不要匆忙离开原地;否则,难以被搜索队发现或错过被救的机会。

如何避免迷路:①提前了解和搜集所到地区的地理信息;②遵守结伴同行原则;③沿路径和成熟路线行走;④不确定的区域做好路标和标记。

三、发病

在野外活动中发病的原因有以下几种。

(1)旅途劳累、体力透支、极端气候都可诱发疾病。

(2)行进中不懂得掌控速度和休息时间,会使个别队员体力透支,体力透支直接导致很多急症复发。

(3)极端气候条件下可诱发各种急症,如中暑、热衰竭、失温、高原反应等。

如何预防发病:为了有效避免发病,应做到尽量严格挑选队员,掌控队伍行军速度和休息时间,掌握天气和地形特点,有特殊疾病的队员必须携带自己的专用药品,每次出行都要携带急救箱。领队要具备一定的急救基础知识。

四、损伤

在野外活动中损伤发生的原因有以下几种。

(1)队伍组织不利、极端气候、特殊地形、个人因素等都可造成身体损伤。

(2)组织者不能很好地控制队伍行军速度和休息,使部分队员体力过早消耗,若得不到及时恢复,会出现体力透支,时间久了会造成累积,致使身体某些部位造成永久性运动损伤。

(3)在体力透支或体力削减的情况下,身体的控制能力减弱,给损伤埋下了隐患。

(4)在极端气候情况下没有有效的保护措施,也给损伤埋下隐患。制订线路时可根据气候情况做好充足准备。

(5)特殊地形若不做好保护则容易发生损伤。制订线路时可根据地形特点准备相应保护装备。

(6)队员在行走中造成的各种伤害,带有不可预知性,主要与个人素质和技能有关。

如何预防损伤:制订详细的切合实际的计划方案和备案,并且要让所有的参与人员都熟悉计划要求,严格按照计划来执行,出发之前组织队员进行相关的培训。

五、滑坠或坠落

在野外滑坠或坠落发生的原因有以下几种。

(1)陡峭地形。由于山体运动形成的陡峭路面。一般在岩石上约 30°~40°,松散堆积层上只需 20°就比较难走。

(2)地面湿滑。下雨下雪之后,光滑的石头、浓密的草地都会变成湿滑路面;在丛林背阴面、河流湖泊等水域的周围区域由于空气湿度大,易使地面湿滑。

(3)人员因素。如过度疲劳而造成注意力不集中,行走不稳,走路不小心,队伍间距太小等。曾有下坡时队员之间间距过小,一队员转身时碰到旁边的队友,结果造成队友滚落坡下而亡的案例。

如何预防滑坠或坠落:①了解路线情况,做好必要的装备和心理准备,必要的地段可以使用固定绳索来通过陡坡;②穿着高性能的鞋子;③在有滑坠风险的地段小心行进,看好脚下的路面。横切或斜切陡坡时始终把下方的脚作为支撑;④队员之间保持合适的间距,以不相互影响为宜(2m 左右);⑤碎石区行进时,需随时注意脚下和周围的情况,队员之间拉开足够间距,不要处在前面队员的正上方;⑥攀登中严格按操作规范进行。

第二节　自然因素

俗话说:"人算不如天算",一套近乎完美的行程计划,并且配备最专业的教练和最精良的保护装备,可能会给很多人带来安全感,甚至认为参加本次活动不会有任何危险。其实对于户外风险,我们一定要防患于未然,要步步小心。

一、山洪

引发原因:持续降水引发雨水集涌而下,数分钟内可演变为大山洪。

预兆:清澈的水变得混浊。

预防手段:

(1)除非是有准备的溯溪活动,否则不要沿溪涧河道远足。

(2)夏天、雨季或暴雨后切勿涉足溪涧。

(3)下雨的时候不要逗留在河道休息,尤其在下游。

(4)开始下雨时应迅速离开河道,往两岸高地走。

(5)切勿尝试越过已被河水盖过的桥梁,应迅速离开河道。

(6)注意尽量不要试图徒步涉过已达膝盖的溪流。

二、暴雨

1. 行进中遭遇暴雨

(1)领队应根据行进的路段和雨势的大小以及队员的身体状况迅速决定,继续行进或避雨。

(2)继续行进时,因暴雨影响能见度,应更加注意辨别方向。

(3)雨湿路滑,必要时使用安全绳,确保行进安全。

(4)避雨时,应注意保暖,防雷击,防山洪。

2. 在宿营时遭遇暴雨

(1)根据周围地形和雨势大小决定是否要做出营地转移决定,将帐篷转移到安全地点。

(2)对帐篷进行加固,挖好排水沟。

(3)将帐篷内多余物品整理好,收入背包中,准备随时撤离。

(4)必须轮换外出值班,一旦发现山洪暴发、泥石流等危险存在,马上撤离帐篷。

三、雷暴

雷暴最初通常是由小块积云发展开始的,然后迅速发展,经过浓积云发展时期并进入成熟的积雨云阶段,它是一种猛烈的、恶劣而急剧变化的天气。

如何处理:

(1)当积云开始堆积并且变黑时,就有可能发生雷暴。

(2)雷暴通常持续很短,要保持镇静,不要害怕,留在可躲避的地方。

四、泥石流

1. 形成条件

(1)水体。包括:暴雨、水库溃决和冰雪融化。

(2)固体碎屑物。包括:水土流失、古老泥石流的堆积物和岩石软弱、风化强烈的山区。

(3)一定斜坡的地形和沟谷。

2. 怎样正确判断泥石流的发生

(1)当发现河(沟)床中正常流水突然断流或洪水突然增大并夹有较多的柴草、树木。

(2)深谷内传来的类似火车轰鸣声或闷雷式的声音,哪怕极微弱也应认定泥石流正在形成,此时须迅速离开危险地段。

(3)沟谷深处变得昏暗并伴有轰鸣声或轻微的振动感,则说明沟谷上游已发生泥石流。

3. 避防方法

(1)每年7~8月是泥石流易发时段。

(2)不要在雨天或在连续阴雨的几天,甚至当天仍有雨的情况下进入山区沟谷。

(3)营地切忌建在沟床岸边、较低的阶地、河道拐弯的凹岸或者凸岸的地方。

(4)泥石流常滞后大雨发生。

(5)不可存在侥幸心理。

(6)采取正确的逃避方式。

4. 正确的逃避方法

(1)不能沿沟向下或向上跑,而应向两侧山坡上跑,离开沟道、河谷地带,但注意不要在土质松软、土体不稳定的斜坡停留,以免斜坡失稳下滑,应在基底稳固又较为平缓的地方。

(2)不应上树躲避,因泥石流不同于一般洪水,其流动中可沿途扫除一切障碍。

(3)应避开河(沟)道弯曲的凹岸或地方狭小、高度又低的凸岸,因泥石流有很强的掏刷能力及直进性,这些地方很危险。

五、崩塌

崩塌广泛出现于山坡、河湖岸、海岸上。一定要远离容易发生崩塌的地方。

1. 崩塌形成的条件

(1)崩塌一般发生在50m以上的急陡山坡或河、湖、海岸上,坡度一般在30°~

60°以上。

(2)岩石裂隙发达,结构破碎。

(3)崩塌主要发生在暴雨、冰雪融化季节。

(4)岩层层面及裂隙面与山坡倾向一致时,则更容易发生崩塌。

2. 防范

(1)暴雨时或连日暴雨后,避免走近或停留在峻峭山坡附近。

(2)斜坡底部或疏水孔有大量泥水透出时,显示斜坡内的水分已饱和,斜坡的中段或顶部有裂纹或有新形成的梯级状,露出新鲜的泥土,都是山泥倾泻崩塌的先兆,应尽快远离这些斜坡。

(3)如遇山泥倾泻崩塌阻路,切勿尝试踏上浮泥前进,应立刻后退,另寻安全小径继续行程或中止行程。

3. 如何处理

(1)队友被山泥崩塌掩没,切勿随便尝试自行拯救,避免更多人员伤亡。

(2)立刻通知有关部门准备适当工具进行救援。

六、雷击

闪电的危险性在于击穿物体和人体,引起火灾,以及所产生的雷声震破人的耳膜。

1. 雷电来时的征兆

(1)塔状积雨云。

(2)头发竖起或皮肤发生颤动。

2. 如何躲避

(1)汽车往往是极好的避雷设施,可以躲在汽车里。

(2)最好的防护场所就是洞穴。

(3)在空旷的山谷或草原上找一块低洼地。

(4)如果在露天下,应蹲在离开孤立的大树高度的两倍距离远处。

(5)当你感觉到头发竖起,或皮肤颤动了,那很可能就是受到了电击,要立即躲避。

(6)不要站在树下,尤其是空旷地区或山顶上。

(7)不要靠近避雷设备的任何部分。

(8)不要携带金属物体在露天行走,不得打手机。

(9)不要躺下来,尽可能让自己和地面隔绝开来,坐在背包或防潮垫上。

3.如何急救

(1)理论和实践证明,被雷电击中者,只要救助及时,仍有生还的可能,关键在于及时。

(2)伤者就地平卧,松解衣扣、内衣、腰带等。

(3)立即口对口呼吸和胸外心脏挤压,坚持至病人苏醒为止。

(4)手指或针刺人中(鼻唇沟)、十宣(十个指尖)、涌泉(脚板心)、命门等穴。

(5)等有呼吸和心跳后,送医院急救。

七、中暑

引发原因:高温、衣着不当、缺水、疲劳过度、时间过长、睡眠不好。

类型:先兆中暑、轻度中暑、重度中暑。

1.防范

(1)合理安排户外活动时间,上午早出早归,下午晚出晚归,避开最热的中午时间出行,躲避烈日,夏季我们的身体很难经受住4个小时以上太阳的暴晒。

(2)戴遮阳帽,戴太阳镜,涂抹防晒霜。

(3)准备充足的水和饮料,少量多次饮用茶水、淡盐水及含盐分的食物。

2.中暑症状

先兆中暑症状:①头痛、头晕、口渴、多汗、四肢无力发酸;②注意力不集中、动作不协调等症状;③体温正常或略有升高。

如果及时转移到阴凉通风处,补充水和盐分,短时间内即可恢复。

轻症中暑症状:①体温往往在38℃以上;②除头晕、口渴外往往有面色潮红、大量出汗、皮肤灼热等表现,或出现四肢湿冷、面色苍白、血压下降、脉搏增快等表现;③如果及时处理,往往可于数小时内恢复。

重度中暑症状:①热痉挛症:大量出汗及口渴引发的肌肉痉挛;②日射症:直接在烈日暴晒下,引起脑细胞受损;③热衰竭症:常发生于年纪较大及一时未能适应炎热气候、脱水过多、缺少盐分的人;④热射症:高温环境中从事体力劳动的人。

3.如何处理

(1)先兆中暑和轻症中暑的处理方法:①解开衣领,撤离高温环境,选择阴凉通风的地方休息;②多饮用一些含盐分的清凉饮料;③在额部、太阳穴涂抹清凉油、风油精等,或服用人丹、十滴水、藿香正气水等中药;④如果出现血压降低、虚脱时应立即平卧,及时上医院静脉滴注盐水。

(2)重度中暑的处理方法:①移到阴凉处,让其平卧(或抬高下肢);②热痉挛时,牵伸痉挛肌肉使之缓解,并服用含盐清凉饮料;③日射症时,头部用冰袋或冷水湿敷;④衰竭时,服用含糖、盐饮料,用白酒或酒精摩擦皮肤,使皮肤血管扩张,加快热量的散发;⑤热射症时,应迅速降温,如用冷水或冰水擦身(擦至皮肤发红),或在额、颈、腋下和腹股沟等处放置冰袋,也可用50%酒精擦浴;⑥迅速送至医院。

八、失温

失温是指中心体温低于正常体温。

失温原因:衣物寒湿、体表风冷、饥饿、疲劳、年老体弱、体力衰竭、衣着不当、脱水、伤病、精神状况、缺乏锻炼。

失温的征兆:感觉寒冷、四肢冰冷、脸色苍白、持续发抖、记忆减退、失去意识、反应迟顿、脉搏减缓、言语含糊不清、肌肉不受意志控制、性情改变或失去理性等。

1. 如何处理

(1)保持体力、停止活动或紧急扎营。

(2)不断进食高热量食物。

(3)脱离寒冷环境,衣着保暖或换干衣服,进食温热糖水。

(4)保持清醒,予以易消化的热食、怀炉、拥抱、热敷1小时、40℃温水浸泡、挖雪洞。

(5)人工呼吸,42℃以下的温水以肛门大肠灌洗方式做直接中心体温重温。

2. 失温死亡的判定

(1)严重者可能心跳极慢,呼吸细微,即使呼吸及心跳停止,也不可认定患者已死亡,应立即施以急救处理。

(2)没有经过重温及急救无效者,不能判定死亡。

九、动物攻击

引发原因:人类在野外行进过程中避让不及,遭到蛰伤、咬伤。

1. 防范

(1)发现蜜蜂、蝎子、毒蛇等动物,应采取主动避让手段,防止受伤。

(2)行进过程中可用树枝、登山杖不断打击地面、草丛、树干,并不时大声说话,让其闻声回避。

(3)在户外行进时,尽量穿长袖长裤,裤管要盖住鞋口,扎紧防止动物爬入。

(4)野外活动尽量避开蜂巢、蜂群,以防蛰伤。

2. 处理

(1)若被蚊虫叮咬,应立即用凉水冰敷后,用消毒液进行消毒,情况严重者应及时停止活动,寻找最近的医院进行救治。

(2)蜂类蛰伤,尽快清理残留在蛰伤处的蛰刺,在伤口处涂风油精、苏打水、肥皂水、唾液来中和毒性。

(3)若被蝎子蛰伤,应在伤肢上端 2～3cm 处用布带扎紧,每 15 分钟松 1～2 分钟。并加以冰敷,还可以切开伤口皮肤,用抽吸器或拔火罐等方式抽出毒液,如若出现全身中毒症状应立即找医生救治。

(4)毒蛇咬伤应及时处理,通常容易被蛇咬的部位是脚的下部或者是手,被蛇咬伤后一定要保持冷静,首先应该判断清楚到底是有毒蛇,还是无毒蛇咬伤。无毒蛇咬伤一般在 15 分钟之内不会有异常反应,可以按照一般的外伤来处理。如果被毒蛇咬伤,要保持冷静,尽量少动,尽可能地放低伤口部位,保持受伤部位的相对固定,以减慢蛇毒的吸收。在送往医院的过程中要做如下处理:在咬伤后的 1～3 分钟之内包扎伤口,要立即包扎伤口上方,阻止静脉血回流,减少毒液的扩散。包扎以后要用肥皂水反复清洗,冲洗后进行排毒,用小刀按牙痕十字切开皮肤,用抽吸器或拔火罐的方式抽取毒液,吸完后要用纱布覆盖包扎,在包扎和排毒处理后,伤者需要及时送往医院救治。

总结:一个完美的活动,是有着科学规律的,只要按照科学的方式去安排活动的每个细节,不违背客观规律,可最大程度地规避风险。

第三节　混合因素

混合因素包括缺乏野外基本知识与技能等。回归大自然、返璞归真是现代人都想追求的一种生活方式,而户外运动正好可以满足他们的这种需求。但是户外运动是一种刺激与风险并存的体育运动项目群,所以一定要在安全、科学、环保的前提下,去参与和体验户外运动带来的乐趣。我们一定要不断注重自身野外基本知识与技能的积累和提升,这样才能最大限度地保证自身的安全,并且要注重细节。既然是细节,包含的方方面面特别的多,不可能用简短的语言全部概括,每个细节都是环环相扣的,细节就像一个链条,而结果就是一个重物,链条上若出现了薄弱环节,很容易造成链条中断,有时候是无法弥补的中断。

第四节　根据云层观测天气

在野外活动中,由于场地的限制等原因,无法携带专业的预测气象的工具。在很多时候,不好的或者恶劣的气象往往会给参与野外活动的人的生命安全带来很大的威胁。因此,在野外活动中掌握凭借肉眼观测天气变化的能力,在多数情况下能够避免自己陷入危险的境地。

俗语说:"云是天气的招牌。"云的形状、高低、移向直接反映了当时天气运动的状态,预示着未来天气的变化。本节将主要介绍几种云层和天气变化的关系。

1. 积云

积云分为淡积云、浓积云、碎积云三类,是一种垂直向上发展的云块。积云为轮廓分明,顶部凸起,云底平坦,云块之间多不相连的直展云。它是由低层空气对流作用使水汽凝结或在冬季凝华而形成的云。积云云底基本为水平状,顶部为圆弧状,有孤立的,也有重叠圆拱状的或直线排列的,外形类似棉花堆。

淡积云

浓积云

碎积云

积云云底高度在湿度大的地区一般为600～1200m,在干燥的地区为3000m,积云底部清晨接近地面,在午后就会上升。积云一般在上午出现,午后最多,傍晚渐渐消散。除非积云变成积雨云,否则不会出现阵雨。

2. 积雨云

当形成浓积云之后,若空气对流运动继续增强,云顶垂直向上发展更加旺盛,达到冻结高度以上,原来浓积云的花椰菜状的云顶开始冰晶化,它的明显而清晰的边缘轮廓开始在某些地方变得模糊,此时就进入积雨云阶段。

积雨云几乎总是形成降水,包括雷电、阵性降水、阵性大风及冰雹等天气现象,有时也伴有龙卷风,在特殊地区甚至产生强烈的外旋气流——下击暴流。这是一种可以使飞机坠毁的气流。

夏季到来之前,我们在天上一般见到积云,积云如果迅速地向上凸起,就会形成高大的云山,这时云底慢慢变黑,云峰渐渐模糊。不一会,整座云山就会崩塌,天空也特别暗,马上就会哗啦哗啦下起暴雨,雷声隆隆,电光闪闪,有时还会带来冰雹或龙卷风。

积雨云臃肿庞大,云底高度一般约为400～1000m,在潮湿地区出现的高度通常比在干燥地区低近一半;冬季寒冷地区约4500m,夏季温暖地区约18 000m;积雨云云顶很高,可达对流层顶(8000～12 000m)。在全球除了南极以外的地区均可产生。大多出现在温暖潮湿的地面、山区以及在热带海洋上空。

积雨云变化过程

3. 层积云

层积云通常会在午后消失,留下一片明亮晴朗的蓝天。云底离地面高度常在2000m以下,属低云族。它包括:透光层积云、蔽光层积云、积云性层积云、荚状层积云和堡状层积云。薄的层积云一般表示天气较稳定,不过层积云逐渐加厚,甚至融合成层时则表示天气将有变化。低而厚的层积云往往产生降水,但不太可能形成大型降水,因为层积云的云层薄,向上运动很弱,可能出现的降水为毛毛雨和零星小雨。它的存在影响日气温变化,即白天降低日照,夜晚又阻碍冷空气的扩散,

透光层积云

蔽光层积云

积云性层积云

荚状层积云

堡状层积云

所以形成凉爽、潮湿的天气。

4. 层云

层云是云层最低,犹如浓雾笼罩在空中,刚开始出现时经常会被误认为是高山浓雾。它们并非很自然的雨水云,但也可以形成蒙蒙细雨。如果在夜间它越来越厚,覆盖在清晨空中,通常这会是晴朗的一天。高度不超过2000m。

注意:云层越高,天气越好。在黑压压的云层下飘浮着小块乌云,通常会有阵雨。悬在高地上的云层意味着会有雨,除非它在午时之前移开。

层云

5. 雨层云

雨层云属于低云,云底离地面高度常在2000m以下,多出现在暖锋云系中,由整层雨层云潮湿空气系统滑升冷却而成,常常伴随持续性降雨。云层厚而均匀,呈暗灰色,布满全天,完全遮蔽日月,云底很乱,漫无定形。云层下部多由小水滴构成,中部由小水滴和冰晶构成,上部则是冰晶区,多数为冰水混合的混合云,云顶常达6000m以上。雨层云笼罩在空中,意味着4小时之内会有降雨,通常会持续几个小时。

6. 高层云

高层云带有条纹或纤缕结构的云幕,有时较均匀,颜色灰白或灰色,有时微带蓝色。云层较薄部分,可以看到昏暗不清的日月轮廓,看去好像隔了一层毛玻璃。厚的高层云,则底部比较阴暗,看不到日月。由于云层厚度不一,各部分明暗程度也就不同,但是云底没有显著的起伏。

高层云大约在2500～4500m的高度上,夏季,在中国南方有时可高达6000m左右。高层云多在中纬度地区出现,它的出现表明该地区有上升空气。在天气较冷的月份里,高层云的出现预示着移动的气旋会到达,形成长期固定的降雨或降雪。夏季,高层云与风暴或热带气旋有关。

雨层云　　　　　　　　　　　　　高层云

7. 高积云

高积云的云块较小，轮廓分明，在厚薄、形状上有很大差异，薄的云块呈白色，能见日月轮廓，厚的云块呈暗灰色，日月轮廓分辨不清。常呈椭圆形、瓦块状、鱼鳞片或水波状的密集云条。在约 2500～4500m 的高空（夏季，在中国南方，有时可高达 8000m 左右），属中云族。

高积云是在高空逆温层下面，冷空气处于饱和条件下而形成的。云体不厚，比较稳定，很少变化，预示晴天。农谚："瓦块云，晒煞人"，"天上鲤鱼斑，晒谷不用翻"，即指这种高积云出现后，将是晴天。如果高积云的厚度继续增厚，即将显示天气将有变化，甚至会出现降水，它与高层云、层积云、卷积云相互演变。冬季，高积云预示活动的气旋的到来，尤其在转变成积雨云时，会出现长时间的降雨。夏季，高积云如果变成塔状，则预示着风暴的到来。

高积云

8.卷云

卷云属于高云族。它有时产生在能生成云的最高高度上,云底一般为4500～10 000m。它由高空的细小冰晶组成,且冰晶比较稀疏,故云比较薄而透光良好,色泽洁白并具有冰晶的亮泽。卷云按外形、结构等特征,分为毛卷云和密卷云、钩卷云、伪卷云4类。

(1)毛卷云。云体具有纤维状结构,常呈白色,无暗影,有毛丝般的光泽,多呈丝条状、片状、羽毛状、钩状、团状、砧状等。多由直径为10～15μm的冰晶组成。它的出现大多预示天晴,故有"游丝天外飞,久晴便可期"的说法。如果毛卷云变厚,量也增多,甚至发展成为卷层云,则预示天气将有变化。

(2)密卷云。云体具有纤维状结构,常为白色,无暗影,有毛丝般光泽,多呈丝条状、片状、羽毛状、钩状、团状。多是由直径为10～15μm的冰晶组成,是比较厚密的片状卷云,边缘可见明显的丝缕结构。薄的能看清楚日、月光盘,较厚的仅见日、月位置,最厚的能遮蔽日、月光,此时呈灰色,其形成与高空对流有关。密卷云的出现预示天气较稳定,但如果它继续系统发展并演变成卷层云,则预示天气将有变化。

(3)钩卷云。云体很薄,呈白色,云丝往往平行排列,向上的一头有小钩或小簇,下有较长的拖尾,很像逗点符号。钩卷云常分散出现,如果它系统移入天空,并继续发展,多预示将有天气系统影响,甚至可能出现阴雨天气,所以群众中流传着"天上钩钩云,地上雨淋淋"的谚语。

(4)伪卷云。云体具有纤维状结构,常呈白色,无暗影,有毛丝般的光泽,多为

毛卷云

密卷云

钩卷云

伪卷云

丝条状、片状、羽毛状、钩状、团状、砧状等,多由直径为 10~15μm 的冰晶组成。它的出现,表征着大气由不稳定转向稳定。

9. 卷层云

卷层云由冰颗粒形成,看上去像白云的纹路,这些是唯一会在太阳或月亮周围产生光晕的云层。如果卷层云扩展,意味着天气晴朗,如果卷层云缩小,意味着将要下雨。如果天空笼罩着卷云,卷云上部的天空变暗,逐渐形成卷层云,这预示着雨雪的来临。

卷层云

10. 卷积云

卷积云的云块很小,白色鱼鳞状,成行、成群排列分布在高空,有时很像微风吹拂水面而成的小波纹。卷积云是由高空大气层结不稳定产生波动作用而形成的。如果天空云的分布以卷积云为主,它又与卷云、卷层云有关联,相互影响,并系统发展,通常预示将有不稳定的天气系统影响测站,并将出现阴雨、大风天气。农谚:"鱼鳞天,不雨也风颠",即指这样的云天。通常在接下来的一场暴雨之后,云层会被驱散,留下一片万里无云的蓝天。卷积云的云底高度一般在 4500~8000m 的高空,有时与卷云高度相同,属于高云。

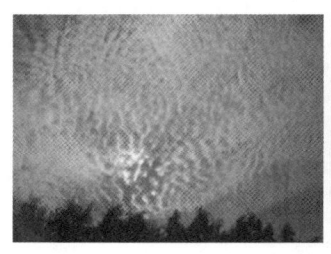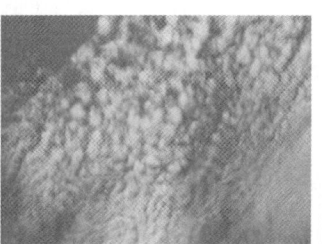

卷积云

第五节　野外伤病的自救

野外活动时，受伤和生病都有可能发生，以下列举一些常见的伤病及处置（急救）方法。

一、出血、止血和包扎

血液是维持生命的重要物质。成年人的血量平均在 5000～6000mL 左右，约占体重的 7%～8%。失血 500mL 将会感觉到头昏眼花。失血 1000mL 将引起虚脱呼吸及心脏加快、面色发白、肢体发凉。失血 1500mL 以上将倒下不起，昏迷不醒，如不能及时补充血液将会死亡。

出血的种类大体分为外出血和内出血两种。外出血是指血液由皮肤损伤处流出体外。内出血是指血液由破裂的血管流入组织、脏器和体腔中。对内出血的判断，主要看有没有吐血、咯血、尿血和便血等症状。

外出血的止血方法主要有以下几种。

1. 指压止血法

这是一种简单有效的临时止血法，多数用于头部、颈部及四肢的动脉出血。这种方法是用拇指向骨骼压住出血血管的近心端，使血管压闭，阻断血流，达到暂时止血的目的，时间不宜过久，应随即采用其他止血方法。

2. 止血粉止血法

将止血粉直接敷在出血部位可止住流血。

3. 伤口处理及包扎

伤口较大或较深，不能用水冲洗，以免把表面污物冲入深部，造成感染、化脓。野外往往缺少或没有现成的包扎材料，可利用自己的毛巾、手帕、衣服进行包扎。包扎要求做到快、准、轻、牢。包扎方法通常有周包扎、"8"字形包扎、三角巾头部包扎和单眼包扎等。

发现内出血时，要稳定情绪，记住发病时间和症状，及时到医院检查和治

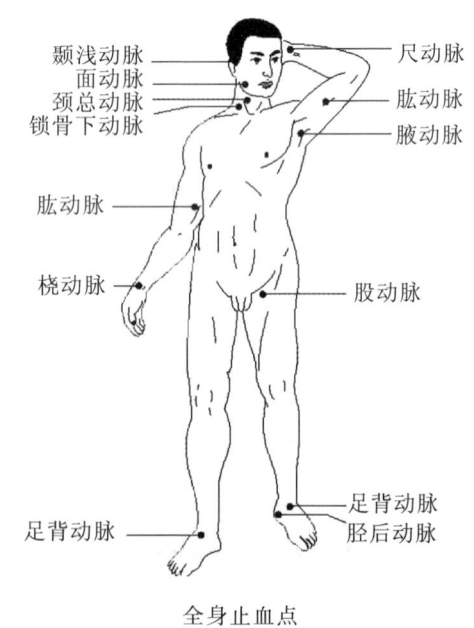

全身止血点

周包扎(每周绷带压往前一周的1/3)

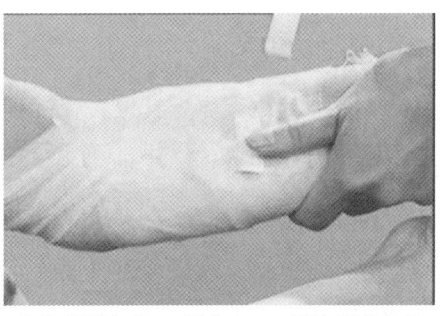
"8"字形包扎(一圈向上，一圈向下的包扎)

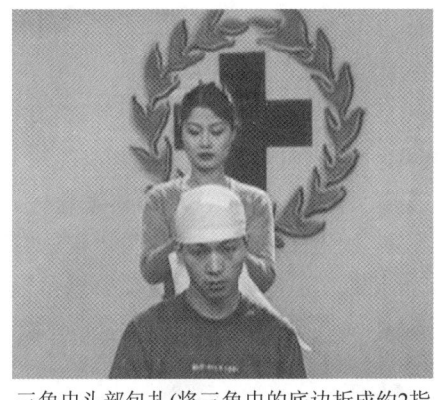
三角巾头部包扎(将三角巾的底边折成约2指宽，放在前额齐眼眉处，顶角拉向脑后)

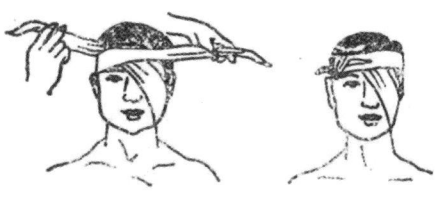
单眼包扎

疗。千万不要乱吃药。

二、关节扭伤的处置

关节扭伤,实际上就是韧带扭伤,韧带是把骨骼连在一起的柔韧组织,韧带过度扭转或扯开,就会扭伤关节。腕、肘、膝、髋和肩等关节都会扭伤,踝关节则是最易扭伤的关节。步行或跑步时脚部突然扭转,就会扭伤踝关节。关节扭伤时,应立即冷敷,以宽布条或布兜来固定;如要继续走路,绝不能脱掉鞋子,如果脚肿起来无法穿鞋,可踩穿着鞋子(如同穿拖鞋)行走。

踝关节扭伤的处置

注意:关节扭伤后24小时内不得用药,只能冷敷或冰敷,并且最好不要再运动。关节扭伤主要症状为:关节扭伤部位肿胀、发青发紫、有压痛感,活动时疼痛,有时与骨折难区别,此时应做骨折处置。

三、骨折固定

骨头断裂或折断,称为骨折。骨折可分为开放性骨折和闭合性骨折。闭合性骨折是指没有刺穿皮肤或裸露在外的病例。外骨折断端锐利,会刺破皮肤或有明显的伤口,容易引起感染和骨髓炎,如刺伤大血管、神经或重要脏器,还会导致残废或死亡。

伤员骨折时,应立即给予临时固定。正确的固定有利于搬运和转送,并能使骨折部位和肢体免于活动,减轻伤员痛苦。

1. 骨折固定原则

一止、二垫、别乱动、上下两端都固定、松紧适度。

2. 固定的方法

上臂(肱骨)骨折固定法:进行上臂骨折固定时,应注意两点,一是肘关节屈成直角;二是肩关节不能移动。①夹板固定法:肘关节屈成直角,用两块木板放在伤口两侧,用三角巾固定,再用三角巾做小悬臂吊,固定于胸前。②竹筷固定法:把四根竹筷或树皮、竹片放在内外侧各两根,用绷带或三角巾固定,然后前臂悬吊起来,固定于胸前。

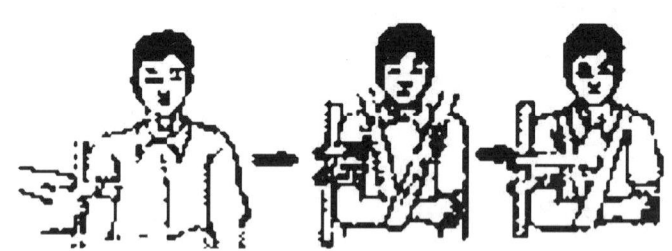

上臂骨折的固定

前臂(尺骨)骨折固定法:将受伤的前臂内、外两侧各放一块夹板,然后用三角巾或手帕进行固定,并用三角巾将前臂吊于胸前。

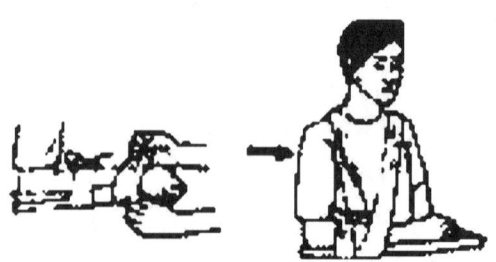

前臂骨折的固定

大腿(股骨)骨折固定法:把一块相当于脚跟至腋下窝长的夹板,放在伤腿外例或后侧,再用7块三角巾固定夹板。同时,应脱去伤肢的鞋袜,以便随时观察血液循环。

夹板固定　　　　　　　　　　　　健肢固定

小腿(腓骨)骨折固定法:①夹板固定,把一块长度等于大腿中部到脚跟距离的夹板,放在小腿外侧,在关节上垫置棉垫,用5条三角巾固定,在脚部再用"8"字形固定,使脚与小腿成直角;②健肢固定法,在无夹板情况下,可利用伤员健侧下肢来作固定,即把健肢移向伤侧并列,在两腿关节处垫置棉垫,用3块三角巾来固定。

3.伤者撤离方法

正确的搬运方法,能使伤员迅速脱离现场,减轻痛苦,得到及时治疗。搬运伤员总的要求是快、轻、稳,避免震荡。搬运伤员时,要根据伤情的不同,选用适宜的工具并使伤员在担架上采用不同的姿势。

(1)单人搬运:可分为肩负式、背负式、抱负式和腰带抱运等。不可使用自己无法支持的方式,否则一旦失手,会加重病人的伤势。

(2)双人搬运法:最好用担架搬运,既省力又方便。用担架搬运时要注意的是:

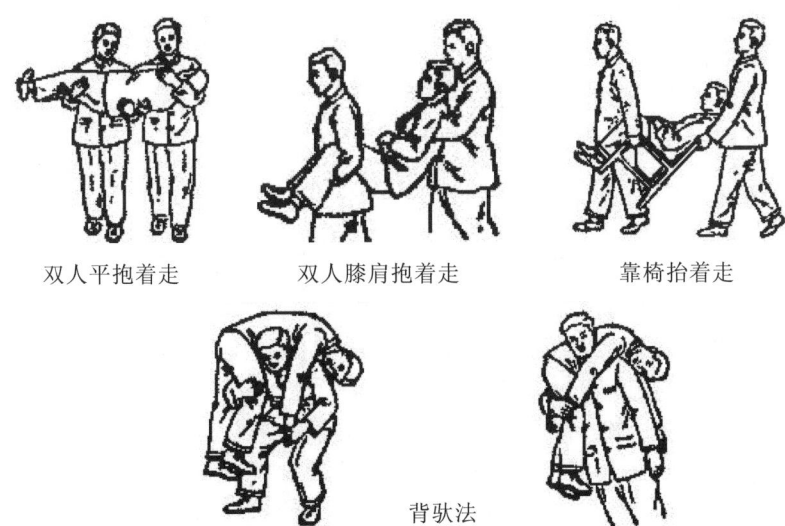

双人平抱着走　　　　双人膝肩抱着走　　　　靠椅抬着走

背驮法

伤者上担架要平托；伤员头部要放在后面，使后面的救护员能随时观察伤情；抬担架行走要平稳，步子快慢相同，担架高低要保持平衡。

四、扎刺、割伤和戳伤的处置

1. 扎刺的处置方法

在野外活动时，手脚和裸露的体部都有可能被刺扎伤，细小的木刺、篾刺、藤刺扎入皮肤后，会感到疼痛和难受。

清除方法一般为，留在皮肤外的小刺可用镊子或用长指甲夹住拔出。如小刺已扎入皮肤，可用缝衣针、大头针挑出。先找到准确的部位，然后将针斜进其边缘皮肤中，慢慢拨出。如果没有钢针，可用尖硬的藤刺替代，也可将竹棒削尖做针使用。

2. 割伤的处置方法

如果被刀、茅叶等物割伤，可用创可贴、纱布包扎即可。如较严重，首先要用干净布块敷在伤口上止血。创口无流血后，再用纱布蘸微温的肥皂水清洗伤口周围的皮肤，一般从伤口向外揩拭，以防肥皂水流入伤口内，纱布脏后要及时更换。

3. 戳伤的处置方法

戳伤的情况在野外活动中十分常见，主要表现为手足被露出地面的树桩、树枝、竹桩、尖石刺伤，或突然滑倒时被地面上的凸硬物刺伤。从表面上看，被戳的伤口也许不大，其实伤口可能很深，并把污垢和细菌带到里面。伤口一旦发炎，就会扩散到身体其他部位，引发严重疾病，导致不良后果。

戳伤后，一般先止血，进行适当消炎，包扎好伤口。如果有较大的异物留在伤口内，不要自行拔出，因为刺入物堵住伤口，减少失血，拔出后反而会大量流血。为避免刺入物压进伤口，可用环形垫盖在伤口上，然后扎上绷带。如无环形垫，可用剪掉上半部的纸杯代替。

五、异物入眼的清除

在野外活动中，沙尘、小虫、枯木朽枝上的粉末、花屑都容易入眼。异物入眼后，可采取以下方法进行清除。

（1）用手轻轻把患眼的眼睑提起，眼球同时上翻，泪腺就会分泌出泪水把异物冲出来，也可咳嗽几声，把灰尘或沙粒咳出来。

（2）取一盆清水，吸一口气，将头浸入水中反复眨眼，用水漂洗，或用装满清水的杯子罩在眼上，冲洗眼睛，也可以侧卧，用水壶装温水冲洗。

（3）翻开上眼皮或下眼皮，一旦发现异物，用棉签或干净手帕的一角将异物轻轻撩掉。若异物在里眼球部位,应让患者转动眼球,让异物移至眼白处再取出。

(4)如果是铁屑类异物入眼,可找一块磁铁洗净擦干,将眼皮翻开贴在磁铁上,然后慢慢转动眼球,有可能将铁屑吸出。

六、小虫入耳的处置

春夏是昆虫活动的时节。在野外活动时,乱飞的小虫会不小心钻进人的耳里,此时,千万不能盲目地用挖耳勺、发夹之类的东西乱掏,因为虫子是头部朝着耳朵里面钻的,乱掏乱挖会使虫子更往里钻。正确的处置方法如下。

(1)按耳。如果小虫在左耳,就用右手紧按右耳;如果小虫在右耳,就用左手紧按左耳,使小虫自行退出。

(2)滴菜油。身体侧卧,患耳朝上,向耳道内滴几滴菜油(麻油、豆油、玉米油)或白酒,把小虫淹死。然后用夹子夹出或用棉签慢慢粘出,也可用温水轻轻洗耳,使小虫顺水流出。

(3)亮光引诱。小虫一般喜欢光亮,如用手电筒照,虫可能被引诱出来。

七、常见性身体不适的处置

常见性身体不适的症状很多,如不明原因的脸色发红、发青,腹痛,呕吐,脑袋昏昏沉沉,全身乏力,等等。遇上身体不适时,首先要放松自己,原地休息一段时间,认真想一想自己前不久的饮食情况、病史,仔细查找原因,然后根据不同的情况采取相应的措施。

1. 感冒发烧

感冒是由普通细菌或病毒引起的上呼吸道感染,主要症状一般为咳嗽、流涕、打喷嚏、头痛、发烧、全身乏力等。一旦感冒发烧,患者应进行适当休息,以恢复体力,增强抵抗力,同时应服用感冒类药物和阿司匹林之类解热镇痛剂,以加速感冒症状的缓解。如果无退热药物,可采取物理降温法,如用温水擦浴,或在头部、颈部两侧、两腋处、大腿胯下放置凉水袋降温,同时要多喝开水,如有条件,每 100mL 开水中放入葡萄糖(白糖)10g、精盐 1g。身体发冷时,要多穿些衣服,多盖被子,把汗闷出来也能缓解感冒症状。

2. 腹泻

腹泻通常由于肠道感染、消化机能障碍而引起。在野外,因不习惯喝生水、吃野味、食野果,都会导致细菌随口而入或肠胃消化不良引起腹泻。腹泻的症状一般表现为排便次数增多,大便稀薄或呈水状,有时带脓血,常兼有腹痛。

发生腹泻症状时,要立即服用止泻药,以尽快引起止泻收敛作用和减少肠蠕动作用。同时,要少吃油腻食物,多吃清淡食物,并适量地补充水分,以防发生脱水。

八、冻伤的处置

天气寒冷时,鼻、耳、面颊、下巴等露出的部位,容易被冻伤。有时戴手套、穿鞋袜的手足也会冻伤。冻伤的症状,一般表现为冻伤的部位冰冷、僵硬、麻木、皮肤变硬、变色等。

一旦出现冻伤,要尽量把伤者移到户内避寒,并将冻伤的肢体放入自己的腋窝下、胸前、腹部处慢慢加温,使其逐渐自然解冻。千万不要用柴火或辐射热对伤处进行解冻复温。如有条件,可将伤肢放在与体温差不多的温水中(38～40℃)浸泡,每次浸泡4～5分钟取出,直到冻伤部位恢复正常体温为止。对全身性冻伤患者可进行全身浸泡,一般15～30分钟,体温接近正常即可,不宜过久。冻伤部位恢复正常体温后,应裹以毛巾或其他衣物保护。如果是手脚冻伤,可对冻伤部位的上部进行轻轻按摩,使血液循环好转,但不可直接按摩皮肤变色部分,以防弄破血泡。

九、溺水的急救

在野外穿越河流、溪涧、湖泊、池塘、水库等地方时,如不小心就可能遇溺。衣着整齐的人在水里挣扎,容易被人察觉;如游泳时突然抽筋或气力不继,就很难被人发现。

发现遇溺者时,应尽快用打捞工具,或者用较长的竹竿、木棍、绳索、树枝或解下腰带、衣裤连接成长条扔给溺水者,待其抓住后,用力拖上岸。如果会游泳,应迅速跳入水中救助。

溺水者从水中救出时常呈呼吸浅速、不规律、呼吸困难、咳嗽,甚至呼吸、心跳停止。急救溺水者,现场复苏最为重要,应将溺水者救出后立即清除口腔鼻咽腔的呕吐物和泥沙等异物。保持呼吸道通畅,并将其舌头拉出,以免后翻堵塞呼吸道。可将溺水者腹部垫高,胸及头部下垂,或抱其双腿、腹部放在急救者肩部走动或跳动以"倒水"。如呼吸困难或停止,应立即进行口对口或口对鼻的人工呼吸。如果心跳停止,应同时进行胸外按摩。清醒后,可让其饮用少量姜汤、咖啡、浓茶等温热饮料。

十、蛇伤的处置

在我国约50种毒蛇中,分布较广、毒性较强、确实能伤害人和家畜的有10多种,如眼镜蛇、眼镜王蛇、蝮蛇、蝰蛇、金环蛇、银环蛇、五步蛇、竹叶青、烙铁头等。被毒蛇咬后的症状一般为局部疼痛、肿胀、恶心、呕吐、视觉模糊、呼吸困难、抽搐麻木等。

1. 判断是否为毒蛇咬伤

处置蛇伤,首先要区别毒蛇与无毒蛇。过去,人们主要从头部和层部来辨认,但有时也不一定准确。如一般毒蛇头部较大,呈三角形,但金环蛇、银环蛇却例外。从活动时间看,毒蛇一般都在晨昏和夜间活动,但眼镜王蛇在白天也常出来活动。比较科学的区别方法还是看蛇咬伤后所遗留下的牙痕。从被咬伤的皮肤上,能看到 2 个较深而大的牙痕,是毒蛇留下的。而被无毒蛇咬伤后,在皮肤上只留有 4 行细小而均匀的牙痕。若无法区别,应当作毒蛇咬伤处置。

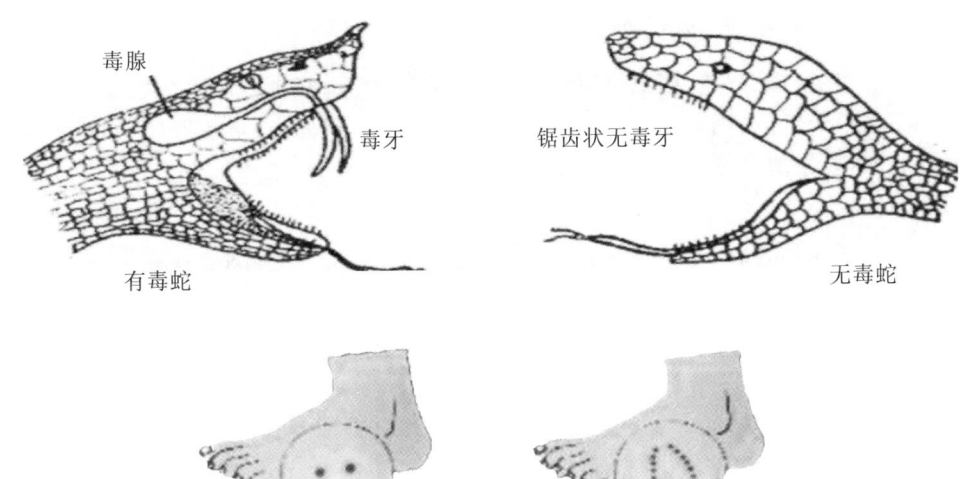

毒蛇咬伤牙痕示意图　　无毒蛇咬伤牙痕示意图

2. 毒蛇咬伤的处置

被毒蛇咬伤后,一定要保持安静,切勿来回走动,患肢尽量下垂,尽快在伤肢近心端绑扎,每 20～30 分钟放松 1～2 分钟。

第一步:以最快速度挤血。毒蛇咬人后,其毒液会在伤口中央大约可集中 4～5 秒钟,之后就随着时间及血管分布状况向四周扩散。如果先从捆扎、开刀、清洗至吸血,就会相隔过长时间,导致蛇毒蔓延。因此,当确认被毒蛇咬伤后,要先迅速进行挤血。可随手捡些石片或木片,将伤口四周的血刮聚到伤口中央,用力挤出。然后用吸乳器从创口处吸出血液和毒液。最好不要直接用嘴吸吮伤口排毒,实在没有办法就边吸边吐,每次都要用清水或白酒漱口。如果口腔破溃、龋齿,就不能用口吸,以免中毒。

第二步:结扎伤口上部后,立即用盐水、肥皂水或清水对伤口进行清洗,冲掉伤口周围的残余蛇毒和脏东西。冲洗后应立刻进行扩创、排毒。扩创的方法是:先以伤口为中心,用小刀切开一个"十"字,然后围绕这个十字,再切开几个小十字(也可用小刀挑开如米粒大小破口)。这样可使毒液外流,防止创口闭塞,但不要切得太深,以免伤及血管。扩创后继续将余毒排出。

第三步:现场用药。如果有蛇药,可按说明书使用,包括内服和外用。

第四步:送医院救治。送治途中一般不去掉结扎带,但要随时进行检查,如能将打死的毒蛇一起带上,医院就能更有针对性地进行治疗,提高治疗效果。除以上步骤外,特殊情况下也可断指保命。

十一、毒虫咬伤的处置

被蜂子、蝎子、蜈蚣、螟蚁、蚂蚁等有毒动物叮咬后,轻则肿胀疼痛、过敏反应,重则恶心呕吐、呼吸困难、不省人事,甚至危及生命。因此,被毒虫叮咬后,也不能掉以轻心,要采取必要的方法进行处置。

1. 蜂蜇伤

被蜂蜇伤后,如蜂刺留在皮肤内,可用镊子或经过火消毒的针把蜂刺除去;如伤口红肿疼痛,可用肥皂水、淡石灰水外敷;也可用红花油、风油精、花露水外擦伤处或用火罐拔毒。民间常用的方法是用暖酒淋洗或急挠头垢涂抹,或用泡过的茶叶贴在痛处,均能达到止痛效果。有的地方还用黄土直接涂抹在伤处,以减轻疼痛。如伤者出现过敏休克,应让伤者仰卧,解开伤者颈部衣扣,松开腰带,保持呼吸畅通。如被群蜂蜇刺伤势严重,应迅速送医院救治。

2. 蝎子蜇伤

蝎子通过其尾部的钩刺入人体的毒液伤人。被蝎子蜇伤后,应立即拔出毒刺,并在近心端结扎带子,注意每 15 分钟放松一次,再用 20％肥皂水或 10％苏打液冲洗。局部可进行冷敷,或用蛇药片调成糊状敷于伤口 3cm 处。也可用细盐与水调后敷在患处,并用布包好,再放入热水中浸泡,很快能消除疼痛。同时多喝水,以利排毒。

3. 蜈蚣咬伤

被蜈蚣咬伤后,伤口局部会出现痒、红肿、疼痛等症状,应立即用 20％肥皂水或 5％～10％碳酸氢钠溶液(小苏打)来冲洗伤口,然后用中草药鱼腥草、蒲公英等捣烂后外敷。民间常用的解毒方法是:点燃红蜡烛,用其灰涂于伤口;咬破大雄鸡的冠,滴血于伤口,用大蒜的汁液敷伤口。症状严重时,应到医院诊治。

4. 蜘蛛咬伤

毒蜘蛛咬入后,被咬者会出现局部苍白、发红等症状,重者可发生局部组织坏死或全身性症状。被毒蜘蛛咬伤后,应立即冲洗伤口,吸吮排毒,在近心端进行包扎,其处置方法与蛇伤相同。

5. 毒毛虫伤人

毒毛虫,一般是指鳞翅目昆虫体上长有毒毛的幼虫,常见的毒毛虫有刺蛾幼虫,也称洋辣子,其毒毛与人体接触后,会使人感到火辣辣的痛;松毛虫有上万根毒毛,并与毒腺相通,刺入人体后毒液外溢,使皮肤发痒、红肿;桑毛虫在腹部有32个毒毛瘤,约200万根毒毛,皮肤一旦与其接触,会产生红肿、奇痒。

被毒毛虫蛰后,应尽快用胶布(胶带纸、伤湿膏)贴在患处,然后迅速揭起粘出毒毛,反复多次,直至把所有毒毛除掉,然后用氨水、肥皂水等碱性液体涂在患处,也可用清凉油、风油精、止痒剂、龙紫胆(紫药水)涂擦。中草药白花蛇舌草、七叶一枝花洗净扔烂敷在发炎处,也有较好效果。如果症状较为严重,可口服扑尔敏,每次4mg,每日3次。

第十章

迷失方向后的处置及辨别方向

第一节 迷失方向后的处置

一、怎样避免迷路

在户外,除非选择了固定的目标作为向导,否则人们是会迷路的,因为弯曲的道路、茂密的森林、遥远的距离会遮住目的地。因此,你必须记住以下避免迷路的方法。

你必须随时随地观察周围的地形,以确定方向。在你离开自己的帐篷、汽车、独木桥、小船等物之前,要仔细观察周围地形,尽可能远地目测一下这一地区,确定左右各种固定的目标向导,如山峰、绝壁、寺庙、大树等。

出发前要对你营地周围那些突出的目标有个清楚的记忆,以使在你返回时,能用这些目标作为向导。

当你离开一条道路、一条小溪、一条小径、一条河流、一个山峰或一座寺庙时,要记住是从哪一边离开的,把这些作为基本路线。

记住来时与返回时你经过了多少溪流、旅途经过了多少山峰,多少叉道。将自己走过的路画一个线路图。

二、迷路后怎么办

如果发现自己处于一个陌生的地域,并难以找到返回自己营地的道路,此时不要说自己迷了路,至少现在不是,你也许就是几分钟内的迷惑。

如怀疑自己迷了路,应该立即停下来估计一下情况,盲目地继续前进,处境会更糟。不要惊慌,请坐下来,放松一下。做深呼吸,抽一支烟,嚼块口香糖,仔细回忆一下经过的房屋、溪流或其他地理特征,以追寻自己曾经走过的路线。静静地坐上几分钟。

当野游者刚发现他难以确定自己的方位时,一般情况下他并未走多远,不会找不到路。麻烦的是大多数迷路者继续盲目前进,在森林中乱窜乱钻,使自己的处境更糟,一些迷路者甚至完全走出了搜寻地区的范围。

有地图的话,先查一查图例,看看每个符号代表什么,并且找出自己立足处大概在地图上哪一区。看看周围有没有与地理标识相符的地理特征。在地图上找出迷路前的位置,然后回忆一下经过的房屋、溪流或其他地理特征,以追寻自己曾经走过的路线。

查看地图上的等高线,以了解周围的地形。等高线彼此相距较远表示山势平缓,没有等高线表示平原或宽阔山脊,等高线绕成指纹状则多是山嘴或山谷。根据地图上的比例尺,比方说,比例尺为 1∶50 000,就表示图上 1cm 代表实际长度 50 000cm(500m),用小尺子计算自己与目标物的距离。如果没有纸笔,可用手指粗略测算距离,一般来说,成人的食指从指尖到第一个关节约长 2.5cm。

转动地图,使图上标的与它所代表的地理特征在同一方向,然后按图选取某个方向走到大路或有人烟的地方。

从地图上看清楚前行的路线上有没有障碍,例如悬崖、宽阔的河流等。如果有,应另觅一条路线绕过去。利用地图与实地同一地理特征作为引导,边前行边留意两旁景物,参看地图中估计走了多远。

三、不同天气迷路后的处置

1. 风雨中迷路

如有维生袋(能容纳整个人的防水塑料袋),或其他维生装备,可留在原地等待雨过天晴。如没有维生袋装备,切不可留在原地,应迅速离开。

如带着地图,查看有没有危险地带。例如,密集的等高线表示陡峭的山崖,应该绕道而行。

溪涧流向显示下山的路线,但不要贴近溪涧而行,因为山上流水浸蚀河道的力量很强,河岸都非常陡峭。所以,应该循水声沿溪流下山,下山时留意有没有农舍或其他可避风雨的地方,小径附近通常都可找到藏身之所。

别走近长着浅绿、穗状草丛的洼地,那里很可能是沼泽。

2. 黑夜迷路

如有月光,可看到四周环境,应该设法走向公路或农舍。

如果身处漆黑的山中,看不清四周环境,不要继续行走,应该找个藏身之处,例如墙垣或岩石背风的一面。

如果带有维生袋,应该钻进里面。或者几个人挤成一团能保温暖,这样即使没有维生袋也能熬过寒夜。中间位置最为温暖,因此应该不时互相易位。

3. 雪地迷路

雪反射的白光与天空的颜色一样时,地形变得模糊不清;地平线、高度、深度和阴影完全隐去。登山运动员和探险家称这种现象为"乳白天空"。此时最好停下来,等待乳白天空消失。如等待时有暴风雨来临,应挖空雪堆做个坑,或扩大树根部分的雪坑,然后躲进去。

如有维生袋,在背后垫上树叶枯草,以隔开冰冷地面,然后躲进去。尽量多穿几层衣服,若最外层衣服有钮扣或拉链,先扣好、拉上,然后套在上身。在衣服内交叉双臂,手掌夹于腋下,以保温暖。

如必须继续前进,可利用地图和指南针寻找方向。一边走一边向前扔雪球,留意雪球落在什么地方和怎样滚动,以探测斜坡的斜向。如果雪球一去无踪,前面就可能是悬崖。

4. 雾中迷路自救

拿出地图,并转至与指南针同向,然后决定向哪个方向走。

循指南针所指,朝自己要走的方向望去,选定一个容易辨认的目标,例如岩石、乔木、蕨叶等。向目标走过去,再循指南针寻找前面的另一个目标。

连续使用这个方法,直至脱离雾锁。

如果没有地图或指南针,应该留在原地,等待雾霭消散。

第二节 利用自然物辨别方向

一、利用罗盘(指北针)

1. 使用方法

把罗盘或指北针水平放置使气泡居中,此时磁针静止后,其标有"N"的黑一端所指的便是北方。除了测出正北方向外,罗盘或指北针还可以测出某一目标的具体方位,方法是打开罗盘将照准器对准目标,或将刻度盘上的 0 刻度对准目标,使目标、0 刻度和磁中点在同一直线上,罗盘水平静止后,N 端所指的刻度便是测量点至目标的方位,如磁针 N 端指向 36°。则目标在测量位置的北偏东 36°。

2. 注意事项

(1)尽量保持水平。

(2)不要离磁性物质太近。

(3)勿将磁针的 S 端误作北方,造成 180°的方向误差。

(4)掌握活动地区的磁偏角进行校正。

二、利用太阳

在晴朗的白昼,根据日出、日落就可以很方便地知道东方和西方,也就可以判断方向,冬季日出位置是东偏南,日落位置是西偏南;夏季日出位置是东偏北,日落位置是西偏北;春分、秋分前后,日出正东,日落正西。但只能是大致的估计,较准确的测定有下列几种方法。

(1)手表测向"时数折半对太阳,十二指的是北方",一般在上午 9 时至下午 16 时之间可以很快地辨别出方向,用时间的一半所指的方向对向太阳,12 时刻度就是北方。如下午 14:40 的时间,其一半为 7:20,把时针对向太阳,那么 12 指的就是北方;或者把表平置,时针指向太阳,时针与 12 时刻度平分线的反向延伸方向就是北方;或者平置手表,将一根小棍垂直立在手表中央,转动手表,使小棍的影子与时针重合,时针与 12 时刻度之间的平分线即是北方。为提高判定的准确性,可在"时数折半"的位置上竖一细针或草棍,并使其阴影通过表盘中心,见下图所示。

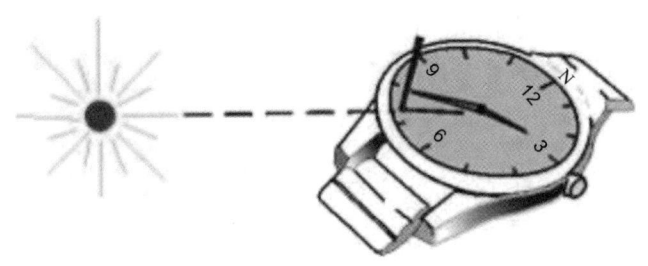

"时数折半"定北方

(2)把手表放在手掌上,让 12 点指向正左方,然后把时针指向太阳的位置,那么时针与 12 点方向形成的夹角的角平分线指向的就是南方。

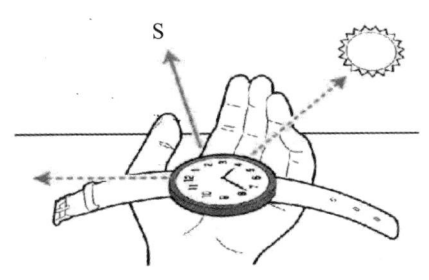

注意事项:①"时数"是按一日 24 小时而言的,例如下午 1 时,就是 13 时;②在判定方向时,手表应平置(表面向上);③此方法在南、北纬度 20°30′之间地区的中午前后不宜使用;④要注意时差的问题,即要采用"以标准时的经线为准,每向东 15°加 1 小时,每向西 15°减 1 小时的方法将标准时间换算为当地时间。

(3)日影测向为晴天,在地上竖立一木棍,木棍的影子随太阳位置的变化而移动,这些影在中午最短,其末端的连线是一条直线,该直线的垂直线为南北方向。在一张 50cm×50cm 的绘图纸上绘制一系列同心圆,同心圆的半径以 1cm 递增,钉在平板上并水平固定好,将一根 12～15cm 长的细钢针或针状物垂直插在圆心上。当太阳位置变化时,影子的端点总会与同心圆相交,标绘出这些点,然后把同一个圆上的两点直线相连,把这些直线的中点与圆心相连,这条连线就是南北方向线,圆弧顶的方向为北方。

三、夜间利用星体判定方向

1.利用北极星

北极星位于正北天空。观察时,其距离地平面的高度约相当于当地的纬度。寻找时,通常要根据北斗七星(即大熊星座)或 W 星(即仙后星座)确定。北斗七星是 7 颗比较明亮的星,形状像一把勺子,将勺头 αβ 两星连一直线向勺口方向延长,约为 αβ 两星间隔的 5 倍处,有一颗略暗的星,即北极星。

当地球自转,看不到北斗七星时,则可利用 W 星寻找。W 星由 5 颗较亮的星组成,形状像个"W"字母,向 W 字缺口方向延伸约为缺口宽度的 2 倍处,就是北极星。

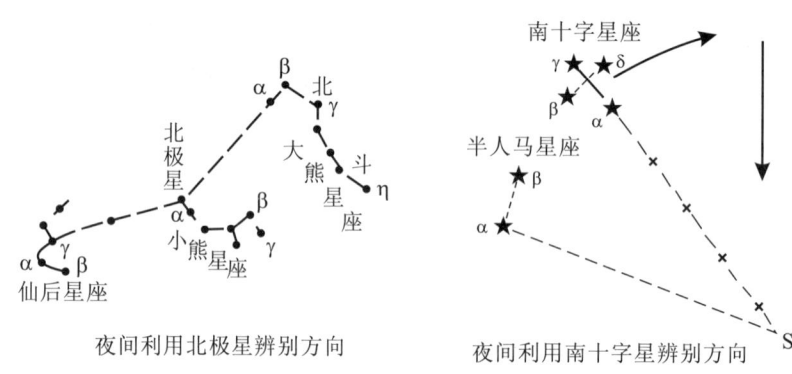

夜间利用北极星辨别方向　　　夜间利用南十字星辨别方向

2.利用南十字星

在北纬 23°30′以南的地区,夜间有时可以看到南十字星,它也可以用于辨别方向。南十字星由 4 颗较亮的星组成,形同"十"字。在南十字星的右下方,沿 αγ 两星的连线向下延长约该两星的 4 倍半处(无可见的星),就是正南方。

3.利用月亮判定方向

月亮升起的时间,每天都比前一天晚 48～50 分钟。例如,农历十五的 18 时,月亮从东方升起。到了农历的二十,相距 5 天,就迟升 4 小时左右,约于 22 时于东方天空出现。月亮"圆缺"的月相变化也是有规律的。农历十五以前,月亮的亮部在右边,十五以后,月亮的亮部在左边。上半个月为"上弦月",月中称为"圆月",下半月称为"下弦月"。每个月,月亮都是按上述两个规律升落的。

此外,还可以根据月亮从东转到西,约需 12 小时,平均每小时约转 15°这一规律,结合当时的月相、位置和观测时间,大致判定方向。例如,晚上 10 时,看见夜空的月亮是右半边亮,便可判明是上弦月,太阳落山是 6 时,月亮位于正南;此时,10 时 - 6 时 = 4 时,即已经过去了 4 小时,月亮在此期间转动了 $15°×4=60°$。因此,将此时月亮的位置向左(东)偏转 60°,即为正南方。

四、利用树木判定方向

1. 树木的年轮

在温带地区,树木向阳的一侧由于细胞生长速率快,年轮宽,在背阴方向细胞生长慢,年轮窄,据此可判断方向。但对于生长在悬崖或陡壁附近的树木,背对悬崖或陡壁一侧年轮宽。另外,观察树的年轮时尽量选择树干较圆的树根,这样的树木年轮差异显著。

2. 树木的向光性

树木有向光性,大多数树木向南一侧枝叶茂盛,色泽鲜艳,树皮光滑。朝北一侧则相反,树干上可能生有青苔。利用树木判别方向限于开阔地带,对于生长在陡崖或墙壁边缘以及森林附近的树木不能使用这一方法。

3. 其他方法

夏天松柏及杉树的树干上流出的胶脂,南面的比北面多,而且结块大。松树干上覆盖着的次生树皮,北面的较南面形成的早,向上发展较高,雨后树皮膨胀发黑时,这种现象较为突出。秋季果树朝南的一面枝叶茂密结果多,以苹果、红枣、柿子、山楂、荔枝、柑桔等最为明显。果实在成熟时,朝南的一面先染色。

树下和灌木附近的蚂蚁窝总是在树和灌木的南面。长在石头上的青苔性喜潮湿,不耐阳光,因而青苔通常生长在石头的北面。草原上的蒙古菊和野莴苣的叶子都是南北指向。我国北方的山岳、丘陵地带,茂密的乔木林多生长在阴坡,而灌木林多生长在阳坡。这是由于阴坡土壤的水分蒸发慢,水土保持好,所以植被恢复比阳坡快,易形成森林。就树木的习性来讲,冷杉、云杉等在北坡生长得好,而马尾松、华山松、桦树、杨树等就多生长于南坡。

五、自制指南针法

钢针(或金属丝)与纤维摩擦,由于静电的作用,使内部电子重新排列而具有磁性,用线掉起或放置静水中的树叶上水平转动,针的两端分别指向南北。一截铁丝(缝衣针即可)反复同一方向与丝绸摩擦,会产生磁性,悬挂起来可以指示北极。磁性不会很强,隔段时间需要重新摩擦,增加磁性。如果你有一块磁石,会比用丝绸更有效,注意沿同一方向将铁针不断与磁石摩擦。用一根线将磁针悬挂起来,以便不影响平衡,但不要用有扭结或绞缠的绳线。

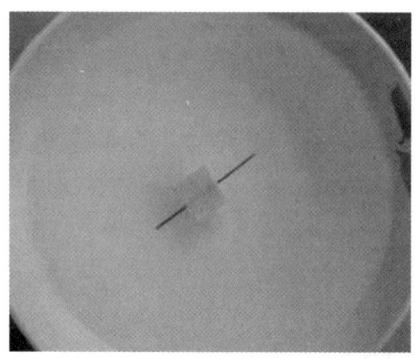

自制指南针

第十一章

户外救援

户外无小事,安全是出行户外的前提。随着人民生活水平的提高,越来越多的人离开城市,走向生机盎然的户外,释放压抑在心中的压力,体验大自然的无限风光。但随着参与人数的不断增加,安全问题日益突显。为了更好地总结经验,分析户外运动的事故原因,提出有效的防治救援措施。本章节将从户外运动事故及分析入手(以下统计数据均引自中国登山协会事故统计组),简要介绍户外救援机制和救援信号的使用。

第一节　户外运动事故及分析

一、户外运动事故

自 2001 年登山户外运动事故数据统计以来,死亡人数总体呈现上升趋势。2011 年至 2014 年死亡人数更是连年增加,2014 年事故死亡人数达到了数据统计以来的最高值 63 人,失踪人数 7 人,与 2013 年相比均增加了近 50%。这与参与人数的迅猛增加密不可分,也与参与者缺乏户外安全常识,遇到紧急情况没有沉着应对有关。

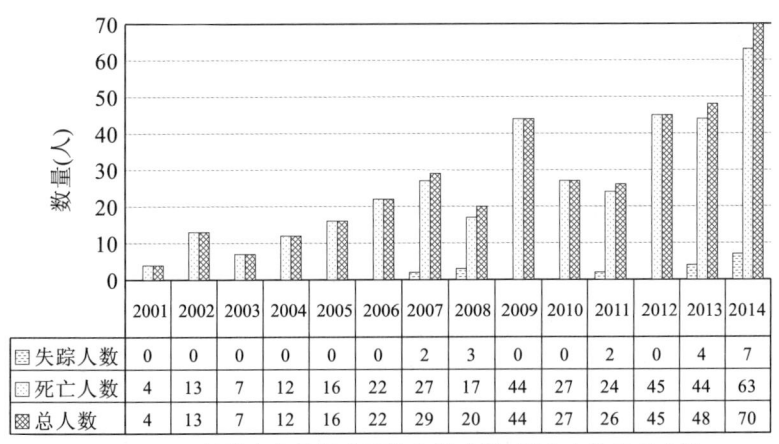

2001—2004 年登山户外运动事故失踪人数、死亡人数和总人数

事实上,登山户外运动中发生的事故数量和人员伤亡数量在各项目中并不平均,有些项目的危险系数相对较高,而有些项目则相对安全。因此,对不同运动项目的事故和人员伤亡情况进行了数据统计和对比,以为各项登山户外运动事故的发生做好防御措施和救援对策。

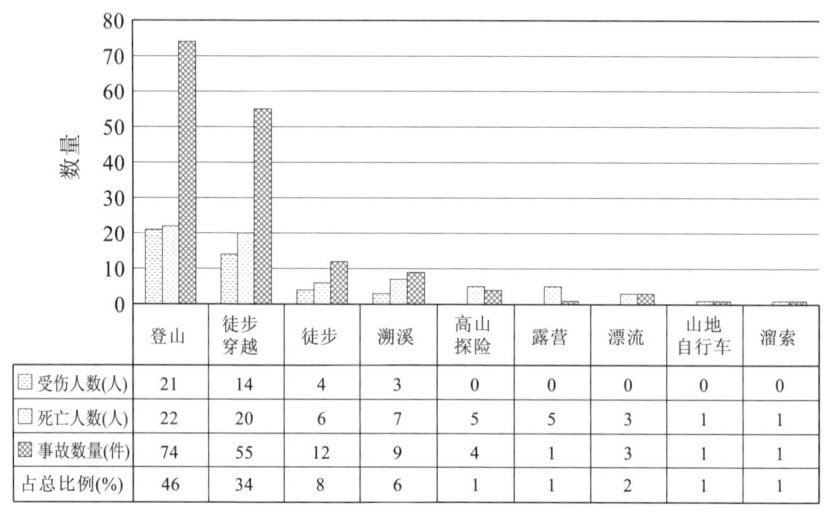

2014年登山户外运动各项目的事故数量和伤亡情况

从上图中可以看出,登山(低海拔登山)事故比例占总事故的46%,死亡人数和受伤人数分别为22人和21人;徒步穿越事故比例占总事故的34%,死亡人数和受伤人数分别为20人和14人;徒步事故比例占总事故数的8%,死亡人数和受伤人数分别为6人和4人。由此可见,登山和徒步穿越仍然是事故频发的主要户外运动项目,从侧面上也反映了登山、徒步穿越仍然是广大登山户外运动爱好者熟悉和受欢迎的项目。然而,由于他们缺乏登山户外经验、技术和装备,缺少行前对活动线路、当地天气和地形地貌的了解,再加上一定的盲目性,忽略了安全的重要性,导致遇到意外时没有任何自救经验,最终酿成事故,这应该引起我们的高度重视。

二、户外运动事故分析

通过整理历年来户外事故发生及人员伤亡的情况,从中总结出在户外活动中发生事故的原因、人员伤亡的原因以及受伤的类型,找到存在的缺陷与不足,为以后的安全户外提供借鉴和帮助。以下内容基于2014年全年的户外运动事故调查和分析(表11-1)。

造成事故的原因可能有多种并不单一,下面分析中重点以事故的主要原因为分析对象。

表 11-1 2014 年的户外运动事故调查表

事故原因	占总比例(%)	事故原因	占总比例(%)
1.迷路	40	11.山洪暴发	2
2.坠崖	11	12.落石	2
3.滑坠	11	13.岩锥或冰锥脱落	1
4.被困	11	14.掉进冰裂缝	1
5.滑倒	7	15.落水	1
6.疾病	4	16.失控	1
7.蛇伤	1	17.技术操作失误	1
8.马蜂蛰伤	1	18.雷击	1
9.中暑	1	19.其他	2
10.失温	1		

(1)迷路:是造成事故最主要的原因之一。迷路往往是由于爱好者们行前对行程时间计算不当,对当地天气情况、环境地形不了解,体能不足或是主观决策失误等原因导致的。迷路主要分为天黑迷路、落单迷路、大雾迷路、挑战新线路迷路等。

为了防止迷路事故的发生,第一,不管是个人行为,还是集体行为,行前要做好具体的行程计划,针对可能遇到的风险要制订出相应的应对措施,比如遇到大雾怎么办?队员体力透支怎么办?第二,行走中应随时注意记住山路转弯、交叉、岔路口处的地形地貌特征,并在沿途用石头或树枝等物品做好适当标记。第三,实际行程中一定不要盲目自信,不要有任何侥幸心理,要及时关注天气情况、自身或者队员体能状况,要及时根据实际情况调整既定计划。

万一迷路了怎么办?首先保持冷静,尤其是带队人员要时刻保持冷静和清醒,及时安抚大家的心情并组织原路返回;如果返回时继续迷路,就需要及时做出决定,找到周围的最高点,查看所处方位以及周围可能存在的民宅等;如果仍不能脱离困境,应及时拨打求救电话或者发射信号等待救援。

(2)坠崖和滑坠:是造成事故的重要原因,也是造成死亡的重要原因。坠崖和滑坠事故造成死亡的概率非常高,那么如何防止坠崖和滑坠呢?第一,禁止接近悬崖边,尤其是下雨或是下雪时更不能大意;第二,危险地段要做好保护措施,比如拉好修路绳;第三,任何时候不要放松警惕,时刻关注脚下路况。

(3)被困:也逐渐成为了造成事故的重要原因。很多人为了寻求刺激,攀爬或者穿越一些比较难的路线,行程中往往不经意间发现自己已经处于上下不能的境地,那么为了更好地避免被困,行前要做好周详的计划,理性评估自身能力,不轻易挑战自己没有把握的路线。

(4)其他常见的伤病:也是不容忽视的原因。在户外活动之前应该详细了解各种野外常见伤病正确的处理方法,以免发生时惊慌失措,加重病情,引起更严重的伤害。在物资准备时也应该针对这些在野外易发生的伤病准备相应的药品。

知识点:失踪者行为模式(以美国 501 个失踪者个案为例)

✻ 43%自己走出山野
✻ 54%向山下走
✻ 20%沿等高线平行走
✻ 25%向山上行走
✻ 34%是在 PLS(Point Last Seen)1.6km(1mile)内寻回
✻ 90%在 24 小时内寻回
✻ 失踪者步行速度为 3.2km/h(2 miles/hr)
✻ 33%继续在夜间寻路

第二节 户外救援机制

一、事故等级

轻伤:未丧失自主能力者,可自行离开现场。

重伤:已丧失自主能力者,需第三方协助撤离现场。

事故等级可分为 1~5 级,1 级为最低级,5 级为最高等级。

1 级事故:通常是山区一般失踪、迷路、轻伤被困事件。

2 级事故:系指山区和城市复杂地形的重伤及多人被困事件。

3 级事故:系指山区和城市复杂地形的坠落、昏迷、重伤或死亡事件、山洪、水浸以及山体滑坡造成人员被困事件。

4 级事故:多人受伤昏迷或死亡事件,一般由 3 级升级为 4 级,即到达现场救援人员无法达到救援目的,或是无法应付更大规模的救援行动,即向指挥中心报告,将救援升为 4 级。指挥中心即增派救援队员增援,也可接警时评估事故的严重性直接发布 4 级救援警报。

5 级事故：灾难性事件。群死群伤，影响公众利益的恶性事故，如地震、大范围洪水灾害及大面积化学物质泄漏等。

二、事故环境

事故环境：可用英文字母代表事故周边环境，可使各部门及队员先期根据代码大致了解事故周边环境（表 11-2），及时做好救援前的物资及心理准备。

表 11-2 事故代码及其相应环境

代号	定义	环境
A	高海拔地区（Alpine）	冰坡、雪坡、裂缝、悬崖、碎石坡
C	峭壁（Cliff）	悬崖、陡坡
V	溪谷（Valley）	悬崖、陡坡、河流
W	丛林（Wood）	密林、坡地
D	洞穴（Doline）	洞穴、天坑、井
I	海岛（Island）	悬崖、陡坡、密林
G	戈壁（Gobi）	戈壁、沙漠

事故等级与事故环境相组合称为救援等级。救援等级设定旨在便于救援的调度指挥，达到缩短救援出动时间的目的，提高救援效率。

三、救援实施

一旦发生险情或事故，需要进行救援时，领队要保持清醒、冷静的头脑，判断所面临的风险形势及发展趋势，沉着应对；领队必须发挥强有力的领导力，把大家组织起来，安定情绪，安排好各自的责任。紧急救援处理包括以下几个方面的具体工作。

(1)迅速、准确地判断事故或险情的严重程度。

(2)采取正确、有效的处置方法。

(3)一定要保证救援人员的安全，避免事态的进一步扩大。

(4)山难一旦发生，营救工作应当包括自救、互救和救援 3 个层次。这 3 个层次工作紧密衔接，才能收到良好效果，必要时要同步进行。

1. 自救

做好自救的重点是登山前对登山者进行培训和教育,使登山者掌握必要的与登山相关的科学知识,熟练掌握各种登山技术和方法,正确使用登山装备,了解事故发生时的应急措施和求助方法。

2. 互救

互救首先要有友爱精神,同时要审时度势、灵活机动、因地制宜、因陋就简地迅速采取应急措施进行救援。互救工作最重要的原则如下:一是首先对伤病员进行急救处理,包括实施药物治疗、外伤包扎、止血、人工呼吸等,然后迅速护送伤病员至低海拔处或安全地点。没有担架时,可使用树木、背架、睡袋等制作搬运工具。对高山病患者,下撤几百米,可能挽救其生命。二是在自己无力承担救援工作时,要千方百计地发出求救信号,而不要无谓地拖延时间。三是救助他人时,要采取各种措施保证自己的安全。

3. 救援

在收到求救信息后应立即开始救援工作,其成功的关键在于救援工作的快速和有效,在于救援系统的完整性并时刻能够保持招之即来、来之能战的状态。组织一次救援活动要比组织一次户外活动更加复杂和困难。具体措施如下。

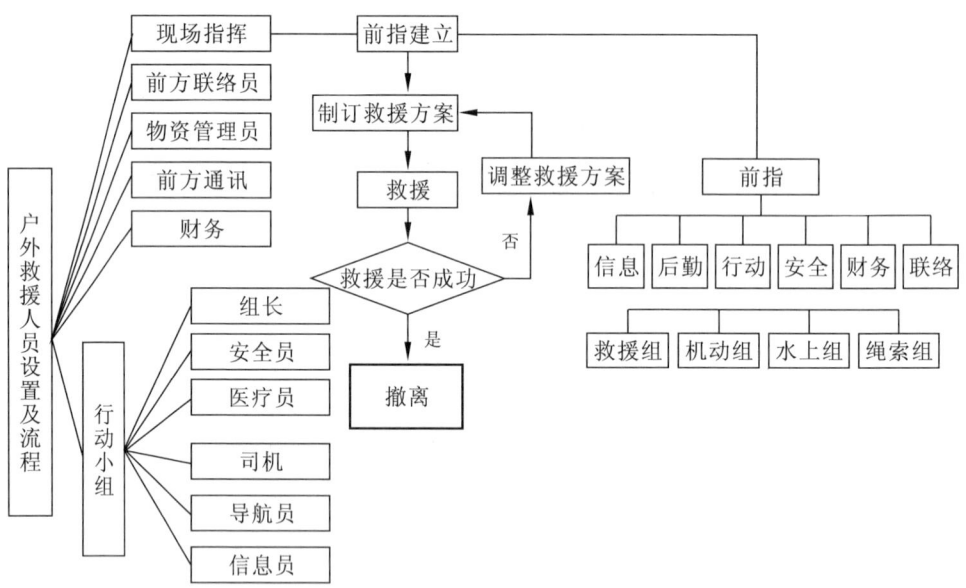

户外救援人员设置及流程

(1)尽可能收集事故发生地区与事故状态的有关信息。
- 时间:发生事故的时间。
- 地点:确定区域。
- 人物:人数、年龄、性别、户外运动能力、健康状况、经验、有无备用联系人。
- 事件:有无受伤、周边环境、装备情况、食品情况等。

(2)确定搜寻方案。在信息不全的情况下,确定在什么地方和如何开展搜索是很困难的。搜索工作的原则是全面、细致、不落死角、不轻言放弃。搜寻方法可分为空中搜寻和地面搜寻,最好是通过通信手段将两种搜寻方法结合起来。搜寻使用的技术手段很多,如使用定位仪、定向仪、红外线(或雷达)搜索仪、望远镜、夜视镜、声光指示仪、烟雾发生器、信号灯、搜救犬乃至直升机等。

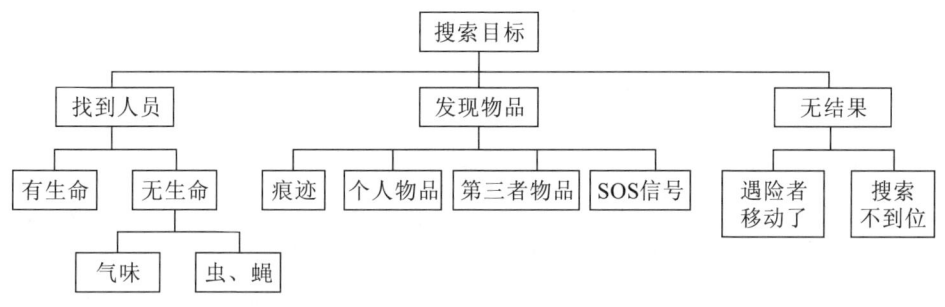

搜索目标及流程

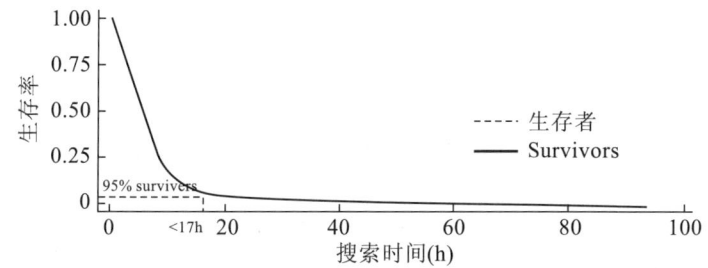

Kaplan-Meier 的搜索时间与生存者状态评估

(3)现场救援。防止伤员病情加重,为实施下一步救援工作做好准备。

(4)伤病员的搬运。搬运骨折伤员要做好骨折部位的固定,尤其是搬运脊柱损伤伤员时,不能造成新的更严重的损伤。在深山峡谷中、悬崖下、雪山上搬运伤病员会困难得多,需要更多、更专业的装备和技术。

(5)将伤病员送至安全地区或医院。

> **知识点:搜索小技巧**
> - ❋ 保持警觉和积极的态度
> - ❋ 3D(立体)搜索及经常回望
> - ❋ 不时呼叫,呼叫后仔细地倾听
> - ❋ 穿着明显的衣服及认识其他搜索人员
> - ❋ 黑暗中,避免用灯光照耀其他搜索者的眼睛
> - ❋ 总要检查显而易见的地方
> - ❋ 鉴别与你说话的人及小心说话
> - ❋ 搜索,并非只寻找失踪者
> - ❋ 自身安全是优先事项

第三节　野外生存求救信号

在野外,生存环境非常恶劣,各种灾难会不期而至。对野外生存者来说,评估自己所面临的危险,及时发出求救信号,获得救援是非常重要的。遇险求救时,要通过各种方式与外界取得联系,发出的信号要足以引起人们的注意。

遇险求救时,通常使用手机、对讲机、无线电信号发射器等随身携带的电子设备。在特殊的情况下,还可以使用一些传统的发送求救信号方法,如通过烟火、声音、光线来传递信号。一般情况下,上述信号3个一组代表着寻求援助。

1. 无线电波信号

无线电波信号作为人们最常用的方法,使用方便、快捷,但受到移动通信基站信号覆盖、磁场干扰等因素的限制,在野外的环境中并不可靠。

使用手机拨打求救电话。

112:欧盟和世界其他许多国家的标准紧急救援电话。

911:北美地区使用。

110:中国大陆、中国台湾、日本使用。

999:英联邦国家、香港、澳门使用。

使用无线电对讲机寻求救援,需要获得活动区域相关救援单位的无线电对讲机频率,因此国际通用的代码语言(摩尔斯电码)被广泛使用(表11-3)。

摩尔斯电码示例如下。

SOS　　· · · — — — · · ·

HELP　· · · · | · | · — · · | · — — ·

LOST　· — · · | — — — | · · · | —

```
DOCTOR    — · · | — — — | — · — · | — — — | · — ·
INJURY    · · | — · | — · — — | · — · | — · — — ·
WATER     · — — | · — | — · — · ·
TRAPPED   — | · — · | · — | · — — · | · — · | · — · · | — · ·
SEND      · · · | · | — · | — · ·
```

表 11-3　摩尔斯电码表

字符	电码符号	字符	电码符号	字符	电码符号	字符	电码符号
A	· —	N	— ·	0	— — — — —	?	· · — — · ·
B	— · · ·	O	— — —	1	· — — — —	/	— · · — ·
C	— · — ·	P	· — — ·	2	· · — — —		
D	— · ·	Q	— — · —	3	· · · — —		
E	·	R	· — ·	4	· · · · —		
F	· · — ·	S	· · ·	5	· · · · ·		
G	— — ·	T	—	6	— · · · ·		
H	· · · ·	U	· · —	7	— — · · ·		
I	· ·	V	· · · —	8	— — — · ·		
J	· — — —	W	· — —	9	— — — — ·		
K	— · —	X	— · · —	.	· — · — · —		
L	· — · ·	Y	— · — —	( )	— · — — · —		
M	— —	Z	— — · ·	—	— · · · · —		

2. 烟火信号

火光作为联络信号是非常有效的，燃放三堆火焰是国际通行的求救信号，将火堆摆成三角形，每堆之间的间隔相等最为理想，这样安排也方便点燃。如果燃料稀缺或者自己伤势严重，或者由于饥饿、过度虚弱，凑不够三堆火焰，那么因陋就简点燃一堆也行。

不可能让所有的信号火种整天燃烧，但应随时准备妥当，使燃料保持干燥，一旦有任何飞机路过，就尽快点燃求助。

火堆的燃料要易于燃烧，点燃后要能快速燃烧，因为有些机会转瞬即逝。白桦树皮就是十分理想的燃料。

可以利用汽油,但不可将汽油倾倒于火堆上。用一些布料做灯芯带,在汽油中浸泡,然后放在燃料堆上,将汽油罐移至安全地点后再点燃。点燃之后如果火势即将熄灭,添加汽油前要确保添加在没有火花或余烬的燃料中。

在白天,烟雾是良好的定位器,浓烟升空后与周围环境形成强烈对比,易引人注意,所以火堆上要添加散发烟雾的材料,如苔藓、青嫩树枝、绿草、树叶、蕨类植物、橡皮等,每分钟加 6 次;在夜晚可燃旺火,可以引起别人注意的同时,驱赶飞虫走兽,多放些干燥、含油脂易于燃烧的木材,使火烧旺,使火升高。

黑色烟雾在雪地或沙漠中最醒目,橡胶、塑料、汽油可产生黑烟。

如果受到气象条件限制,烟雾只能近地表飘动,可以加大火势,这样暖气流上升势头更猛,会携带烟雾到相当的高度。

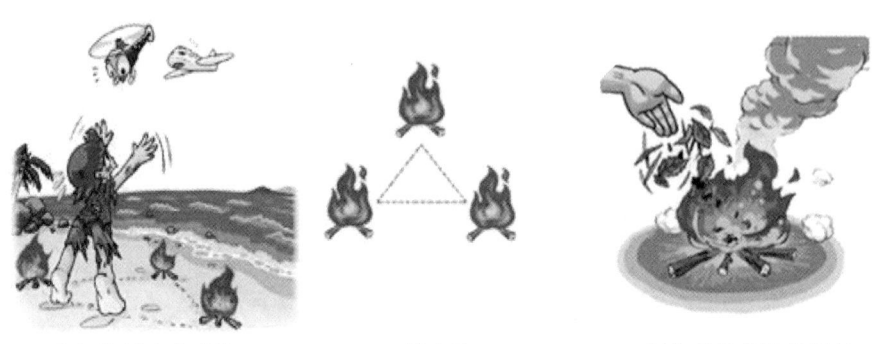

飞机路过点火求助　　　　三堆火焰　　　　添加散发烟雾的材料

3. 地对空信号

下面所列字母是国际通用的紧急求救信号,"FILL"可以帮你记住其中主要的信号。单个一根木棒"1",是最为重要、制作也最简单的一个。尺寸是每个信号长 10m、宽 3m,每个信号间隔 3m。

可在比较开阔的地面,如草地、海滩、雪地上制作地对空标志。如把青草割成一定标志,或在雪地上踩出一定标志。也可用树枝、海草等拼成一定标志,与空中取得联络。还可以使用国际民航统一规定的地空联络符号。

记住这几个单词:SOS(求救),SEND(送出),DOCTOR(医生),HELP(帮助),INJURY(受伤),TRAPPED(发射),LOST(迷失),WATER(水)。

4. 提示信号

当搜索飞机较近时,可用提示信号(双手上扬,抬头,双脚并拢呈字母"Y")表达"是的,我需要帮助(Yes,I need help)"的意思。

SOS求救信号

提示信号

5. 旗语信号

将一面旗子或一块颜色鲜艳的布料系在木棒上,持棒运动时,在左侧长划,右侧短划,加大动作的幅度,做"8"字形运动。

如果双方距离较近,不必做"8"字形运动。一个简单的划行动作就可以,在左侧长划一次,在右边短划一次,前者应比后者用时稍长。

6. 声音信号

如隔得较近,可大声呼喊;也可借助其他物品发出声响,如用木棍敲打树木、石头敲击石头、口哨等,发出的求救信号是三声短,三声长,再三声短,间隔1分钟之后再重复。

7. 反光信号

利用阳光和一个反射镜即可射出信号光。任何明亮的材料都可加以利用,如罐头盒盖、玻璃、金属薄片、镜子、手表等。

旗语信号　　　　　　　　　　声音信号

即使距离相当遥远,也能察觉到一条反射光线信号,甚至你并不知晓欲联络目标的位置,所以值得多多尝试,而且做法简单。

注意环视天空,如果有飞机靠近,就快速反射出信号光。这种光线或许会使营救人员目眩,所以一旦确定自己被发现,应立刻停止反射光线。

反光信号

8.地面标志信号

当离开危险地时,要留下一些信号物,以备让救援人员发现。地面信号物使营救者能了解你的位置或者过去的位置,方向指示标有助于他们寻找你的行动路径。一路上要不断留下指示标,这样做不仅可以让救援人员追寻而至,在自己希望返回时,也不致迷路;如果迷失了方向,找不着想走的路线,它就可以成为一个向导。

方向指示标包括:

(1)将岩石或碎石片摆成箭形。

(2)将棍棒支撑在树杈间,顶部指着行动的方向。
(3)将路边草聚拢并在中上部系上结,使其顶端弯曲指示行动方向。
(4)在地上放置一根分叉的树枝,用分叉点指向行动方向。
(5)用小石块垒成一个大石堆,在边上再放一小石块指向行动方向。
(6)用一个深刻于树干的箭头形凹槽表示行动方向。
(7)两根交叉的木棒或石头意味着此路不通。
(8)用3块岩石、木棒或草丛传达的信号含义明显,表示危险或紧急。

第十二章

野外生存教学的设计与组织

第一节 教学内容设计

一、理论课

主要传授野外生存理论、攀岩知识、定向穿越知识、生存的技能技巧、户外医学等基本知识。通过对野外生存基本理论知识的学习,使学生正确认识野外生存的概念及相关知识,理论课内容具有知识面广、针对性强、实用性强等特点,有利于丰富学生知识,提高学生的综合素质。

课程目标:

(1)理解并掌握野外生存的基本理论知识,了解课程的意义、国内外发展情况及价值,激发学生的学习兴趣。

(2)充分认识良好的身体素质是进行野外生存的先决条件,掌握身体素质练习方法,学会编制锻炼计划。

(3)掌握常见的咬伤及蜇伤防治、野外常见病应急处理、运动创伤处置方法,增强自我保护的意识、知识及能力。

(4)充分认识野外定向在户外运动中的重要作用,掌握野外定向的基本知识。

(5)学会野外生活的特殊技能,提高特殊环境下的生存能力。

(6)培养自学以及探究学习的能力,提高独立思考与分析解决问题的能力。

二、实践课

实践课内容以野外生存的基本技术和技能为主体,注重学生户外技术、技能及生存技术、技能的培养,让学生根据所学的知识、技术,自己解决问题,以培养学生的创新精神、动手能力及应变能力,有利于形成良好的行为习惯及健康、成熟的心理品质,有利于培养团队精神和创新精神,全面提高综合素质。

课程目标:

(1)掌握有效沟通的技巧,培养团队协作精神,发掘自身潜能,促发自我超越意识、高度责任心,加强队员之间的信任合作。

(2)了解攀岩运动的起源、技术特点和意义;掌握结绳和攀岩保护方法;掌握攀登技术、下降技术;培养探究学习的能力,养成坚持锻炼的习惯;塑造勇于尝试、积极向上、团结互助、超越自我的精神。

(3)熟练地使用地图和指北针,培养观察、思考、判断能力,以及团结互助、密切配合的团队精神。

(4)身体素质练习贯穿于实践课的全过程。一般安排在课程结束前进行,练习时间一般为20分钟。目的是掌握身体素质的练习方法,养成自觉锻炼的良好习惯。

(5)使学生熟悉全身主要浅表动脉的体表位置并能准确定位,熟练操作指压止血和止血带止血法;能利用身旁的生活物品如毛巾、手帕和衣物等进行临时包扎;熟悉骨折的包扎和固定方法,在野外能正确使用木板(棍)等替代工具对骨折部位进行临时的包扎和固定;掌握心肺复苏急救技能等基本手段和操作方法,增强自我保护的意识、知识及能力。

(6)培养学生团队协作精神,提高特殊环境下的生存能力。

三、野外综合训练

学生利用所学野外生存理论知识指导实践,是一个感性的体验过程,是对学生学习成果的检验以及对综合素质的全面锻炼。

训练目标:
(1)沉着应对突发事件、紧急事件。
(2)勇于挑战自我、发掘自身潜能。
(3)培养吃苦耐劳、迎难而上的精神,锻炼勇敢顽强的意志品质。
(4)培养互帮互助、团结协作的团队精神。
(5)学生能参加有挑战性的野外活动和运动竞赛。

第二节 教学内容组织

一、理论课

(一)野外生存普修课理论部分

1.野外生存概述(1学时)
• 野外生存的概念、起源、发展

- 国内外发展情况及特点
- 野外生存内容与分类
- 野外生存作用

教学重点:野外生存的概念、特点与作用,起源与发展简况。

2.野外生存常用装备(1学时)
- 个人装备及使用
- 集体装备及使用
- 技术装备及使用

教学重点:野外生存的装备及使用。

3.定向穿越(4学时)
- 定向运动概述
- 地形图基本知识:教学要素、自然地理要素、社会经济要素、其他辅助要素
- 地形图的使用
- 全球定位系统 GPS 在户外运动中的运用
- 穿越时迷失方向的对策
- 定向比赛组织及裁判方法

教学重点:地形图基本知识、地形图的使用、穿越不同地域的方法、穿越时迷失方向的对策。

4.野外生存知识(4学时)
- 野外判定方向
- 野外宿营
- 野外生火
- 用具制作
- 野外水源
- 应付危险动物
- 应对自然灾难
- 求救信号

5.野外医学(2学时)
- 户外常见疾病防治
- 高山病防治
- 户外运动常备药品及用法

教学重点:野外伤病防治、运动损伤原因的判断和处理,户外常见咬伤及蜇伤的防治。

6. 野外生存活动计划与准备(2学时)
- 制订活动计划:风险分析、活动目标、活动时间及地点、活动内容、日程安排
- 制订计划的原则
- 建议

(二)社会体育专业《攀岩》理论部分(14学时)

- 开设攀岩运动专业课的意义(2学时)
- 攀岩运动概论(2学时)
- 攀岩装备的性能及使用方法(2学时)
- 攀登基本技术(2学时)
- 绳结打法(2学时)
- 攀岩的训练方法(1学时)
- 攀岩竞赛规则(3学时)

(三)社会体育专业《定向运动》理论部分(10学时)

- 定向运动概述(2学时)
- 地形图与定向比赛用图(4学时)
- 定向运动竞赛组织方法(2学时)
- 定向运动规则与裁判方法(2学时)

二、实践课

(一)野外生存普修课实践部分

1. 攀岩训练(6学时)
- 介绍攀岩运动的起源、技术特点
- 技术装备的作用及使用方法
- 绳结方法
- 保护技术操作方法
- 攀登技术"三点固定法"
- 器械攀登方法
- 下降保护方法
- 下降技术

2. 定向穿越(4学时)
- 运用地图、指北针进行定点、定向
- 运用地图、GPS进行定点、定向

- 利用图、指北针或 GPS 找到图上标记点的位置
- 把实地位置标注到地图上
- 不同地域穿越方法、不同地形穿越技巧、迷失方向的对策等
- 定向比赛组织及裁判方法

3. 野外医学(2 学时)
- 野外急救的方法
- 骨折固定与搬运

4. 扎筏、漂流(2 学时)
- 漂流用具
- 捆绑技巧、竹筏制作
- 筏艇的操作技巧
- 漂流方法及注意事项
- 冲出困境的方法

5. 溯溪、溪降(1 学时)
- 溯溪:溯溪的方式、溯溪装备、溯溪技术、安全事项
- 溪降:溪降装备、溪降的技术、安全事项

6. 野外用具制作(2 学时)

(二)社会体育专业《攀岩》实践部分(30 学时)
- 攀登技术(6 学时)
- 保护技术(4 学时)
- 保护装置的安装(2 学时)
- 下降技术(4 学时)
- 身体素质训练(2 学时)
- 攀岩技、战术训练(4 学时)
- 竞赛规则实践(4 学时)
- 上升技术及救援(4 学时)
- 技术考核(2 学时)

(三)社会体育专业《定向运动》实践部分(30 学时)
- 识图、用图,指北针用法(6 学时)
- 定向基本技能(8 学时)
- 公园定向(2 学时)
- 百米定向(2 学时)

- 定向接力赛(2学时)
- 野外定向、定向模拟比赛(8学时)
- 技术考核(2学时)

三、野外生存综合训练(20学时)

训练时间为2天,时间以周末或假期为宜,训练内容依据训练基地的具体情况制订。内容主要有:负重行军、丛林穿越、涉水、溯溪、扎筏漂流、搭索过涧、攀岩、岩降、危险路段的行走、过独木桥、野外定向、修建营地、埋锅造饭、捕鱼、杀鸡、篝火联欢晚会。

第三节 野外生存课程教学计划及内容示例
——"野外生存"普修课程教学计划

一、教学工作的依据和遵循的原则

本教学大纲是根据野外生存课程培养目标的总体要求及我校制订的体育课程本科教学计划中规定的野外生存课程内容要求制订。

(1) 教学内容、课时数的确定符合《纲要》的要求。

(2) 教学内容的选择能充分反映野外生存各项目所共有的技术、技能,并充分体现3个基本原则。

(3) 技术、技能及理论知识的学习应有助于全面调动学生对体育的兴趣,充分接触大自然,养成自觉锻炼习惯。

(4) 课程设置应符合普通高等学校体育教学实际。

在教学中,树立以素质培养、能力培养为核心的启发式、互动式教学指导思想,遵循现代教育教学的原则,重点培养学生掌握基本的知识、技术、技能,敢于挑战自我、发掘自身潜能,在磨难中完善人格,提升团队精神,培养坚韧不拔、勇往直前的意志品质。

以《野外生存》教材为重点,提高学生社会适应力。力求使学生通过学习,为今后的工作、生活实践打下一定基础。

教学采用理论课讲授、实践课操作、野外综合训练体验的教学形式。

二、教学的目的

(1) 通过野外生存课程的教学,实现2002年8月教育部颁布《纲要》所制定的课程目标要求。

(2) 以人为本,充分利用空气、阳光、水、江、河、湖、海、沙滩、田野、森林、山地、草原、荒原等条件,把课堂搬出教室。

(3)突出教学重点,使学生掌握参与野外生存应具备的基本知识、技术、技能,具备参与并指导野外生存的能力。

(4)结合户外运动课程特点,传授身体锻炼的方法,增强自我锻炼的意识,发展学生的身体素质,增强体质,养成锻炼的习惯。

(5)培养大学生挑战自我、发掘自身潜能,厉练坚韧不拔、勇往直前的意志品质。

三、教学内容

1. 理论部分

(1)户外运动概论。

(2)户外医学。

(3)方向识别。

(4)装备及使用生活技能。

(5)野外生存知识。

(6)野外生存计划与准备。

2. 实践部分

(1)户外医学。

(2)野外生存知识、技能。

(3)野外生活知识、技能。

(4)攀岩。

(5)定向穿越。

(6)野外用具制作。

3. 野外生存综合训练部分(依据训练基地的具体情况制订)

负重行军、丛林穿越、涉水、溯溪、扎筏漂流、搭索过涧、攀岩、岩降、危险路段的行走、过独木桥、野外定向、修建营地、埋锅造饭、捕鱼、杀鸡、篝火联欢晚会。

四、教学进度、教学要求、教学形式、组织方法与学时安排

教学进度	教学内容	教学要求	教学形式和组织方法	课时分配
一	"户外运动"起源、发展、意义	了解户外运动	课堂理论课	2
二	户外常用装备及使用	了解野外必备物品及使用	课堂理论课	2

续表

教学进度	教学内容	教学要求	教学形式和组织方法	课时分配
三	户外医学：户外救护中注意事项，户外急救和处置方法	掌握急救和处置方法	课堂理论课	2
四	户外医学：户外常见疾病防治	掌握预防及处理的方法	课堂理论课	2
五	学习止血、包扎、骨折固定、担架制作和心肺复苏的各项操作	①熟练操作指压止血和止血带止血法；②能进行临时包扎；③能正确进行临时包扎和固定；④掌握心肺复苏的急救技能	实践课：10人为一组，按教师要求完成练习	2
六	攀岩：①介绍攀岩运动；②绳结方法；③攀登技术"三点固定法"；④身体素质练习	①了解攀岩运动的技术；②牢记绳结方法、技术装备的作用及使用方法；③攀登技术；④完成素质练习	户外实践课：学生10人为一组，讲授与练习相结合	2
七	攀岩：①攀登技术"三点固定法"；②攀登保护技术操作方法；③身体素质练习	①检查结绳的牢固性；②保护操作得当；③掌握攀登技术	户外实践课：3～4条攀登路线，学生分组练习	2
八	攀岩：①下降保护方法；②下降技术；③器械攀登方法；④身体素质练习	①检查安全带；②保护方法得当；③下降技术、器械攀登方法；④完成素质练习	户外实践课：3～4条攀登路线，在教师指导下练习	2
九	定向理论：①识别地图；②指北针原理及运用；③GPS原理及运用	①会识图；②会用指北针；③会运用GPS	理论课	2
十	①户外定向：运用地图、指北针、GPS实践；②身体素质练习	用图、指北针或GPS找到图上标记点的位置	户外实践课：10人为一组，运用地图找点实践	2

续表

教学进度	教学内容	教学要求	教学形式和组织方法	课时分配
十一	①学习不同地域穿越方法、不同地形穿越技巧、迷失方向的对策等;②户外穿越:运用地图、指北针、GPS进行布点与找点实践	①了解不同地域穿越方法、不同地形穿越技巧、迷失方向的对策等;②用图、指北针或GPS找到图上标记点的位置	户外实践课:10人为一组,运用地图进行布点与找点实践	2
十二	漂流:①漂流用具、漂流方法介绍;②木、竹筏制作;③身体素质练习方法	①了解漂流;②学会制作木、竹筏制作;③完成素质练习	户外实践课:学生10人为一组,讲授与制作相结合	2
十三	野外生存知识、技能技巧:①野外必备物品;②野外营地选择、建造	①了解野外必备物品;②学会选择营地搭帐篷、建造营地	理论课教学	2
十四	野外生存知识:①野外危险因素成因;②对付野外危险的方法;③野外自救与互救;④紧急求救方法	①人为因素;②自然因素	理论课教学	2
十五	野外用具制作:①木具制作、简易帐篷的架设、担架制作;②身体素质练习方法	①会制作、使用工具;②完成素质练习	户外实践课:学生10人为一组,讲授与制作相结合	2
十六	理论考核:①身体素质练习方法、攀岩技术、保护方法;②医学、地图、指北针的运用及其他野外定向方法,对付野外危险的方法、取水及饮食卫生等		答试卷	2
十七	技术技能考核:担架、梯子、木筏、炉灶修建与制作、野外营地选择、建造、攀岩技术和下降技术、攀登保护方法、野外伤病防治、野外生活技能		抽签考核:①口答;②操作	2

教学内容			
野外生存综合训练	负重行军、丛林穿越、涉水、溯溪、扎筏漂流、搭索过涧、攀岩、岩降、危险路段的行走、过独木桥、野外定向、修建营地、埋锅造饭、捕鱼、挖野菜、杀鸡、篝火联欢晚会		周末2天 20学时

五、教学的组织实施

1. 野外生存教学准备

(1)课程安排为一学期。课前在校内媒体上介绍野外生存教学内容及管理办法。

(2)统一组织,合理利用教学资源。实践课以班为单位进行教学,每班人数控制在 30 人左右,理论课合班进行教学。

(3)教学工作,以及后勤人员安排。

(4)教学经费预算的制订。

2. 教学方式

(1)教学采用理论与实践相结合的方式进行。综合训练作为课程的延伸,安排在周末或假期进行。

(2)理论课运用多媒体进行教学,实践课则在满足教学需要的户外进行,综合训练是对学生学习效果及综合素质的全面考核,放在理论、实践课后进行。

(3)实践课、综合训练,教师根据教学要求,对学生分组(10 人为 1 组,男女生搭配),学生自选组长,实行组长负责制进行练习,采取互动式教学方式。

(4)身体素质练习贯穿于实践课的全过程。一般安排在课程结束前进行,练习时间一般为 20~30 分钟。

(5)综合训练应选择复杂多变的山区,采用基地式、穿越式、混合式和特殊式 4 种不同的方式,也可选择公园、城市周边农村进行训练。

(6)综合训练时各小组自行安排食品计划。在教师的严格控制下,有条件时让学生识别采集一些可食植物。我们不赞成教学生捕获动物的方法,除了捕鱼。教学中应注重培养学生的环保意识。

(7)根据训练基地的实际情况,可进行攀岩、速降、溯溪、滑冰、扎筏漂流、搭索过涧、丛林穿越、过独木桥、野外定向、修建营地、埋锅造饭、杀鸡、篝火联欢晚会、野外生存与技术等项目的训练。

3. 注意事项

(1)每小组安排一位教师处理紧急情况,确保训练安全。

(2)野外生存生活训练应风雨无阻,但可根据具体情况适当调整训练计划和要求。

六、教学措施与要求

(1)教师在贯彻执行本教学大纲的过程中要始终坚持抓好学生的思想教育,并把教书育人摆在教学工作的首位。根据总体培养目标,突出专业特点,培养适应社会需要的合格人才。

（2）教师在教学过程中,结合实际情况,严格贯彻执行学院规定的课堂常规,有计划、有目的地实施各类教学内容。教师以身作则,身体力行,发挥教师主导作用,提高学生学习积极性。

（3）教学中突出教学重点,力求使学生掌握野外生存生活的基本技能与方法、原则,培养学生野外生存生活的能力,以提高学生的综合素质为目的,并贯穿于教学始终。

（4）有计划、有目的地指导学生完成野外生存综合训练。

（5）注重互动式教学,师生相互配合完成本教学任务。

第十三章

野外实践前的物资准备

野外实践不是旅行,未知环境中不确定的气候、地形、地势、地貌等,都要求我们应做好充分的准备,才可以万无一失。精细的物资准备更有利于我们在陌生环境中避免危险、处理紧急情况、保护自己和他人的安全。

第一节 个人装备的整理

背包:最好使用带金属架的登山背包。男生用70~80L,女生用50~60L的背包。

睡袋:普通气候条件可以使用杜邦棉或其他棉的睡袋,在高山或高寒地区以高质量的羽绒制成的睡袋较好,一般1.5~2kg的充填绒量即可。

换洗衣裤:外套最好选择具有防风防雨功能的,内衣能快速排汗。

头盔:能防止石块等物飞落而造成意外。

太阳帽:遮挡阳光,防止晒伤。

太阳眼镜:防止野外的强紫外线照射,防风。

手套:羽绒手套、防水手套、抓绒手套在野外作业时都应准备。

袜子:羊毛袜、速干袜都需要准备,防止脚磨出血泡的同时保持脚部的干燥。

徒步鞋:一定的防水、透气性能,适应高强度、复杂地形的徒步穿越。

头灯:便于黑暗环境下活动,具有照明、提示、求救的作用;可用手电筒代替。

小刀:制作野外工具,防身;作为辅助工具。

防潮垫或气垫:防潮睡垫或充气睡垫,用于与地面潮气隔离,保持体温及睡眠质量。

多功能水壶:组合式,可以当作简单炊餐具使用。

吸管或净水杯:在野外生存中的重要工具,用于净化水。

指北针:辨别方向及辅助使用地图。

哨子:求救工具。

绳套:辅助装备,常在设保护点、下降时使用。

打火机:生火做饭,取暖。

第二节 公共装备的整理

帐篷:通风、保暖、透气且非常结实,能防6级大风。

主绳:直径9~11mm,长度在45m以上,常用长度为45m、50m、60m,承受力在1500kg以上,一般为尼龙制,具有一定的延展性;在攀岩中两端分别与保护者和攀岩者相连。

辅助绳:直径6~8mm,承受力在800kg左右;常作为路绳使用。

岩石锥:打入岩石缝中,用于悬挂绳索,起保护作用。

岩石钉:先用手钻在岩石上打洞,再将岩石钉放入,拧紧,用于悬挂绳索,起保护作用。

快挂:辅助攀登,用于先锋攀登,配合挂片、岩锥、岩钉使用。

安全带:用于攀岩、下降、攀冰、登山、探洞(纵)、爬绳、过草绳桥。是由尼龙吊带制作,由双腿带和腰带组合而成。

上升器:陡峭地形上升或保护时与安全带、主绳配合使用。

主锁:现代登山用主锁多为铝合金制成,承受冲击力在2000kg以上。在攀岩、搭绳过涧及其他冒险中用途广泛。

扁带:辅助装备,常用于保护点设置中软性连接。

下降器:利用主绳下降时使用,铝合金或钢制;常用的有8字环、GRIGRI、ATC。

滑轮:制作省力装置。在过悬空处,利用主绳桥,将滑轮放置在主绳上,利用铁锁与自身的安全带结合滑向目的地。

软梯:在协助攀岩中常用,为达到一定高度安放保护。

炊具:便携式套锅、套碗等。

炉具:便携式的汽油炉、煤气炉,在野外用GAS炉为首选,丁烷气炉也不错。

第三节 食品准备

购买食品时在预算控制的前提下,应充分考虑以下几个原则:

(1)营养、安全。

(2)适宜份量。

(3)食用方便,不易腐坏。

(4)方便携带,经济实惠。

一、早餐食品

在户外活动中,早餐最合适的是清淡的高碳水化合物营养早餐,比如青菜稀饭、蒸馒头、酸奶、米线之类,最好富含水分。对于户外运动长时间的运动需要,这样的早餐能使血糖慢慢升高,状态慢慢提升,水分丰富些是为了运动时身体得到足够的水分,并可以避免肠胃疾病的发生。

不建议早餐进食含糖量高的糖水、糖粥之类的甜品,以及一些不容易消化的肉类食物。如果早餐空腹进食含糖量高的食物,容易导致短时间内血液中血糖升高。正常人的血糖参考值是3~4以下。早餐太甜,因血糖升高会产生大量的胰岛素来平衡血液中血糖,使血糖回到正常值范围,这个过程会引起反应性低血糖症状,致使身体状况不佳,影响运动状态及表现。早餐进食难以消化的肉类,在开始户外活动之时,你的胃因消化不良还在不停做消化运动,活动过程中部分氧气会被用于消化胃中的肉食,导致运动过程中被累得气喘吁吁。

注意:空腹参加活动,不仅运动中能量来源不足,身体运动状态不佳,而且还会导致很多意外事情发生。例如运动中因不吃早餐导致低血糖致使晕倒,因不能及时获得来自食物的能量补给导致身体快速疲劳、行动缓慢等,严重者甚至发生意外事故。

如果平时活动过程中经常会发生肌肉痉挛(即抽筋)的人,建议早餐吃1~2根香蕉,因香蕉富含微量元素"镁",活动中缺"镁"与缺"钠"一样,比较容易引起肌肉痉挛。补充"钠",最好备1包口服补充盐,或者带一些含盐较多的小食,如榨菜、陈皮、咸话梅、豆干之类;补充"镁",还可以在路餐中加入适量的干香蕉片。

二、路餐食品

在登山徒步过程中补充能量的食物,通常称为路餐。为了防止行动中身体出现疲劳反应,进而影响行动,比如从早上8点出发开始徒步进山,一直到中午12点甚至13点才吃午餐,经过连续4~5小时的不间断运动,身体没有能量的及时补给,这样身体的运动机能是消(减)退的,会严重影响运动状态。运动营养学家推荐的数值是每小时及时补充100~300cal的易消化碳水化合物,如果汁、能量棒、运动饮料、消化饼之类较合适。

在国外,很多的登山远足爱好者,通常也会把午餐分配为3~4小份,在每次长休息时吃一份,这样进食就是为了满足行动中的及时补充,同时还能减轻一次进食太多食物对消化系统造成的不利影响。同样,很多的山地越野比赛中,运动员通常也会自行准备一些小包装的能量包,提前放置在项目交替站,以便快速及时有效地补充身体消耗的能量。

路餐由巧克力豆、干果(腰果和蚝油黄豆)、葡萄干、干香蕉片(含镁,可避免肌肉因缺乏镁而导致肌肉痉挛)、牦牛肉干(蛋白质)组成。所有食物拆开包装后(少产生垃圾)全部混装在一起,放置在行进中很方便用手随时取出直接食用的位置(腰带包、侧包、顶包等)。建议大家购买食品时务必仔细查看它的碳水化合物、蛋白质、脂肪的含量分别是多少,尽量选择标准参数下最适合营养要求的食物。

三、午餐食品

在登山徒步过程中,中午休息时间较长时我们会吃午餐。午餐以能方便食用与保存的烤馕、面包、点心式牛油饼、火腿肠、榨菜等较为合适。通常在户外进行午餐能量补充时,都会选择山顶等风景优美的地点来进行,并可以根据行程时间,决定是否用GAS炉进行适当加热食用。

食用午餐食品,最主要的目的是及时补充经过半天连续几个小时的运动后,机体内缺失的水分及血糖。食用完午餐,最忌马上又继续行动,这时候消化系统的器官还在激烈进行消化运动,又急急忙忙开始赶路,不仅运动状态不好,还会影响身体健康。

通常午餐后,给予午餐和休息调整的时间,一般为不少于50分钟。如果行程时间充裕,大家还可以观赏优美的自然风光,或者做一些轻松快乐的小游戏之类,有利于在短时间内与团队成员拉近距离、增进感情,这样户外团队的人际关系将会更和谐、愉快。

四、晚餐食品

到达当天的活动目的地(即露营点),卸下大包,建设营地,生火做饭,这个时间段是比较开心愉快的,大家有充足的时间来一显身手,烹饪美食,也是户外运动带给我们的乐趣之一。

晚餐的补充最重要的是要及时补充活动中失去的糖原,经过一天的大运动量消耗后,身体也非常需要补充和储备足够的水分,为明天的旅程进行准备。

与早餐不要进食高糖食物不同,晚餐因停止运动准备宿营了,反而需要快速补充糖原;最好在停止运动后的半小时内,及时补充点甜味果珍、姜丝红糖、鸡蛋汤之类高糖的食物与甜品,这样体内的酶会加速糖原的合成,非常有利于身体机能的快速恢复。

晚餐的主食种类繁多,可以按照自己的饮食习惯和熟悉的食品来准备。食物最好都是碱性食物,可以在食品营养上中和运动过程中肌肉堆积的乳酸,更有利于体能的恢复。

五、紧急备用食品

在登山徒步过程中,非紧急、非意外情况下不取出来食用的食物,通常称为紧急备用食品。活动顺利正常,紧急备用食品通常都会完整地带上山里又被带回山下。紧急备用食品如压缩饼干、宝矿力粉剂和能量棒。

在户外,食品计划与准备要充分把握原则,一样可以吃到更科学、更营养、更健康的食物,对保持状态和身心恢复无疑都具有重要的帮助。

第四节 药品准备

以2014年户外活动中出现的伤病类型为蓝本,户外运动需要准备相应的药品如下。

1. 抗感冒疼痛药

名 称	主 治
板蓝根冲剂	预防病毒性感冒
复方甘草片	受冷咳嗽
日夜百服宁(施贵宝)	感 冒
白加黑	感 冒
水杨酸片(APC)	退烧(效果显著)
牛黄解毒片	上 火
四季三黄软胶囊	上 火
芬必得	止 痛
神奇止咳露	镇 咳

2. 抗菌素

名 称	主 治
诺氟沙星胶囊	腹 泻
乙酰螺旋霉素	消 炎
阿莫西林	消 炎

3. 肠胃药

名　称	主　治
健胃消食片	消化不良
藿香正气水	中暑、上吐下泻
保济丸	腹　泻

4. 外伤药

名　称	作　用
皮炎平	皮肤过敏等皮肤炎症
云南白药喷雾	跌打损伤
创可贴	止　血
消毒酒精	皮肤消毒

5. 其他药品

名　称	作　用
清凉油	预防蚊虫叮咬
驱蛇粉	预防咬伤,驱赶毒蛇
维 B 冲剂	调节新陈代谢,预防贫血,增强免疫
维 C 冲剂	抗氧化剂、利尿剂,增强免疫

6. 器具

名　称	作　用
纱　布	包扎伤口
温度计	测体温

第十三章　野外实践前的物资准备

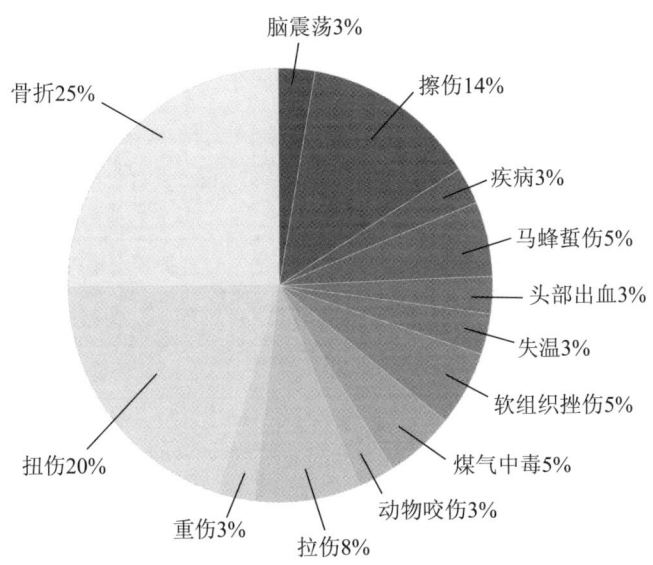

2014 年登山户外运动事故中人员受伤类型比例
（数据引自中国登山协会事故统计组）

第五节　野外实践物资准备内容示例

野外物资准备计划

课程内容：野外生存课程综合实习
课程目标：培养学生综合能力，亲近自然
课程地点：××野外生存实习基地
课程时间：2014 年 10 月 17 日—2014 年 10 月 19 日
课程人数：40 人（男 28 人，女 12 人）
课程项目：山地徒步穿越、搭索过涧、岩壁下降、攀岩

1. 个人装备

序号	名　称	数　量	备　注
1	背包	1个	50L以上
2	睡袋	1个	适宜温度10℃
3	换洗衣裤	2套	备份长外套
4	头盔	1个	轻质运动头盔
5	太阳帽	1个	护颈帽裙,速干排汗
6	太阳眼镜	1副	偏振镜片
7	手套	1副	防滑、排汗
8	袜子	2~3双	速干排汗
9	徒步鞋	1双	防水透气、耐磨
10	头灯	1个	可拆卸电池型
11	小刀	1把	
12	防潮垫或气垫	1个	检查是否完好
13	多功能水壶	1个	
14	指北针	1个	检查是否工作
15	哨子	1个	
16	绳套	1个	
17	打火机	1个	检查是否工作

2. 公共装备

序号	名　称	数　量	备　注
1	帐篷	21顶	四季双人帐,备份1顶
2	主绳	2条	50m动力绳,检查
3	辅助绳	2条	路绳,辅助下降
4	岩石锥	5个	难度攀爬
5	岩石钉	5个	难度攀爬

续表

序号	名称	数量	备注
6	安全带	10条	检查
7	上升器	3个	检查
8	主锁	12个	丝扣锁，检查
9	扁带	6条	4长，2短
10	下降器	8个	8字环
11	滑轮	2个	双排轮
12	快挂	5个	
13	软梯	1个	
14	炊具	1套	锅、碗、铲、刀、砧板
15	炉具	1套	视情况提供

3. 食品

序号	名称	数量	备注
1	麦片	4袋	
2	奶粉	4袋	保质期
3	速冻馒头	8袋	
4	方便面	80袋	以清淡口味为主
5	巧克力	80颗	
6	腰果	40袋	小袋装
7	葡萄干	40袋	小袋装
8	干香蕉片	40袋	小袋装
9	牛肉干	40袋	小袋装
10	果冻	40袋	150g装
11	糖果	40袋	小袋装
12	火腿肠	80根	
13	烤馕	40袋	

续表

序号	名　称	数　量	备　注
14	小面包	80 袋	
15	榨菜	40 袋	
16	汤包	20 袋	
17	鸡肉	4 只	视条件,可用活鸡
18	干蘑菇	4 袋	
19	白萝卜	8 个	分量足(1.5kg 一个)
20	卷心菜	8 个	
21	黄瓜	80 根	
22	食用油	4 桶	500mL 装
23	食用盐	4 袋	150g 装
24	调味料	4 包	混合型调料
25	压缩饼干	40 袋	
26	能量棒	80 个	

4. 药品

序号	名　称	规　格	数　量	主治及作用
1	板蓝根冲剂	10 包/盒	2	预防病毒性感冒
2	复方甘草片	100 片/瓶	1	受冷咳嗽
3	白加黑	12 粒/盒	2	感冒
4	水杨酸片(APC)	30 粒/板	2	退烧
5	牛黄解毒片	120 片/盒	1	上火
6	芬必得	20 粒/板	2	止痛
7	诺氟沙星胶囊	30 片/瓶	1	腹泻
8	阿莫西林	20 片/盒	1	消炎
9	藿香正气水	10 支/盒	1	中暑、上吐下泻

续表

序号	名　称	规　格	数　量	主治及作用
10	云南白药喷雾	50mL/瓶	1	跌打损伤
11	创可贴	100片/盒	2	止　血
12	消毒酒精	250mL/瓶	1	皮肤消毒
13	清凉油	15g/瓶	1	驱风镇痛、消炎止痒
14	驱蛇粉	200g/瓶	20	预防咬伤,驱赶毒蛇
15	维生素B族	100片/瓶	1	调节新陈代谢,预防贫血,增强免疫
16	维C果味泡腾片	100片/瓶	1	抗氧化剂、利尿剂,增强免疫
17	纱　布	捆	3	包扎伤口
18	温度计	支	2	测体温

参考文献

柴松,王洪武. 大学生野外生存生活指南[M]. 合肥:中国科技大学出版社,2008
丁绍虎. 野外生存手册[M]. 石家庄:河北科学技术出版社,2005
董范,国伟,董利. 户外运动学[M]. 武汉:中国地质大学出版社,2009
胡允达. 军事地形学与定向越野[M]. 武汉:武汉大学出版社,2011
金波. 户外生存手册[M]. 北京:科学出版社,2013
克雷格·康纳利著. 登山手册[M]. 严冬冬,译. 北京:人民邮电出版社,2010
李海燕,李海珍. 定向运动与野外生存使用手册[M]. 北京:科学出版社,2012
李澍晔,刘燕华. 你不可不知的户外生存知识[M]. 北京:电子工业出版社,2014
梁传成,梁传声. 野外生存教程[M]. 北京:高等教育出版社,2003
王桂忠,邱世亮,范锦勤. 野外生存教育教程[M]. 广州:暨南大学出版社,2009
王健. 野外生存技巧[M]. 北京:科学出版社,2007
王蕾. 定向运动与野外生存实用教程[M]. 北京:中国轻工业出版社,2013
王苏光. 户外探险与野外生存[M]. 苏州:苏州大学出版社,2011
许俊霞,肖玲玲. 荒野求生全书[M]. 乌鲁木齐:新疆人民出版总社,2015
张建新,牛小洪. 户外运动宝典[M]. 武汉:湖北科学技术出版社,2008
张小航. 当代大学生野外生存训练与生命教育(第2版)[M]. 沈阳:东北师范大学出版社,2015
张晓威. 定向越野[M]. 北京:星球地图出版社,2013
[美]蒂姆·麦克韦尔奇及《户外生活》编辑组. 户外生存手册:户外大人不可不知的318个求生技巧[M]. 北京:人民邮电出版社,2015

野外生存
YEWAI SHENGCUN

冰壁探险

勇攀冰峰

冰壁保护站制作

野外生存
YEWAI SHENGCUN

穿越荒野

轻装穿越

野外生存
YEWAI SHENGCUN

极速飞渡

制作滑轮组

野外生存
YEWAI SHENGCUN

扎竹筏

竹筏渡河

野外生存
YEWAI SHENGCUN

断崖上升

搭绳过涧

野外生存
YEWAI SHENGCUN

营地

搭建窝棚

野外生存
YEWAI SHENGCUN

渔获

全鱼宴

深山火锅

野外生存
YEWAI SHENGCUN

共享别样的晚餐

清炖鸡汤

帐篷里的小娱乐